BIBLIOTHÈQUE CONTEMPORAINE

ÉMILE DE NAJAC

THÉATRE

DES

GENS DU MONDE

PARIS

MICHEL LÉVY FRÈRES, ÉDITEURS

RUE AUBER, 3, PLACE DE L'OPÉRA

LIBRAIRIE NOUVELLE

BOULEVARD DES ITALIENS, 15, AU COIN DE LA RUE DE GRAMMONT

1872

THÉATRE

DES

GENS DU MONDE

CHATILLON-SUR-SEINE. — IMPRIMERIE E. CORNILLAC

THÉATRE

DES

GENS DU MONDE

PAR

ÉMILE DE NAJAC

AU PIED DU MUR — MADAME REÇOIT-ELLE?

LES CAPRICES DE MA TANTE

UN MARI DISPONIBLE — FRONTINE

NOS MAITRES — LES ESPÉRANCES

PARIS

MICHEL LÉVY FRÈRES, ÉDITEURS

RUE AUBER, 3, PLACE DE L'OPÉRA

LIBRAIRIE NOUVELLE

BOULEVARD DES ITALIENS, 15, AU COIN DE LA RUE DE GRAMMONT

1872

AU PIED DU MUR

COMÉDIE

PERSONNAGES

TRISTAN.................................... M. COQUELIN.
GABRIELLE................................. Mme EMMA FLEURY.
UN JARDIÑIER, personnage muet.

AU PIED DU MUR

L'extrémité du parc d'un pensionnat de demoiselles dans les environs de Paris. Mur au fond. Grands arbres, allée sablée. Un banc dans un massif, à droite.

SCÈNE PREMIÈRE

GABRIELLE, assise sur le banc, dans le massif. Elle tient un livre à la main. Elle lit.

« Philippe avait répudié l'altière Olympias, pour épouser Cléopâtre, nièce d'Attale. Alexandre, irrité... » (A elle-même.) Les portes de la pension s'ouvrent enfin pour moi ; j'embrasse mes petites compagnes, qui envient mon sort ; je dis adieu à madame, qui me fait un beau sermon que je n'écoute pas... je monte en voiture, et fouette, cocher ! J'arrive au château... Ah ! mon Dieu ! quel tapage ! quel vacarme ! Aboiements, hourras, fanfares ! c'est le retour de la chasse ; le cerf a été forcé... — Mon oncle, mon cher oncle, c'est moi, Gabrielle !.. — Et mon oncle me presse sur son cœur en sonnant l'ballali, ton, ton, tontaine et ton ton... (Elle lit.) «... Alexandre, irrité de l'affront fait à sa mère, la conduisit... » (A elle-même.) Quel est le chasseur de mon oncle qui deviendra mon mari ?... C'est encore pour moi

un bel inconnu, dessiné en forme de point d'interrogation...
Dieu! que je m'ennuie!... (Elle lit.) «... De l'affront fait à
sa mère, la conduisit en Epire et passa lui-même... » (Une
pierre enveloppée d'un papier, lancée par-dessus le mur, tombe à ses pieds.)
Ah!... Voilà un papier qui, à coup sûr, ne tombe pas du
ciel... il a donc été lancé de l'autre côté du mur... par qui?
Je l'ignore. Pour qui? Comment le saurais-je si je n'étais
pas curieuse? (Elle jette la pierre et va pour lire le papier.) Ai-je
bien le droit de me rendre ainsi la confidente d'un secret?..
Oh! je suis très-discrète! et, d'ailleurs, quel parti prendre?
Si je remets ce billet sur le sable de l'allée, le jardinier,
en faisant sa ronde, le découvrira et le portera à madame;
si je le détruis, je laisse mourir d'inquiétude une de mes
bonnes amies; tandis qu'en le lisant, je... et puis, qui
sait?... dam! c'est peut-être pour moi... (Elle lit.) « Ma
chère Marie... » (A elle-même.) Je me nomme Gabrielle.
(Avec regret.) Ce n'est pas pour moi... « Ma chère Marie... »
laquelle?... il y a dix-sept Maries seulement parmi les
grandes... La suite m'apprendra sans doute... (Elle lit.)
« Ma chère Marie, l'amour impose des devoirs sacrés; je
» vous aime, je saurai les remplir; si vous m'aimez, faites
» comme moi. Votre père veut vous unir à votre cousin
» Vermillac; rassurez-vous, je connais un moyen de vous
» soustraire à cet odieux mariage; trouvez-vous au fond du
» parc, après la récréation du soir, et je vous le dirai. —
» *Post-scriptum.* Je prie la pensionnaire charitable qui ra-
» massera ce billet de vouloir bien le remettre en secret à
» ma chère Marie. — Merci pour elle et pour moi. » — De
tous les cousins de ces demoiselles, il n'y en a qu'un du
nom de Vermillac, et c'est Marie de Chambois qui le possède... ma meilleure amie... Elle m'a bien souvent parlé
de son cousin, qu'elle doit en effet épouser; mais elle ne
m'a jamais rien dit de... de l'autre qui attend là... derrière
le mur... Je comprends... dans la situation de son père,

elle ne peut pas faire autrement que de... (On entend une cloche.) Ah ! voilà la fin de la récréation... pour les autres... mais pas pour moi... Il y a longtemps que je ne suis plus les classes. J'ai fini, et, quand mon oncle voudra... Marie a vraiment du bonheur... Deux !... elle en a deux !... son cousin et le monsieur qui est là !... J'en ai bien un, moi aussi, mon cousin de Joyeuse... mais il ne compte pas !... nous nous sommes quittés tout enfants, je ne l'ai plus revu, et je sais que le jour où mon oncle lui proposa de m'épouser, il a répondu : « J'aime mieux me faire tuer... » C'est ça qui est aimable! Voyons, que faut-il que je fasse?... Je ne sais vraiment pas si, malgré le post-scriptum, je dois...

SCÈNE II

GABRIELLE, TRISTAN.

TRISTAN, passant la tête par-dessus le mur.

C'est moi !

GABRIELLE, se détournant et poussant un léger cri.

Ah !...

TRISTAN, très-gaiement.

Tiens ! ce n'est pas elle !... Pardon, mademoiselle, je vous dérange peut-être ?...

GABRIELLE.

Non, monsieur, mais...

TRISTAN, se mettant à cheval sur le mur.

Vous n'attendez donc pas quelqu'un, vous aussi ?

GABRIELLE.

Mais non, monsieur.

TRISTAN.

Alors, je puis, sans indiscrétion...

Il saute à terre.

GABRIELLE.

- Que faites-vous?

TRISTAN.

J'escalade, pas autre chose. (Allant à elle.) Excusez-moi, mademoiselle, si je me présente à vous comme un voleur... je vous donne ma parole d'honneur que je ne fais partie d'aucune bande... Je viens ici dans une intention beaucoup plus honnête et que vous avez devinée déjà... si j'en crois ce fin sourire qui se dessine sur vos lèvres... Connaîtriez-vous mademoiselle Marie de Chambois?

GABRIELLE.

C'est ma meilleure amie.

TRISTAN.

Mais alors, c'est peut-être elle qui vous envoie... Ah! mon Dieu! je tremble de connaître la vérité. Serait-elle souffrante? Renoncerait-elle à moi? Ne m'aimerait-elle pas?... Je vous en prie, mademoiselle, tirez-moi vite d'inquiétude.

GABRIELLE.

Rassurez-vous, monsieur, ce n'est pas Marie qui m'a priée de me trouver ici à cette heure...

TRISTAN.

Ah! merci, mademoiselle; vous me soulagez d'un grand poids. J'en étais sûr, elle va venir.

GABRIELLE.

Non, monsieur, elle ne viendra pas.

TRISTAN.

Elle n'a donc pas reçu mon billet ?

GABRIELLE.

Le voici.

TRISTAN.

Vous ne le lui avez pas remis ? Vous n'avez donc pas été jusqu'au post-scriptum ?

GABRIELLE.

Si fait, monsieur, j'ai tout lu.

TRISTAN.

Eh bien, mademoiselle, s'il est vrai que Marie soit votre amie, ne tardez pas plus longtemps. Elle doit être en classe en ce moment, vous lui glisserez mon épître dans son cahier de devoirs. Ce sont de ces petits services que l'on se rend tous les jours à la pension entre bonnes amies. Pourquoi hésiteriez-vous ?... Songez qu'il y va de son bonheur ; hâtez-vous donc, mademoiselle ; j'attendrai votre retour blotti dans quelque massif, et j'appellerai de tous mes vœux le jour fortuné où celui que vous aimez escaladera le mur, lui aussi, pour vous offrir son cœur et sa main. La place est bonne, il faudra la lui indiquer ! Ah ! vous riez... Victoire ! Vous allez courir.

GABRIELLE.

Je courrai peut-être... et encore... à une condition.

TRISTAN.

Je suis prêt à tout. Qu'exigez-vous de moi ?

GABRIELLE.

Toute la vérité.

TRISTAN.

Comment donc ! c'est trop juste. Eh bien, mademoiselle,

il y a six mois environ, un jour de vacances, comme je revenais d'Afrique, avec une blessure, mon grade de lieutenant et ma démission, je la vis pour la première fois, à l'ambassade d'Angleterre, manger un petit pain français. Ah! mademoiselle! avec quelle grâce et quel appétit elle le dévorait! Elle le tenait, comme un écureuil, de ses deux mains dégantées jusqu'au delà du coude; et, pendant que ses lèvres roses et ses dents blanches rivalisaient d'un zèle délicieusement glouton, les miettes tombaient effrontément sur ses épaules nues... Elle en prit un autre, puis un autre... elle étouffait... Je lui offris un verre de vin de Champagne. « Merci, monsieur, » me dit-elle, et elle le dégusta avec une véritable satisfaction!... Moi, j'étais déjà ivre de bonheur et d'amour. Ce simple fait gastronomique décida de ma vie. Depuis ce jour je cherchai toutes les occasions de la rencontrer. Je lui parlai hardiment de mon amour, à la zouave! J'ai servi dans les zouaves, mademoiselle. Elle ne me répondait pas... mais elle ne se fâchait pas..... je lui écrivis des volumes; elle ne me répondait pas..... mais certain serrement de main..... Bref, je me croyais suffisamment autorisé à me présenter comme prétendant à son père; lorsque, l'autre jour, j'appris son prochain mariage avec ce cousin de Vermillac. Désespéré, furieux, je résolus de l'empêcher à tout prix. Je n'avais qu'un moyen, escalader le mur, c'est fait! la prévenir, cela va être fait, grâce à vous!... quant au reste, je m'en charge. Voilà mon roman, mademoiselle; il est court, c'est un mérite. Est-il intéressant? C'est une question qui vous reste à résoudre, vous, mon juge, et... j'attends votre arrêt.

GABRIELLE.

Ainsi Marie a su vous plaire, parce qu'elle vous a semblé gourmande.

TRISTAN.

Je ne m'en défends pas! La gourmandise est une preuve

de bonne santé... et la bonne santé est le plus beau
fleuron de l'amour. Foin des amants chétifs, malingres,
souffreteux qui s'en vont tout mélancoliquement *ad patres*
au milieu des pleurs et des gémissements, des regrets et
des désespoirs!... Moi, quand j'aime, j'aime à rire; et l'on
ne rit bien qu'en se portant bien. Des amants robustes et
gaillards, il est vrai, sans rime ni raison, se lamentent, se
désolent et se suicident par partie de plaisir; mais les
malheureux ne savent pas vivre, et je n'aurais garde de
les imiter. L'amour, c'est la gaieté du cœur, la joie de
l'âme, l'enivrement de tout notre être; c'est un soleil dans
la nuit, un printemps dans l'hiver, un long éclat de rire
dans la vie! Ainsi pensaient nos pères, de joyeuse mémoire, et ils avaient raison, pâques Dieu! Vive l'amour
qui fait rire! Eh! quoi, mademoiselle, vous n'êtes pas encore partie?

GABRIELLE.

Un dernier mot! Qu'allez-vous dire à Marie, monsieur
le rieur?

TRISTAN.

D'abord que je l'aime!

GABRIELLE.

Et puis...?

TRISTAN.

Que je l'enlève.

GABRIELLE, effarouchée.

Plaît-il?

TRISTAN.

Oh! le plus convenablement du monde, je vous jure.
J'ai tout préparé à cette intention; j'ai aperçu par là une
échelle contre un prunier; avec son aide, Marie franchira

1.

le mur ; de l'autre côté nous attend une voiture qui nous conduira à la gare du Nord ; là, nous prendrons le premier train qui partira soit pour Londres, soit pour Bruxelles. Oh ! je n'ai rien oublié ! Pour la distraire pendant le voyage, j'ai bourré mes poches de bonbons et de chatteries... pralines à l'ananas, caramels variés, fondants au lait de coco, voire une demi-douzaine de ces petits pains français qu'elle adore... (Tirant un sac.) En voulez-vous ?

GABRIELLE, souriant.

Je vous remercie... Et une fois à l'étranger ?...

TRISTAN.

J'écris immédiatement à son père, qui ne peut plus faire autrement que de consentir à notre mariage. Vous voyez, mademoiselle, que mes intentions sont honnêtes et que vous ne devez pas hésiter plus longtemps...

GABRIELLE.

A porter ce billet à Marie ?... Non, en effet, si vous l'exigez encore après tout ce qui me reste à vous dire. Je laisse à votre honneur et à votre délicatesse le soin de décider.

TRISTAN.

Je vous écoute.

GABRIELLE.

Connaissez-vous l'histoire de monsieur de Chambois ?

TRISTAN.

Non !

GABRIELLE.

La voici en deux mots. Monsieur de Chambois, qui n'a jamais eu beaucoup de fortune, aimait les sciences à la folie. Il chercha la solution de problèmes impossibles, et il y perdit, sans s'en douter, le peu qu'il possédait.

TRISTAN.

Quoi!... ruiné?

GABRIELLE.

Complètement. A la mort de sa femme, il mit sa fille ici, en pension, et se retira à Paris dans un modeste appartement de la rue Cassette. Il allait peu dans le monde et ne recevait personne intimement, si ce n'est son neveu Vermillac, qui s'éprit tout de suite de sa cousine, découvrit bientôt la triste situation de son oncle et y pourvut en glissant chaque mois de l'or dans les tiroirs vides. Monsieur de Chambois comprit qu'il n'avait plus rien, le jour seulement où il surprit son bienfaiteur la main dans le sac. Le pauvre homme était désolé pour sa fille d'abord, pour son neveu ensuite. Comment jamais reconnaître tant de générosité? Marie parut en ce moment; il saisit au passage un regard de son neveu; il devina tout. — « Ah! s'il est vrai que tu l'aimes, s'écria-t-il, les larmes aux yeux, je puis encore m'acquitter. Ma fille est le seul bien qui me reste, prends-la, elle est à toi. » Monsieur de Vermillac n'eut pas la force de dire non...

TRISTAN.

Et Marie?

GABRIELLE.

Eut le courage de dire oui; elle était la reconnaissance vivante de son père. Refuser, c'était en faire un ingrat; il serait mort de chagrin. Vous ne riez plus?

TRISTAN, ému.

Non! pas précisément.

GABRIELLE.

Elle ne m'a jamais parlé de vous... Mais chaque fois qu'elle me parlait de son cousin, je lisais dans ses yeux que sa pensée était à un autre. Que cet autre soit vous, c'est possible !

TRISTAN.

C'est sûr.

GABRIELLE.

Je le veux bien. En êtes-vous plus avancé? Si je lui remets ce billet, de deux choses l'une : ou elle résistera, ou elle cédera à l'élan de son cœur. Dans le premier cas, elle sera malheureuse, mais elle aura fait son devoir ; dans le second, elle sera coupable, et le remords la poursuivra toute sa vie

TRISTAN.

C'est vrai !

GABRIELLE.

Eh bien, monsieur, que décidez-vous? Je suis prête à vous obéir.

TRISTAN.

Non!... Je ne peux pas... je ne dois pas!... Donnez !

Il prend le billet et le déchire.

GABRIELLE.

Ah ! c'est bien, cela! C'est très-bien !

TRISTAN.

N'est-ce pas ? Mais alors qu'est-ce que je suis venu faire ici?...

GABRIELLE.

Une bonne action, qui vous sera comptée là-haut.

TRISTAN.

Ah ! Marie ! chère Marie !... Quand j'étais si près du bonheur... pourquoi faut-il...?

GABRIELLE.

Quoi !... Vous vous repentez déjà ?

TRISTAN, résolûment.

Non ! j'ai fait ce que je devais.

. GABRIELLE.

Eh bien, monsieur, allez-vous-en.

TRISTAN.

Ah ! Vous me renvoyez...

GABRIELLE.

Vous ne pouvez pas rester plus longtemps ici. La ronde
du jardinier ne peut tarder. S'il nous surprenait, c'est
moi qui...

TRISTAN.

C'est juste ! Adieu, mademoiselle !

GABRIELLE, s'éloignant.

Adieu, monsieur !

TRISTAN, grimpant sur le mur.

Mademoiselle...

GABRIELLE, revenant.

Monsieur.

TRISTAN.

Voulez-vous me rendre un petit service ?...

GABRIELLE.

Très-volontiers.

TRISTAN.

Eh bien ! quand mademoiselle de Chambois sera mariée,
apprenez-lui pourquoi et comment Tristan de Joyeuse...

GABRIELLE, poussant un cri, à.part.

Ah ! c'est mon cousin !

TRISTAN.

Plaît-il ?...

GABRIELLE.

Rien.

TRISTAN.

Vous me promettez de dire à Marie... ?

GABRIELLE, gaiement.

Tout ! oh ! oui, monsieur !... Adieu, monsieur.

TRISTAN.

Adieu, mademoiselle !

Gabrielle sort par la gauche.

SCÈNE III

TRISTAN, seul sur le mur.

J'ai fait là une belle campagne. Ah ! mon cocher va bien
rire en me voyant revenir seul ; mais moi je ne rirai pas...
Je m'étais promis cependant... Allons ! l'amour n'est pas
toujours aussi gai que je me le figurais ! C'est à vous en
guérir pour la vie. Eh ! Tristan, mon cher ami, penses-tu
sérieusement à ce que tu dis là ? Eh ! non ! morbleu ! J'ai
ce soir du sang de Chérubin dans les veines... je me sens
de force à aimer toutes les... Tiens ! j'ai oublié de demander son nom à la petite pensionnaire de tout à l'heure...
Tant pis ! j'aurais eu du plaisir à me le rappeler... ce n'est
pas qu'elle m'ait été précisément agréable... bien au contraire... [mais elle m'a fait comprendre que j'allais mal

agir... elle m'a remis dans le droit chemin, et depuis un instant, grâce à elle, je me sens meilleur... c'est quelque chose... Allons! ravisseur manqué, en route! (Passant de l'autre côté du mur.) Je suis sûr qu'elle aura une bonne opinion de moi; et, si jamais je la rencontre dans le monde... Ah! ah! je rirai bien... (Disparaissant.) Bonsoir, mesdemoiselles! dormez en paix... le loup se retire. (On ne voit plus que sa tête.) Tiens! qui vient de ce côté? (Il regarde par la gauche.) On dirait la Dame blanche... moins la musique de Boieldieu. Eh! je ne me trompe pas! c'est ma petite pensionnaire... Tiens! tiens! Pourquoi revient-elle par ici?

SCÈNE IV

TRISTAN, de l'autre côté du mur; GABRIELLE.

GABRIELLE, entrant par la gauche, à part.

J'allais commettre une grave imprudence! Si demain matin on avait découvert les pas de... mon cousin... sur le sable de l'allée... près de l'endroit où je me tiens toujours... quelle affaire! Heureusement l'idée m'est venue à temps de les effacer.

Avec son pied elle efface les traces des pas.

TRISTAN, à part.

Que fait-elle donc?

GABRIELLE, regardant à la dérobée du côté du mur, à part.

Il est encore là. (Tout en effaçant les traces des pas). S'il savait qui je suis, le vilain garçon se serait enfui avec plus d'empressement, j'en suis sûre. J'ai bien fait de ne pas me nommer.

TRISTAN, à part.

Je comprends! Elle craint d'être compromise et elle efface... (Haut.) Mademoiselle!

GABRIELLE, feignant la surprise.

Comment! Vous n'êtes pas parti!

TRISTAN.

J'achève de descendre... prudemment, pour ne pas me rompre le cou... Un dernier mot, mademoiselle.

GABRIELLE.

Quoi encore?

TRISTAN.

Je désirerais connaître votre nom, afin de pouvoir baptiser le charmant souvenir que j'emporte de vous.

GABRIELLE.

C'est inutile, monsieur.

TRISTAN.

Vous me refusez?

GABRIELLE.

Je vous en prie, monsieur, descendez!...

TRISTAN.

C'est bien, mademoiselle, je descends... je descends. (On entend les aboiements d'un chien; Tristan remonte précipitamment.) Mademoiselle, il y a un chien énorme qui me guette au pied du mur.

GABRIELLE.

Qu'est-ce que cela fait?

TRISTAN, à cheval sur le mur.

Mais, mademoiselle, il me paraît féroce, et je n'ai pas envie d'être mordu.

GABRIELLE.

Mais, monsieur, s'il continue d'aboyer, on va venir, et
je suis perdue !

TRISTAN.

Certainement j'aime mieux être mordu que de vous
perdre ; j'avoue cependant que s'il y avait un autre
moyen...

Le chien aboie plus fort.

GABRIELLE.

Que ne le faites-vous taire !... peut-être qu'en lui parlant
doucement....

TRISTAN.

Nous allons bien voir ! (Parlant au chien.) Allons donc !
Stopp ! Black ! Mirza !... mon bon chien ! Veux-tu bien te
taire, méchante bête ! (Aboiements plus forts.) Mademoiselle, ni
la douceur ni les menaces...

GABRIELLE, partant d'un éclat de rire.

Ah ! ah ! ah !

TRISTAN.

Hein ! vous riez maintenant ?

GABRIELLE, riant.

Vous faites une si drôle de figure sur le dos de ce mur !

TRISTAN.

Vous êtes bien bonne, mademoiselle.

Aboiements sans interruption.

GABRIELLE.

Ah ! mon Dieu ! ses aboiements redoublent !

TRISTAN.

Tant qu'il me verra, il aboiera.

GABRIELLE.

Eh bien! monsieur, ne vous montrez pas à lui.

TRISTAN.

Quant à ça, volontiers!

Il saute à terre.

GABRIELLE.

Oh ciel! que faites-vous?

TRISTAN.

J'enlève à ce chien tout prétexte d'aboyer. Eh! tenez!
il ne dit plus rien.

GABRIELLE.

Vous ne resterez pas longtemps ici?

TRISTAN.

Le temps de dépister ce maudit animal.

GABRIELLE.

C'est bien! Adieu, monsieur.

TRISTAN, la retenant.

Quoi!... déjà?

GABRIELLE.

Déjà?... Mais voilà une heure, monsieur, que je suis
ici, et si l'on s'aperçoit de mon absence.....

TRISTAN.

Eh bien?

GABRIELLE.

On me punira.

TRISTAN.

Sévèrement?

GABRIELLE.

Oui, certes, et c'est à vous que je le devrai.

TRISTAN.

Encore une minute, de grâce, et je ne vous retiens plus.

GABRIELLE.

A quoi bon?

TRISTAN.

Ne vous est-il jamais arrivé, mademoiselle, de rencontrer pour la première fois un visage sympathique, de causer une heure seulement avec la personne qui le porte, et de vous dire : C'est étrange! il me semble que nous nous connaissons depuis longtemps déjà. Eh bien, mademoiselle! j'en suis là avec vous. Je vous vois pour la première fois... je cause avec vous depuis une heure à peine... et je me dis : C'est étrange! il me semble que nous sommes de vieux amis.

GABRIELLE, ingénument.

C'est vrai !

TRISTAN, avec joie.

Ah!

GABRIELLE, lui imposant silence.

Chut ! avez-vous entendu?

TRISTAN, lui désignant la gauche.

On vient de ce côté.

GABRIELLE, à voix basse.

C'est le jardinier; nous sommes perdus !

TRISTAN.

Voulez-vous que je le jette au chien?

GABRIELLE.

Mais non ! venez !

TRISTAN.

Où ?

GABRIELLE.

Dans ce massif. Surtout pas de bruit !

Elle entre dans le massif. Tristan s'asseoit à côté d'elle sur le banc.

TRISTAN, avec transport.

Ah ! quel... !

GABRIELLE, lui mettant la main sur la bouche.

Chut, donc ! (Tristan lui prend la main et la baise. Gabrielle veut la retirer.) Monsieur !...

TRISTAN.

Chut donc !

Il garde la main de Gabrielle dans la sienne.

SCÈNE V

GABRIELLE, TRISTAN, cachés dans le massif; LE JARDINIER.

Le Jardinier, un bâton à la main, s'avance avec précaution, en regardant de tous côtés ; il s'arrête un instant au pied du mur, examine le sable de l'allée, puis fait un signe de tête négatif, traverse le théâtre et sort par la droite. Pendant cette scène, Tristan tient dans ses mains la main de Gabrielle, qui baisse les yeux.

SCÈNE VI

GABRIELLE, TRISTAN.

GABRIELLE, voulant se lever.

Il s'éloigne.

TRISTAN, la retenant par la main.

Nous sommes si bien ici !

GABRIELLE, même jeu de scène.

Mais voici la nuit, monsieur !

TRISTAN, même jeu.

Belle nuit d'été, mademoiselle !

GABRIELLE, se dégageant.

Bonsoir, monsieur.

Elle s'éloigne du banc.

TRISTAN, suppliant.

Mademoiselle, de grâce... encore une toute petite minute. J'ai tant de choses à vous dire !

GABRIELLE, avec malice.

Pour Marie de Chambois ?

TRISTAN, avec chagrin.

Ah ! mademoiselle !... (Riant, tout à coup.) Ah ! ah ! ah ! au fait !

GABRIELLE.

Vous riez !

TRISTAN.

Oui ! quand je pense à mon aventure... elle est unique !... Je suis venu ici avec une idée bien arrêtée, et voici que je ne veux plus m'en aller, parce que j'ai une idée tout autre, également bien arrêtée. Il n'y a que moi pour ces accidents-là !

GABRIELLE, piquée.

Oui, et si une autre grande prenait ici ma place, vous changeriez encore d'idée, et ainsi de suite, jusqu'à ce que toute la pension y passât.

TRISTAN, riant.

Ah! ah! ah! non! par exemple!... je vous jure bien...

GABRIELLE, se laissant aller à son dépit.

Ah! tenez, vous n'avez jamais été sérieux! vous ne le serez jamais!

TRISTAN.

Comment! je n'ai jamais été?... vous me connaissez donc?

GABRIELLE, se reprenant.

Non!... mais j'entends parler de vous.

TRISTAN.

Par qui?

GABRIELLE.

Mais... par votre cousine...

TRISTAN.

Gabrielle!.. elle est ici?...

GABRIELLE.

Ne le saviez-vous pas?

TRISTAN.

Ma foi... je l'avais complétement oublié.

GABRIELLE.

Vraiment?

TRISTAN.

Et elle vous parle de moi?

GABRIELLE.

Toutes les fois que nous sommes seules.

TRISTAN.

Sait-elle que je l'ai refusée?

GABRIELLE.

Oui !

TRISTAN.

M'en veut-elle ?

GABRIELLE.

Beaucoup.

TRISTAN.

Cette chère cousine !

GABRIELLE.

Qu'aviez-vous à lui reprocher ?

TRISTAN.

Absolument rien. Nous avions été élevés ensemble au château de notre oncle de Blançay, qui déjà, à cette époque, nous disait, en nous regardant manger nos tartines de confitures : « Mes enfants vous vous marierez ensemble, » c'est entendu. Gabrielle, voici ton mari ! Tristan, voilà » ta femme ! » Et moi, ça m'agaçait, ça m'irritait qu'il eût disposé de moi avant moi-même. Un beau jour, on nous sépara. Elle avait cinq ans, moi, dix. J'entrai au collége, je fis mes études ; et, mes études terminées, je cherchai une carrière ; j'étais avocat. C'est alors que notre oncle me dit : « Eh bien ! mon garçon, voilà le moment d'épouser ta » cousine ; avoir une femme et des enfants, c'est une car- » rière qui en vaut bien une autre ! » Ma foi ! je n'y tin plus ! « Non ! mon oncle, m'écriai-je, il ne sera pas dit que » l'on me mariera sans ma volonté ; je n'épouserai jamais » ma cousine Gabrielle. » Là-dessus, mon oncle m'envoya promener ; je me fis soldat, et je partis pour l'Afrique.

GABRIELLE.

Vous n'avez jamais revu votre cousine ?

TRISTAN.

Je m'en serais bien gardé. Je craignais trop qu'elle ne

m'épousât malgré moi. Elle avait autrefois un talent merveilleux pour me faire céder à tous ses caprices; ce qui m'humiliait profondément.

GABRIELLE, se mettant en face de lui.

La reconnaîtriez-vous?

TRISTAN.

Parbleu!

GABRIELLE.

Vous en êtes bien sûr?

TRISTAN.

Je la vois encore!.. Qu'est-ce qu'elle vous a dit de moi?

GABRIELLE.

Du mal!

TRISTAN.

Beaucoup?

GABRIELLE.

Énormément!

TRISTAN.

Quoi encore?

GABRIELLE.

Elle vous reproche d'abord de n'avoir ni cœur ni tête.

TRISTAN.

D'abord? qu'est-ce qui lui restera donc pour *ensuite?*

GABRIELLE.

Elle vous reproche ensuite de n'être pas sérieux, de ne

jamais savoir ce que vous voulez, de tourner à tout vent,
comme une girouette. Enfin !...

TRISTAN.

Ah ! il y a un *enfin !*

GABRIELLE.

D'être un ingrat, qui ne pense plus à elle.

TRISTAN.

C'est faux !

GABRIELLE.

Un méchant, qui ne craint pas de faire de la peine aux
gens !

TRISTAN.

C'est faux !

GABRIELLE.

« Si jamais tu le rencontres dans le monde, me dit-elle
souvent, fuis-le comme la peste ; si, par impossible, il te
demande ta main, cache-la dans ta poche. »

TRISTAN.

A-t-on jamais vu !... Ah ! petite scélérate de cousine !...
Mademoiselle, je vous prie de ne pas croire un mot...

GABRIELLE.

Gabrielle n'a jamais menti, monsieur !

TRISTAN.

Oui ! je sais, quand on est furieux contre quelqu'un, on
en dit un mal atroce. On croit ne pas mentir, et cependant
on ne fait pas autre chose. Si elle ne veut pas de moi, ce
n'est point une raison pour...

2

GABRIELLE.

Gabrielle ne veut pas de vous parce que vous ne voulez pas d'elle. Elle vous aimait bien autrefois.

TRISTAN.

Mais elle était alors un baby. de cinq ans, et moi, un gamin de dix. Parce qu'on s'aime à cet âge-là, faut-il fatalement se condamner l'un à l'autre?... Avouez, mademoiselle, que la vie serait bien monotone si l'on devait suivre toujours le même sentier.

GABRIELLE.

Gabrielle vous aurait refusé avec plaisir, monsieur, si vous l'en aviez priée gentiment. Ce qu'elle désirait avant tout, c'était vous revoir, se souvenir avec vous du temps passé, et vous offrir une bonne et franche amitié en échange de son affection d'enfance.

TRISTAN.

Moi, je n'aurais pas demandé mieux. Pourquoi ne m'a-t-elle jamais écrit?

GABRIELLE.

Gabrielle a attendu longtemps, bien longtemps, le moindre mot de vous qui lui permît de vous répondre.

TRISTAN.

Elle n'a pas reçu de lettre de moi?

GABRIELLE.

Je le crois bien ! vous ne lui avez jamais écrit !

TRISTAN.

Voilà ce que c'est que de remettre toujours au lendemain...

GABRIELLE.

Elle ne méritait pas tant d'oubli, convenez-en'

TRISTAN.

J'en conviens.

GABRIELLE.

Elle vous aimait tant autrefois!... Quoique la plus jeune, elle était la plus raisonnable... Bien souvent, elle vous empêchait de faire des sottises... Quand elle n'y réussissait pas, elle s'accusait elle-même, pour que vous ne fussiez pas grondé.

TRISTAN.

C'est vrai !

GABRIELLE.

Quand vous aviez cassé vos jouets, elle vous donnait les siens... Elle vous donnait ses bonbons d'étrennes, quand vous aviez mangé tous les vôtres.

TRISTAN.

C'est vrai!

GABRIELLE.

Etiez-vous malade ? Elle pleurait à chaudes larmes, et priait le bon Dieu de lui passer les maux dont vous souf-friez.

TRISTAN, ému.

Cette chère cousine!... Oui, c'est mal à moi de n'avoir pas voulu la revoir... D'ailleurs, cela n'engageait à rien !

GABRIELLE.

Nullement !

TRISTAN.

Et quand bien même!... En y réfléchissant, elle doit être la femme la plus aimante, la plus dévouée...

GABRIELLE, souriant.

Quel singulier garçon vous faites! Après Marie, vous

avez pensé un instant à moi, si je ne me trompe; après moi, vous revenez à votre cousine; et tout cela en moins d'une heure!

TRISTAN, riant.

Oui, ma foi! Mais ce n'est pas ma faute, je vous jure; c'est la vôtre...

GABRIELLE.

La mienne!

TRISTAN.

Vous m'avez parlé de Marie, de Gabrielle et de vous, comme si vous aviez juré de me faire perdre la tête; je ne sais plus où j'en suis! C'est absurde ce que je vais vous dire; c'est pourtant la vérité; mon cœur bat à tout rompre! Ce n'est plus pour Marie, à coup sûr; pour qui donc? Est-ce pour Gabrielle? Est-ce pour vous? Je n'en sais absolument rien! Ne vous fâchez pas, et tirez-moi de peine; car c'est vous qui m'avez mis dans cet étrange et cruel embarras.

GABRIELLE, riant.

Ah! ah! ah! grand nigaud! va!

TRISTAN, la reconnaissant.

Gabrielle!... (Il lui saute au cou, et l'embrasse. Se ravisant.) C'est bien toi, au moins?...

GABRIELLE.

Il est temps de me le demander!

TRISTAN.

Non! de ma vie je n'ai été heureux comme aujourd'hui! Tu es bien changée, sais-tu?

GABRIELLE.

Et toi, donc?

TRISTAN.

Quand nous marions-nous?

GABRIELLE.

Quand tu voudras.

TRISTAN.

Bon! Je cours au château de notre oncle. Je l'éveille en sursaut, je lui fais ma demande; demain, nous venons te prendre; et dans quinze jours le mariage.

GABRIELLE.

Qunnd je pense qu'il a fallu te mettre au pied du mur...

TRISTAN, riant.

Oui, à la lettre et au figuré..... Ah! ah! ah! j'en rirai longtemps. (On entend la cloche.) Quelle est cette cloche?

GABRIELLE.

C'est l'heure du souper.

TRISTAN, l'embrassant.

Bon appétit, Gabrielle!

GABRIELLE.

Bonne chance, Tristan! Prends garde de te faire mal.

TRISTAN, grimpant sur le mur.

Ne crains rien! je ne te casserai pas ton mari.

Il est à cheval sur le mur, on entend le chien qui aboie.

GABRIELLE.

Ah! mon Dieu! Encore un chien!

TRISTAN.

C'est toujours le même.

GABRIELLE.

Fais-le donc taire.

2.

TRISTAN, au chien.

Mon ami, tout à l'heure tu remplissais un devoir. Maintenant, après ce qui vient d'être conclu, tu ne fais plus qu'une sottise. (Nouveaux aboiements.) Il ne m'entend pas! — Ah! mes petits pains français. (Il tire de sa poche un sac qu'il jette au chien.) Tiens, Cerbère. (Le chien se tait. Tristan envoie des baisers à Gabrielle, tout en disparaissant de l'autre côté du mur.) Au revoir, cousine!

GABRIELLE, les lui rendant.

A bientôt, cousin!

Tristan disparait complètement. — Gabrielle sort par la gauche.

MADAME REÇOIT-ELLE?

COMÉDIE

PERSONNAGES

MAXIME DE MONTMYRAN............ M. F. Febvre.
MADAME DE LIVIÈRES............... Mme Marie Brindeau.
UN DOMESTIQUE.

MADAME REÇOIT-ELLE?

Un petit salon très-élégant chez madame de Livières. — Cheminée au fond. — Porte d'entrée à droite. — Au milieu une table chargée de livres et de journaux. — A gauche, un bonheur du jour.

SCÈNE PREMIÈRE

MADAME DE LIVIÈRES accoudée à la cheminée, une lettre ouverte à la main. Elle lit.

« Ma chère Adrienne, mon oncle est arrivé ce matin de Versailles. Plaignez-moi ; je ne pourrai pas aller vous voir de toute la journée.

» A demain et à toujours.

» ADHÉMAR DE NORLY. »

C'est la troisième fois depuis quinze jours que son oncle lui arrive ainsi de Versailles. Que peut-il lui vouloir? (Elle jette la lettre au feu et regarde la pendule.) Deux heures! Que le temps va me paraître long! Oh! les habitudes!... (Elle va s'asseoir au bonheur du jour, ouvre un livre de comptes et s'apprête à y transcrire des notes réunies en paquet.) Dépenses. Ce que c'est pourtant que la vie d'une femme! (Elle écrit.) Modiste... 648 francs. (Parlé.) Ma vieille tante me fait épouser M. de Livières que je ne connais pas... alors que je connaissais déjà M. de Norly... que j'aurais bien voulu épouser. M. de Livières meurt. (Elle écrit.) Couturière... 5,286 francs 75 centimes. (Parlé.) M. de Norly vient chaque jour prendre de mes nouvelles. Le temps s'écoule rapidement. Tout est convenu. (Écrivant.) Bijoutier... 15,865 francs. (Parlé.) Enfin l'année est révolue!... Et M. de Norly ne vient plus à son heure!... Son oncle arrive de Versailles. Mais si c'était un prétexte? S'il posait ainsi les préliminaires d'une rupture? Je ne le connais que trop. Il est d'une timidité révoltante. Il hésite toujours. Plus de doute! Il aura cédé aux insinuations de sa famille qui ne m'aime guère. Mon Dieu! mon Dieu!... que triste est la vie! (Fermant le livre.) Je me suis mariée à vingt ans. J'étais veuve à vingt-deux. Voilà un an que j'attends; j'ai donc vingt-trois ans. Mais si je suis obligée d'attendre encore, l'année prochaine, j'aurai vingt-six ans, vingt-huit ans... Que sais-je!... On vieillit si vite à se morfondre!... Ah! c'est affreux! (Elle s'assied à la table.) Mon enfant, me disait la supérieure du couvent, une pieuse lecture est le remède souverain aux fiévreuses agitations de l'âme. (Elle prend un journal.) « *La Patrie* dément formellement... Dernières nouvelles: rien de nouveau... Le thermomètre de l'ingénieur Chevalier... La première cote des fonds anglais... » (Parlé.) Après tout, je m'alarme peut-être à tort. Adhémar m'aime, j'en suis sûre. Il m'en a donné tant de preuves... Je n'ai aucune raison sérieuse.. (Lisant.) Faits divers : M. Maxime de Montmyran est de retour à Paris (Parlé.) Je ne le connais pas; mais j'en ai beaucoup entendu parler. (Continuant sa lecture.) Cet intrépide jeune homme vient de traverser l'Afrique centrale, en courant les plus grands dangers. (Parlé.) Pauvre garçon

Lisant.) La *Revue des Deux Mondes* publiera prochainement
le récit de ses aventures qui sont un véritable roman. (Parlé.) M. de Montmyran n'est pas un homme ordinaire. Au
lieu de promener son désœuvrement dans les cercles et les
enceintes du pesage, il a su, au péril de ses jours, être
utile à .. à la géographie en découvrant des pays inconnus.
Oui, certes, je lirai le récit de ses aventures, et si jamais
je le rencontre dans le monde...

LE DOMESTIQUE, annonçant.

M. de Montmyran.

MADAME DE LIVIÈRES, surprise.

Ah !

SCÈNE II

MADAME DE LIVIÈRES, MAXIME.

MAXIME, après l'avoir saluée.

Madame, je reviens d'Afrique...

MADAME DE LIVIÈRES.

Je le savais.

MAXIME.

Ah !

MADAME DE LIVIÈRES.

Par les journaux.

MAXIME.

C'est juste.

MADAME DE LIVIÈRES.

Vous avez fait là, monsieur, un bien beau voyage.

MAXIME.

Superbe.

MADAME DE LIVIÈRES.

Vous avez pourtant couru de grands dangers?

MAXIME.

Pas assez.

MADAME DE LIVIÈRES.

Que vous avez dû souffrir de la chaleur?

MAXIME.

Pas trop.

MADAME DE LIVIÈRES.

Mais, pardon. A qui dois-je l'honneur de votre visite?

MAXIME, à part.

Faisons-nous d'abord accepter. (Haut.) Madame, depuis mon dernier retour, je n'ai pas franchi le seuil d'un salon sans entendre un concert de médisances à votre adresse.

MADAME DE LIVIÈRES.

En vérité.

MAXIME.

J'ai pensé que cette unanimité de suffrages malveillants ne pouvait être méritée que par une femme d'infiniment d'esprit, et aussitôt j'ai désiré vous connaître. J'aurais pu me faire présenter; nous avons, nous devons avoir des amis communs. Mais j'ai toujours été un original; et mon séjour au milieu des peuplades sauvages ne m'a pas corrigé, loin de là. Bref, j'ai préféré me présenter moi-même. Si j'ai commis une indiscrétion, vous me le ferez finement comprendre, et je m'éloignerai à regret, je vous jure ; car votre joli sourire, madame, s'ajoute au mal que l'on dit pour me confirmer dans le bien que je pense. Quant à l'impression que j'ai pu vous faire, je ne la crains pas. Je suis un animal curieux, qu'on n'est pas fâché de voir de près. Ne me dites pas le contraire, madame. Vous m'avez tout à l'heure regardé et questionné avec le plus vif intérêt. Et, qui sait ! Si vous donniez une fête, vous chercheriez peut-être à m'avoir, afin de pouvoir mettre au bas de votre invitation : J'aurai M. de Montmyran, qui parlera de l'Afrique centrale. Absolument comme on met : Nous aurons M. un tel qui dira des vers ou des chansonnettes.

MADAME DE LIVIÈRES.

Cette façon de vous présenter, monsieur, est si étrange, et en même temps si flatteuse pour moi qu'en vérité je ne puis y trouver à redire. Mais, avouez-le moi franchement, ce n'est pas simplement pour savoir si j'ai de l'esprit que vous me faites une visite ?

MAXIME.

Madame..., par suite d'une fatalité que je déplore, je passe mon temps à rendre service aux autres et à négliger mes propres affaires. Je ne m'appartiens plus Je suis, prétendent mes amis, un ami, un excellent ami qui ne vit plus que pour ses amis. Et l'amitié, telle qu'ils me la font pratiquer, est une profession, comme le notariat. Querelles à apaiser, argent à prêter, missions délicates à remplir, bon gré mal gré, je suis contraint de faire tout ce qui concerne mon état.

MADAME DE LIVIÈRES.

Missions délicates à remplir ?

MAXIME.

Oui, madame, c'est dans mes attributions. Et si vous

saviez tout ce qu'il faut de vertu et d'abnégation... C'est au point que les femmes ne me considèrent même plus comme un homme. — Qui! lui! Montmyran! c'est un ami, voilà tout! — Voilà tout! Est-ce assez humiliant! Aussi, un beau jour, ai-je pris un parti extrême. Afin de m'affranchir à tout jamais des charges de l'amitié, je me suis enfoncé dans le centre de l'Afrique. Ah! bien oui! Ma réputation m'avait précédé. J'ai dû exercer jusqu'aux sources du Nil.

MADAME DE LIVIÈRES.

En vérité?

MAXIME.

Oui, madame. Je ne pouvais pénétrer au milieu d'une tribu sans devenir aussitôt l'ami du prince régnant. Et ces monarques africains sont d'une exigence! Pour ne citer qu'un exemple, Sirboko, mon ami Sirboko, le chef des Ouataturu, me chargea un jour...

MADAME DE LIVIÈRES.

D'une mission délicate?

MAXIME.

Oui, madame, et j'en eus, comme toujours, bien de l'ennui. Car j'ai oublié de vous dire que je ne me mêle jamais d'une affaire sans qu'il ne m'arrive quelque chose de désagréable. C'est ma récompense.

MADAME DE LIVIÈRES.

Contez-moi donc ça.

MAXIME.

Eh bien! madame, mon ami Sirboko avait deux voisines, l'une à l'ouest, l'autre à l'est. Depuis longtemps déjà, son cœur suivait la direction du couchant, lorsqu'un soir, par suite d'un de ces revirements aussi fréquents en Afrique qu'en Europe, il passa brusquement de l'ouest à l'est. Survint aussitôt une grande difficulté. La voisine de l'ouest était une puissante princesse. Comment la déciderait-on à une rupture à l'amiable? Sirboko ne fut pas longtemps en peine. — Va la trouver, ami, me dit-il, offre-lui de la cotonnade, des perles de verre et du fil d'archal, enfin fais-lui entendre raison; sans quoi, je te coupe la tête, ami. — Cette menace lui évita toute objection de ma part. Je me mis en route et j'arrivai bientôt devant la princesse, qui était en train de boire du lait sous sa tente. Tout en lui expliquant le but de ma visite, j'étalai devant elle mes présents de pacotille. Elle me regarda un instant en silence, fit un geste, et un nègre superbe parut soudain. C'était son cuisinier. On se mange beaucoup entre soi dans ces pays primitifs. Je vous l'avoue, cette façon de rassasier mes semblables ne me convenait que médiocrement. D'ailleurs, ce n'était pas ainsi que j'avais rêvé d'être goûté d'une princesse. Mais comment lui faire comprendre que je serais un bien maigre régal? Des esclaves façonnaient déjà un bûcher de feuilles et de branches sèches, lorsqu'une idée... lumineuse me traversa l'esprit; je pris une boîte d'allumettes, et j'allumai moi-même le feu. A cette vue, ma princesse émerveillée modifia le menu du jour, et fit son époux de l'homme blanc qui devait être son rôti. Voilà ce que l'on risque, madame, à avoir des allumettes dans sa poche. Mais, grâce à ce sacrifice, mon ami Sirboko eut le loisir d'épouser sa voisine de l'est. Quant à moi, veuf au bout de huit jours, sans avoir rien fait pour perdre ma femme, je vous le jure...

MADAME DE LIVIÈRES.

Inutile, monsieur, de vous mettre plus longtemps en frais d'imagination. J'ai compris.

MAXIME.

Mon Dieu ! madame...

MADAME DE LIVIÈRES.

C'est lui qui vous envoie ?

Maxime fait un signe de tête affirmatif.

MADAME DE LIVIÈRES.

Je ne m'étais pas trompée. Sa lettre de ce matin...

MAXIME.

Il vous a écrit ?

MADAME DE LIVIÈRES.

Je l'attendais ; il s'est excusé. Mais pouvait-il admettre que j'accepterais autrement que comme un prétexte la prétendue arrivée de son oncle ?

MAXIME.

De son oncle, de sa tante, de toute la famille, enfin ?

MADAME DE LIVIÈRES.

Il ne m'a parlé que de son oncle.

MAXIME.

Probablement parce que son oncle en est le grand chef.

MADAME DE LIVIÈRES.

Et c'est vous... vous, un inconnu pour moi, qu'il a chargé...

MAXIME.

Après ce que je vous ai conté de mes états de services... d'amitié, cela ne doit pas vous étonner. Quand je me suis présenté chez lui, la famille, réunie en conseil, manifestait un grand embarras. A ma vue, tous les fronts se sont rassérénés. — Montmyran ! s'est-on écrié, l'ami par excellence! C'est son affaire! Et, avant même de me demander... si je n'avais pas trop souffert de la chaleur en Afrique, on me mettait au courant de ce qu'on exigeait de moi. Vous le voyez, madame, je ne peux échapper à ma vocation. C'est une fatalité.

MADAME DE LIVIÈRES.

Eh bien, monsieur, parlez, je vous écoute.

MAXIME.

Eh bien, madame, j'ai là en portefeuille...

MADAME DE LIVIÈRES, vivement.

Mes lettres?

Maxime fait un signe affirmatif.

MADAME DE LIVIÈRES.

Il veut que je les accepte en échange?...

Maxime fait un signe affirmatif.

MADAME DE LIVIÈRES.

Pourquoi? Qu'a-t-il à me reprocher?

MAXIME.

Ah! madame, ma tâche est plus pénible que je ne croyais. Plus je vous vois, et moins je comprends...

MADAME DE LIVIÈRES.

Mais parlez donc, monsieur, moins vous comprenez?...

MAXIME.

Qu'il ne sache pas mieux résister au désir de sa famille.

MADAME DE LIVIÈRES.

Il va se marier?

Maxime fait un geste affirmatif.

MADAME DE LIVIÈRES, se levant, très-agitée.

Se marier ! se marier ! malgré ses promesses, malgré ses serments !

MAXIME.

Il vous a juré ?...

MADAME DE LIVIÈRES, fièrement.

Et croyez-vous donc, monsieur, que j'oserais vous regarder en face, si je n'avais eu confiance en sa parole de galant homme ?

MAXIME.

Madame !

MADAME DE LIVIÈRES.

Oh ! les hommes ! s'ils savaient tout le mal qu'ils nous font ! mais ils l'ignorent, je veux bien le croire ; c'est là leur seule excuse. Non ! c'est à confondre ! Qu'il ne m'ait pas adressé son oncle ou quelqu'un autre de sa famille, je l'admets ; tous les siens me détestent. Mais s'il ne m'aimait plus, c'était à lui de s'en expliquer directement avec moi. Ne l'eût-il pas osé, il devait au moins me faire l'honneur de me l'écrire. Au lieu de cela, il invente un prétexte pour échapper à ses visites quotidiennes, il met un étranger dans la confidence de mes affections, il le charge de me demander ses lettres et de m'apprendre une nouvelle qui doit me frapper cruellement. Ah ! tenez, monsieur, je ne sais pas ce que vous pensez de lui, je trouve, moi, que sa conduite est indigne d'un homme de cœur.

MAXIME.

J'avoue, madame, que je ne croyais pas l'affaire aussi sérieuse. Je ne savais rien de ses visites quotidiennes, de ses serments. J'espérais, d'après ce qu'il m'avait dit, que tout irait de soi, et que les quelques désagréments, qui

me sont habituellement réservés dans ces sortes de missions, prendraient une toute autre tournure. Je commence
à comprendre qu'il m'a trompé, et j'en suis furieux. Il peut
bien me donner des commandes d'amitié ; c'est mon état ;
mais je ne lui reconnais pas le droit de me faire jouer un
rôle ridicule.

MADAME DE LIVIÈRES.

Vous en convenez?

MAXIME.

Parfaitement. Mais en vérité je ne sais pas où il avait la
tête ce matin! Renoncer à une femme comme vous,
madame, se marier à tort et à travers, et pousser la
cruauté jusqu'à m'obliger à vous faire de la peine, quand
je voudrais... Je suis de votre avis, madame ; mon ami est
impardonnable, et je serais déjà son ennemi mortel, si je
ne lui devais pas le bonheur de vous connaître.

MADAME DE LIVIÈRES.

Vous comprenez alors que je ne puis accepter une rupture, telle que vous me la proposez de sa part.

MAXIME.

Parfaitement. Je vais même plus loin. En agissant ainsi,
il nous donne le droit d'être sans pitié pour lui. Voyez
donc le parti qu'il vous reste à prendre, et disposez de
moi en toute confiance. Mon amitié vient d'opérer une
brusque volte-face. J'ai déserté sa cause et je suis tout à
votre dévotion. Ordonnez, madame. Que dois-je faire?

MADAME DE LIVIÈRES.

Rien !

MAXIME

C'est facile. (Madame de Livières s'assied au bonheur du jour, et écrit.—Maxime, la regardant, à part :) Pauvre petite femme! Elle m'intéresse. Il y a en elle un je ne sais quoi d'honnête. Pourquoi diable veut-il rompre avec elle?

MADAME DE LIVIÈRES.

Elle sonne sur un timbre et ferme sa lettre. — Au domestique qui entre.

Cette lettre à son adresse. Il y a une réponse. Hâtez-vous. (Le domestique sort.—A Maxime.) Je viens de lui écrire, monsieur. Mais rassurez-vous. Ce n'est pas dans l'espoir d'un rapprochement. Ma lettre est écrite dans des termes trop peu ménagés pour qu'il ait l'idée de revenir à moi, et de renoncer aux projets de sa famille. Je veux seulement le mettre dans l'obligation de m'apprendre lui-même que je ne dois plus compter sur sa parole. C'est bien le moins que je puisse exiger, n'est-il pas vrai?

MAXIME.

Vous êtes dans votre droit, madame.

MADAME DE LIVIÈRES.

Dès que j'aurai cette réponse qui doit à tout jamais mettre fin à mes rêves de bonheur, je la joindrai aux lettres que j'ai reçues de lui. Et, au lieu de les échanger, selon son désir, avec celles que vous m'apportez, nous brûlerons à ce foyer toute cette correspondance. Il ne me convient pas qu'il en reste les moindres traces. Je compte sur votre loyauté, monsieur, pour lui raconter textuellement comment votre mission s'est accomplie.

MAXIME.

Et permettez-moi de lui dire, sous forme de péroraison, qu'il n'a pas le sens commun. Ah! s'il vous avait mieux connue...

MADAME DE LIVIÈRES.

Monsieur, je suis un peu souffrante... Ces émotions

que je vous dois... Cette triste nouvelle que vous m'apportez... J'ai besoin de repos... et de solitude... Souffrez
que je me retire chez moi jusqu'à l'arrivée de cette réponse !

MAXIME.

Oh! madame! qu'est-ce que je vais devenir ici sans
vous? Nous avons deux heures au moins à attendre.

MADAME DE LIVIÈRES.

Non! une demi-heure seulement.

MAXIME.

Mais, madame, il est matériellement impossible... Il y
a loin de la rue Taitbout à la rue de Varennes.

MADAME DE LIVIÈRES.

Pourquoi supposez-vous que mon domestique passera
par la rue de Varennes, pour se rendre rue de la Chaussée-d'Antin?

MAXIME.

Rue de la Chaussée-d'Antin ! Est-ce qu'il a un pied-à-
terre de ce côté?

MADAME DE LIVIÈRES.

Mais, non, monsieur, il y demeure depuis... depuis toujours.

MAXIME.

Lui? Gaston de Joybert?

MADAME DE LIVIÈRES.

Gaston de Joybert? Je ne le connais pas.

MAXIME.

Vous ne connaissez pas Gaston de Joybert? Voilà qui

3.

est particulier ! C'est bien pourtant à madame de Rosandon que j'ai l'honneur...

MADAME DE LIVIÈRES.

Mais, non ! monsieur.

MAXIME.

Vous n'êtes pas madame de Rosandon ?

MADAME DE LIVIÈRES.

Cette dame habite au dessus.

MAXIME.

Oh ! malheureux que je suis ! Je n'ai tenu aucun compte de l'entresol.

MADAME DE LIVIÈRES.

Comment, monsieur, vous étiez chargé par M. de Joybert d'une mission près de madame de Rosandon, et vous vous adressez à moi que vous ne connaissez pas ?

MAXIME.

Voilà les désagréments qui commencent ; j'en étais sûr. Mais, madame, je ne connais pas davantage la princesse de l'Ouest (Se reprenant.) Non ! madame de Rosandon.

MADAME DE LIVIÈRES.

Ce n'était pas une raison pour forcer ma porte.

MAXIME.

Mais, madame, je n'ai rien forcé.

MADAME DE LIVIÈRES.

Comment alors êtes-vous pénétré jusqu'à moi ?

MAXIME.

Eh ! mon Dieu ! madame, par les moyens ordinaires. — Madame de Rosandon, s'il vous plaît ? — Au premier,

me répond le concierge. Arrivé à l'entresol, je sonne.
J'avais perdu la notion de l'entresol; il n'y a pas d'entresol
dans l'Afrique centrale. Je sonne donc.— Madame reçoit-elle?— Oui, monsieur, me répond votre domestique.
— C'est bien, annoncez-moi. Et voilà comment depuis une
heure, barbotant dans un déplorable quiproquo, je trouble la vie paisible d'une femme charmante que je ne connais même pas de nom. — C'est peut-être original; mais
ce n'en est pas moins absurde!...

MADAME DE LIVIÈRES.

Et cruel pour moi, monsieur. Votre mission ne s'ac-
cordait que trop bien avec mes craintes. Je vous ai laissé
lire dans mon cœur, et vous y avez découvert mes secrets!
Ah! monsieur! monsieur! Qu'avez-vous fait là!

Elle tombe sur un siége et cache sa tête dans ses mains.

MAXIME, à part.

Pauvre petite femme! (Haut.) Mon Dieu, madame! je suis
confus... désespéré. Croyez bien que sans ce maudit entresol!... Mais aussi, pourquoi fait-on des entresols! Oh!
les architectes! Voyons, madame, je vous en supplie, ne
vous désolez pas ainsi!... Nous sommes tous deux les
victimes innocentes d'un étage supplémentaire, qui n'a pas
sa raison d'être. Il faut bien en prendre son parti. Ni vos
pleurs, ni mes regrets ne modifieraient notre situation vis-
à-vis l'un de l'autre. Seulement, je vous ferai observer
qu'elle n'a pas le fond de gravité que vous lui supposez.
Je n'ai pas l'honneur de vous connaître, madame. Quant
à... lui, à votre lui, pas au mien... puisqu'il y a bifurca-
tion, je ne le connais pas davantage, et je ne veux pas le
connaître. Qu'ai-je donc appris de trop, par ma déplorable
erreur?... Que vous aimez quelqu'un dont vous avez les
serments? Mais, madame, les honnêtes femmes, à Paris,
en sont toutes là, ou à peu près, jusqu'au jour où elles se

marient; ce qui ne manque jamais d'arriver. Craignez-vous qu'une indiscrétion de ma part?... Qu'on me coupe la langue, madame, si en prenant congé de vous...

MADAME DE LIVIÈRES.

Eh! monsieur! je n'ai plus rien à vous demander! Quoi que vous me promettiez désormais, les conséquences de votre erreur ne seront pas moins inévitables.

MAXIME.

Quelles conséquences?

MADAME DE LIVIÈRES.

La lettre que j'ai écrite...

MAXIME.

C'est vrai. Elle va bien le surprendre, lui, pas le mien, le vôtre.

MADAME DE LIVIÈRES.

Je lui dis que je ne veux pas être un obstacle à son bonheur, que s'il ne m'aime pas, je lui rends de moi-même sa parole. Je le connais, quand il recevra ma lettre, s'il est pressé par son oncle... s'il est encore hésitant...

MAXIME.

Voulez-vous que j'aille le trouver? C'est aussi dans mes attributions d'ami. Je lui raconterai tout; je lui expliquerai...

MADAME DE LIVIÈRES.

Non! non! je vous en conjure, monsieur, ne vous mêlez plus de ce qui ne vous regarde pas!

MAXIME.

Je vous promets de ne plus me tromper d'étage.

MADAME DE LIVIÈRES.

Eh! qu'importe? Il serait trop tard d'ailleurs. Je suis

sûre qu'il a été trop heureux de cette occasion de rompre.

MAXIME.

Eh bien ! madame, s'il est vrai, je ne regrette plus rien !
Sans le savoir, je vous aurai rendu un grand service en
vous donnant la mesure de son affection. Quoi ! il a la
bonne fortune de vous voir tous les jours, et il hésite-
rait !... Est-ce qu'on hésite, quand on aime ! Vous croyez
qu'il a peur de déplaire à son oncle ? Est-ce qu'on n'envoie
pas promener son oncle, quand on aime ! Tenez, madame,
je ne le connais pas, votre *lui*, mais tout me prouve que
vous avez bien tort de l'aimer...

MADAME DE LIVIÈRES.

Monsieur, de grâce...

MAXIME.

Dieu merci, il y a encore sur la terre, pas bien loin
d'ici, des natures d'élite capables de vous comprendre, et
de se dévouer pour vous, de braves garçons, libres de tout
engagement, sans le plus petit oncle.

MADAME DE LIVIÈRES.

Qu'est-ce que vous me dites, monsieur ?

MAXIME, continuant.

Je vous en citerai un particulièrement, qui a une qualité bien rare, c'est de n'avoir pas un seul défaut. Il a
trente ans ; mettons trente-cinq. Ce n'est pas ce qu'on
appelle un joli garçon ; mais il a souvent entendu dire, derrière les éventails, qu'il n'était vraiment pas trop mal.

MADAME DE LIVIÈRES, railleuse.

Continuez donc, je vous prie.

MAXIME.

Je ne demande pas mieux. Il n'est pas précisément célibataire; mais il a été marié dans des circonstances si bizarres, qu'en vérité ça ne peut pas lui être compté. Fortune indépendante, caractère facile, humeur joviale; a beaucoup voyagé; et, de ses courses vagabondes, a rapporté une soif ardente de bonheur tranquille et de solitude à deux...

MADAME DE LIVIÈRES.

Enfin, c'est vous que vous m'offrez!

MAXIME.

Oui, madame, moi-même.

MADAME DE LIVIÈRES.

Mais, monsieur...

MAXIME.

Mais, madame, pourquoi ne m'accepteriez-vous pas? Quelles raisons auriez-vous à me donner? Vous ne doutez pas du résultat de votre démarche. Dans un instant, vous allez vous trouver complétement libre; et la liberté, pour une femme, c'est la solitude, l'abandon. Ayez le courage de vous en affranchir. Quelle occasion plus favorable! En vous disant que je n'ai jamais aimé, je ne crois pas mentir. En vous disant que je vous aime, je vous jure que je dis la vérité.

MADAME DE LIVIÈRES, à part.

Ah! M. de Norly, la jolie vengeance que je me réserve, si...

MAXIME.

J'attends la réponse, madame...

MADAME DE LIVIÈRES.

La réponse, monsieur de Montmyran... (Apercevant le domestique qui entre, une lettre sur un plateau.) La voici.

Elle prend la lettre. Le domestique sort.

MAXIME, avec joie.

Mais elle ne peut être douteuse... vous l'avez dit vous-même. C'est une rupture pliée en quatre que vous tenez là entre les mains. C'est donc pour vous la liberté, et pour moi...

MADAME DE LIVIÈRES, qui lit la lettre.

Ah! mon Dieu!

MAXIME.

Quoi?

MADAME DE LIVIÈRES.

Non! je ne me trompe pas; j'ai bien lu! Il consent, monsieur, il consent!

MAXIME.

Qui, lui?

MADAME DE LIVIÈRES, avec joie.

Oui, ma lettre a fait merveille. Elle a coupé court à toutes ses hésitations, et à tous les raisonnements de son oncle. Il vient de lui déclarer que, quoi qu'il arrive, il n'épousera jamais que moi. Il le reconduit au chemin de fer, et dans cinq minutes, il sera ici à mes pieds. Ah! monsieur! quel service vous m'avez rendu! sans ma lettre, il ne se décidait peut-être pas encore; et, sans vous, je n'écrivais pas ma lettre. J'oublie tout. Je vous pardonne tout, ou plutôt je vous remercie de votre bonne visite; car elle comptera, je vous jure, dans l'histoire de ma vie.

MAXIME.

Madame... Il m'a été certes bien désagréable d'épouser la princesse de l'Ouest; mais, je vous le jure, il m'est plus... cruel de renoncer à vous. Mais enfin, je comprends... il est tout naturel... Allons, je vais recommencer ma mission à l'étage supérieur.

MADAME DE LIVIÈRES.

Chez madame de Rosandon?

MAXIME.

Il le faut bien. Je le lui ai promis, à lui, le mien, cette fois, pas le vôtre. Mais je vous avoue qu'il m'en coûte beaucoup; car aux proportions que prennent mes désagréments, je frissonne en pensant à ce qui m'attend là haut.

MADAME DE LIVIÈRES, à part.

Pauvre garçon! (Haut.) Eh! mais, attendez donc.... Vous n'avez pas besoin d'y monter.

MAXIME.

Pourquoi?

MADAME DE LIVIÈRES.

Cette dame est partie hier...

MAXIME.

Pour?

MADAME DE LIVIÈRES.

Pour aller se marier en Russie avec le prince Boupoff. Je le tiens de ma femme de chambre.

MAXIME.

Mais alors, ma mission est terminée. (Tirant un petit paquet de sa poche.) Il ne me reste plus qu'à brûler ces lettres.

MADAME DE LIVIÈRES, montrant la cheminée.

Je vous offre mon feu.

MAXIME.

Mille fois trop bonne. (Jetant les lettres au feu.) Voilà qui est fait. Mais je ne veux pas prolonger plus longtemps... (Saluant.) Madame...

MADAME DE LIVIÈRES.

Monsieur....

MAXIME, revenant.

Un dernier mot cependant. A qui ai-je eu l'honneur
d'offrir mon cœur et ma main?

MADAME DE LIVIÈRES.

A la baronne de Livières.

MAXIME.

Je vous remercie. (Saluant.) Madame la baronne...

MADAME DE LIVIÈRES, de même.

Monsieur de Montmyran...

LES

CAPRICES DE MA TANTE

SCÈNES DE LA VIE MONDAINE

PERSONNAGES

MAXIME.
LÉONIE.

LES

CAPRICES DE MA TANTE

Un petit salon. — Lampes allumées.

SCÈNE PREMIÈRE

LÉONIE, en toilette de bal. — Elle entre par la gauche et va
à la cheminée.

On ne m'arrivera guère avant onze heures... et il est dix heures à peine! Je me suis trop pressée... une mauvaise habitude de province qu'il me faudra perdre. Que faire?.. J'ai des domestiques qui s'entendent mieux que moi à organiser une fête. Grâce à eux, tout est prêt.. Allons!.. attendons!.. (Se regardant dans la glace de la cheminée.) Il y a déjà de la Parisienne dans cette toilette-là... On ne se met pas comme cela à Poitiers. (Comme si elle parlait à quelqu'un.) Que c'est aimable à vous, chère madame, de m'arriver d'aussi bonne heure! Vous me comblez!.. Voulez-vous prendre mon bras que je vous conduise à la meilleure place; je l'ai réservée pour vous. (Reprenant son ton naturel.) C'est bien ainsi que madame de Valembert... Oh! cette madame de Valembert... Je l'exècre! c'est une vraie peste... mais elle a des manières charmantes. Dieu ! Que la pendule marche lentement!.. Je suis nerveuse depuis quelques jours, je ne sais pas pourquoi!.. Il me faudrait bien peu de chose pour me donner une belle et bonne attaque...

Elle s'assied, prend un livre sur une table et l'ouvre machinalement.

Elle lit :

Ninon, Ninon, que fais-tu de la vie?
L'heure s'enfuit, le jour succède au jour.
Rose ce soir, demain flétrie,
Comment vis-tu, toi qui n'as pas d'amour?

Rien de plus simple, mon cher poète ; je m'occupe de toilette, je vais dans le monde, je dépense l'argent de mon mari, et je me laisse ainsi vivre sans encombre, sans regrets, sans remords. Voyons, poète, qu'as-tu à répondre à cela?

Elle reprend le livre et lit :

Quoi! tu n'as pas d'amour et tu parles de vivre !
Moi, pour un peu d'amour je donnerais mes jours;
Et je les donnerais pour rien sans les amours.

(Soupirant.) **Ah !** si l'on pouvait tout avoir, je ne dis pas qu'un peu d'amour, rien qu'un peu, comblerait le vide qui se fait parfois dans le cœur. La toilette l'enveloppe, mais ne le remplit pas ! Dans ma vie de jeune fille j'ai toujours été aimée plus que je n'ai aimé moi-même. Je ne demandais pas mieux, moi ; mais ma mère avait grand soin de me garer de toute affection. « Les écus avant tout », me disait-elle sans cesse dans son patois de province. Et voilà comment je suis devenue la tante... du neveu de mon mari. Pauvre Maxime! Comme il m'aimait, lui! Le jour où il apprit mon mariage, je trouvai, sur le bord de ma fenêtre, ces vers à Ninon que je ne lus pas sans pleurer.

Continuant la pièce de vers sans regarder le livre :

La vie est un sommeil, l'amour en est le rêve ;
Et vous aurez vécu si vous avez aimé.

SCÈNE II

LÉONIE, MAXIME.

MAXIME, *entrant par le fond.*

Bonjour, ma tante.

LÉONIE.

Vous, Maxime !

MAXIME.

Moi-même. Cela vous étonne ?

LÉONIE, *posant le livre sur la table.*

Non, mais je n'espérais cependant pas...

MAXIME, *froidement.*

Comment va mon oncle, ce soir ?

LÉONIE.

Bien ! Il fait sa sieste en cravate blanche. Je l'éveillerai
à l'arrivée du premier invité.

MAXIME.

Eh bien, me voilà. Qu'attendez-vous ?

LÉONIE.

Vous n'êtes pas un invité pour nous, Maxime.

MAXIME.

Je ne viens pourtant que lorsqu'on m'invite.

LÉONIE.

Vous m'en voulez donc toujours?

MAXIME.

Moi, vous en vouloir? Pourquoi?

LÉONIE.

Expliquons-nous une bonne fois. Qu'avez-vous à me reprocher? Ne me laissez rien ignorer... Je veux tout savoir.

MAXIME.

Vous me promettez de ne pas vous fâcher?

LÉONIE.

Je vous le jure.

MAXIME.

Un jour donc, il y a trois ans environ, je reçois de Poitiers la dépêche suivante; « Ta tante se meurt. » Je pars, je vole, j'arrive... « Ta tante est morte! » s'écrie mon oncle, en se jetant dans mes bras! Et je pleurai avec lui ma première tante, une brave femme, qui avait autant de tête que mon oncle en a peu. Elle l'arracha de Paris où il écornait son patrimoine, le conduisit à Poitiers, l'habitua peu à peu aux mœurs patriarchales de la province; et, en moins de quinze ans, par une sage administration de ses biens, lui refit la magnifique fortune qu'il possède aujourd'hui.

LÉONIE.

Et grâce à laquelle il a pu bien souvent payer les dettes de son écervelé de neveu.

MAXIME.

Ce n'est pas de cela que je me plains. Je reprends :

dix-huit mois après, je retournai chez mon oncle, à l'époque de la chasse. Le château regorgeait de monde. C'était très-gai. Mon oncle ne pleurait plus ; il rayonnait. Parmi ses hôtes, je remarquai, non sans surprise, je l'avoue, monsieur et madame Bireau, petits négociants de Poitiers, et leur fille, mademoiselle Léonie...

LÉONIE.

C'était moi.

MAXIME.

Oui, ma tante. — Ah ! je vous aimai tout de suite comme un fou et... comme mon oncle. Il y avait tant de charme dans votre sourire, tant de bonté dans votre regard. Vos belles petites mains...

LÉONIE.

Maxime...

MAXIME.

Deux mois après vous épousiez mon oncle, et le rameniez à Paris qu'il adore autant qu'il le détestait sous le règne de ma première tante. Car mon cher oncle est un peu comme ces animaux qui prennent la couleur des lieux où ils se couchent ; il adopte aveuglément les goûts des femmes qu'il épouse. Il n'a ni opinion, ni volonté. Chaque matin, sa cervelle est bourrée de ce qu'il doit dire et faire ; et, quand elle sonne creux, il va de lui-même se la faire remplir ; il est très-bien dressé.

LÉONIE.

Maxime, un tel langage...

MAXIME.

Vous m'avez promis de ne pas vous fâcher.

4

LÉONIE.

Je ne pouvais pas prévoir que vous me parleriez ainsi de votre oncle...

MAXIME.

Ah! s'il n'était que mon oncle, je n'en dirais que du bien. Mais il est aussi mon ennemi, mon ennemi heureux, puisque vous l'avez préféré.

LÉONIE.

Je ne le regrette pas, quand je songe aux folies que vous avez faites avec une persévérance peu exemplaire.

MAXIME.

Mais si j'ai fait des folies, Léonie... pardon, ma tante, c'est que je vous aimais; j'avais besoin de me consoler, de m'étourdir. Si vous aviez seulement consenti à devenir la nièce de mon oncle...

LÉONIE.

Pourquoi, mon ami, revenir sur le passé?

MAXIME.

Oui, le mal est fait.

LÉONIE.

Je n'ai pas dit cela. Vous êtes insupportable.

MAXIME.

Vous avez voulu tout savoir : je vous ai obéi. Comprenez-vous maintenant pourquoi je ne viens plus chez mon oncle, pourquoi.....

LÉONIE, détournant la conversation.

Apportez-moi donc cette corbeille.

MAXIME, prenant une grande corbeille sur un meuble.

Qu'est-ce cela?

LÉONIE.

Ce sont les accessoires du cotillon. Voulez-vous m'aider
à les mettre en ordre?

MAXIME.

Volóntiers.

LÉONIE.

Je compte sur vous pour le conduire avec moi, le cotillon.

MAXIME, à part.

Voilà une amabilité... Qu'est-ce qu'elle a donc ce soir,
ma tante?

LÉONIE.

Vous me refusez?

MAXIME.

Mais au contraire! J'accepte avec plaisir.

LÉONIE.

Je vous rends grâce. Vous riez? De quoi donc?

MAXIME.

De la métamorphose qui s'est opérée si vite en vous.
Vous êtes une vraie grande dame, ma tante. Et, il y a six
mois à peine, vous n'étiez qu'une petite provinciale.

LÉONIE.

Mademoiselle Bireau, la fille de pauvres négociants de
Poitiers.

MAXIME.

Rassurez-vous, je n'en dirai rien.

LÉONIE.

Je ne vous recommande pas le secret. Il m'importe peu
que l'on connaisse mon origine. Les femmes à Paris se

rangent aujourd'hui par catégories, suivant la façon dont elles se mettent. Plus de castes ! Plus de distinctions ! La toilette a renversé toutes les barrières, nivelé toutes les classes, et fait la baisse sur les vieux parchemins. Il n'y a plus qu'une aristocratie, celle de l'élégance. Etrangère ou provinciale, grande dame de la rue de Varennes ou petite bourgeoise du boulevard Malesherbes, toute femme qui saura porter avec grâce un costume, signé Couturin, est classée au premier rang. Ce grand tailleur, le d'Hozier de l'époque, lui a délivré ses lettres de noblesse avec le titre de Parisienne. Aux Courses, au Bois, aux premières représentations, la femme que vous remarquez si élégamment excentrique, si impertinemment belle, si naïvement heureuse de l'effet qu'elle produit, est-ce une duchesse de race, ou la fille d'un petit négociant ? Vous n'en savez rien, ni moi non plus ; mais, à coup sûr, c'est une Parisienne, une vraie. La foule, qui la connaît, se la montre du doigt, et la chronique rose détaille au monde entier les trésors de sa garde-robe, depuis la couleur de ses bottines jusqu'à la dernière nuance de ses cheveux.

MAXIME.

Vous êtes en verve, ce soir, ma tante...

LÉONIE.

Par quelle figure commencerons-nous ?

MAXIME, tirant un carnet de sa poche et inscrivant.

Primo, le coussin.

LÉONIE, montrant un coussin sur un fauteuil.

Celui-ci convient-il ?

MAXIME.

Parfaitement. (Inscrivant.) — Secundo, le miroir.

LÉONIE, tirant un miroir de la corbeille.

En voici un !...

MAXIME, apercevant le livre que Léonie a posé sur la table.

Tiens ! Vous lisez Musset.

LÉONIE.

N'est-ce pas vous qui me l'avez conseillé ?

MAXIME.

Oui, autrefois !

LÉONIE.

Les vers à Ninon surtout :

« Et vous aurez vécu, si vous avez aimé. »

MAXIME.

Rêve charmant, rêve absurde.

LÉONIE.

Pouvez-vous dire cela à votre âge ?

MAXIME.

Oui, je le peux. (Inscrivant sur son carnet.) Tertio, les dra-
peaux.

LÉONIE.

Voulez-vous m'aider à les réunir ?

MAXIME.

Avec plaisir.

LÉONIE.

En vérité, mon cher Maxime, vous êtes d'une obli-
geance...

MAXIME.

Je veux vous prouver ainsi que j'ai tout oublié.

LÉONIE.

Et tout pardonné?...

MAXIME.

Oui, ma tante

LÉONIE.

Merci!... Hélas, mon ami, si je n'avais consulté que mon cœur... mais je n'étais pas libre, ni maîtresse de moi-même. Ma mère qui avait connu l'infortune, rêvait pour moi... J'ai dû obéir, je vous le jure.

MAXIME, à part.

Qu'est-ce qu'elle a donc ce soir, ma tante? (Haut.) — Quarto, les bouquets. Ma tante, il nous faudrait de petits bouquets de violettes.

LÉONIE.

Nous en trouverons dans la corbeille. (Pendant qu'ils cherchent ensemble les bouquets.) Maintenant que nous sommes amis, permettez-moi d'être affectueusement indiscrète. Dites-moi : Quels sont vos projets d'avenir?

MAXIME.

Ma foi, je n'en sais trop rien encore. Je suis arrivé à un carrefour bien dangereux de la vie de garçon. Depuis quelques jours, je l'arpente de long en large, comme un lion dans sa cage, sans savoir par où en sortir, bien qu'il y ait des voies ouvertes de tous les côtés. Si je rebrousse chemin, je rentre nécessairement dans les boudoirs mal-sains de... ces demoiselles. Si je regarde devant moi, deux routes se présentent: l'une qui conduit à la foire aux maris, où les fils de famille ruinés se laissent enlever à la criée par des filles d'épiciers enrichis; l'autre qui mène tout droit a quelque lointain pays d'aventures, où l'on trouve toutes les occasions désirables de se faire casser la tête. Tout cela, convenez-en, mérite bien quelques heures de réflexion.

LÉONIE.

Ainsi vous ne voulez pas vous marier?

MAXIME.

Je ne dis pas que plus tard... parce que, bon gré mal gré, il faut bien en finir par là. Mais je ne suis pas pressé.

LÉONIE.

Vous avez bien raison.

MAXIME.

Brrr!... rien que d'y penser, ça me fait froid dans le dos. — Quinto, les nœuds de ruban. — Avez-vous du ruban et des ciseaux?

LÉONIE.

En voici.

MAXIME.

Eh bien! coupons, ma tante, coupons.

LÉONIE, tout en faisant des rosettes avec les rubans que coupe Maxime.

Mais, en attendant, que vous preniez un parti?...

MAXIME, gaiement.

Oh! je ne perds pas mon temps. Je suis en train de réunir tous les matériaux nécessaires pour publier un nouveau traité sur la pluralité des mondes. J'ai déjà inspecté tous ceux de bas étage, et je puis me vanter de posséder à fond toutes les sottises de ces mondes mal habités où de pauvres garçons se contentent d'une moitié de cheval, d'un quart de jockey et d'un huitième de drôlesse. Il ne me reste plus qu'à étudier le monde, le grand monde; et j'y fais ce soir mon entrée par votre porte. Des

maris ont-ils des torts? Des femmes sont-elles à consoler? Enfin, je veux être partie prenante dans une de ces
délicieuses intrigues qui se jouent tons les soirs à Paris.
J'en ai besoin pour mes recherches et mes études. Ah! ah!
ah! Voyez un peu où m'entraîne mon ardeur d'historien!
J'oublie déjà que je parle à ma tante.

LÉONIE, riant.

Quel singulier garçon vous faites!

MAXIME.

Avez-vous une orange?

LÉONIE.

Une orange? Pourquoi?

MAXIME.

Il y a une figure très-amusante...

LÉONIE.

Cherchons dans la corbeille.

MAXIME.

Cherchons. (Ils mettent tous les deux les mains dans la corbeille.)
Ah! j'en tiens une.

LÉONIE.

C'est ma main, mon ami.

MAXIME.

Ah! pardon!.. (Il retire sa main.) dites-moi, ma tante..,
Madame de Valembert vous viendra-t-elle ce soir?

LÉONIE.

Oui. Pourquoi?...

MAXIME.

C'est une femme charmante qui, m'a-t-on dit, cache,

sous une frivolité apparente, un profond dépit de l'infidélité de son mari.

LÉONIE.

Eh bien?

MAXIME.

Eh bien, il serait peut-être intéressant de commencer mes études par elle.

LÉONIE, piquée.

Madame de Valembert est une sotte que l'on a bien tort de recevoir. Je l'attends pour lui faire quelque impertinence, et me brouiller avec elle.

MAXIME.

Vous me quittez?

LÉONIE.

Oui, je vais réveiller votre oncle.

Elle sort par la gauche.

SCÈNE III

MAXIME.

Mais qu'est-ce qu'elle a donc, ce soir, ma tante? Je n'y comprends rien. Et quand on ne comprend rien aux femmes, ce qui arrive trop souvent, le plus sûr est de..... Si je m'en allais!... Je ne sais pas pourquoi; mais elle m'inquiète, ma tante!... Elle ne m'a jamais aimé. Entre un neveu jeune mais sans fortune, et un oncle vieux mais riche, son choix n'a pas été long à faire!... Elle n'avait qu'un but : briller à Paris, grâce à la fortune de son mari.

Ah ! pourquoi ai-je fait la paix avec elle ? N'aurais-je pas
dû lui en vouloir éternellement ? N'a-t-elle pas double-
ment gâté ma vie ? D'abord en se dérobant à mon affection,
ensuite en me dérobant celle de mon oncle. Comme il
m'aimait au début de son veuvage ! « Mon cher neveu,
me disait-il alors, je n'ai pas d'enfants, je ne me remarie-
rai jamais, oh ! non !... Tu es donc mon unique héritier.
Si tu as des dettes... » — Comment donc, mon oncle ! —
Et il les paya toutes !... Et moi, confiant dans sa parole,
par dépit, par désespoir, j'en ai fait de nouvelles. J'étais
bien tranquille. J'avais devant moi à l'horizon un beau
nuage doré qui m'ôtait toute inquiétude. O vieillard dé-
bonnaire et crédule ! tu t'es laissé prendre aux charmes
de mademoiselle Bireau, tu as foulé aux pieds tes réso-
lutions envers toi-même et tes promesses à ton neveu.
Si encore tu continuais à te montrer généreux ! Mais non !
Depuis ton second mariage, tu restes sourd à mes prières,
et tu me laisses dans la plus déplorable situation... Eh
bien alors, qu'est-ce que je fais ici ?... Ah ! j'ai bien envie
de m'en aller... Mais quel était le but de ma tante ce soir ?...
Jamais je ne l'ai vue si aimable, si gracieuse, si... Les
femmes ont des variations inouies de caprices... Serais-je
le jouet des caprices de ma tante ? Pourquoi pas ?... Elle
est femme, ma tante... et... Ah ! mon Dieu ! Est-ce que ?..
Non !... et pourtant... Si elle n'avait consulté que son
cœur, m'a-t-elle dit, si sa mère n'avait pas exigé... Et ce
livre qu'elle lisait : « Et vous aurez vécu si vous avez... »
Et cette madame de Valembert qui l'a piquée au vif...
Oui... c'est bien cela... Maxime, tu n'es qu'un imbécile !
Tu aurais dû t'apercevoir plus tôt... Eh bien ! après ! Je
ne l'aime plus !... J'aime toujours mon pauvre bonhomme
d'oncle !... Et j'irais... Non !. non !. mille fois non !...— Oui,
mais que dira ma tante ? Les femmes ne pardonnent jamais
en semblable affaire... Elle m'a lancé un regard en me

quittant... Elle est allée réveiller mon oncle par un mouvement si brusque... Il n'y a pas à hésiter... je m'en vais.
(Il va pour sortir.) Aïe! c'est elle!...

SCÈNE V

MAXIME, LÉONIE.

LÉONIE, froidement.

Je viens de causer de vous avec votre oncle.

MAXIME.

Ah! vraiment!

LÉONIE.

Il est de mon avis. Il faut vous marier.

MAXIME, bondissant.

Hein!...

LÉONIE.

Nous vous avons trouvé une femme.

MAXIME.

Mais je n'en veux pas!

LÉONIE.

Vous m'avez dit tout à l'heure qu'il faut toujours en
finir par là.

MAXIME.

Ce n'est pas une raison pour commencer. Et vous-même
vous m'approuviez de ne pas y songer si tôt.

LÉONIE.

Je ne m'en souviens plus. (Lui montrant un portrait-carte.)
Comment la trouvez-vous?

MAXIME.

Qui ?

LÉONIE.

Votre future.

MAXIME.

Ma future ?

LÉONIE.

Oui, une jeune fille qu'on m'a proposée hier pour vous.

MAXIME.

Mais... mais...

LÉONIE.

Les avantages sont uniques.

MAXIME.

Quels avantages ?

LÉONIE.

Voyez au dos.

MAXIME.

Elle est bossue !

LÉONIE.

Au dos de la carte. Tournez !

MAXIME, lisant sur la carte.

« Six cent mille francs de dot ; un tiers en sus d'espérance ; raffinerie en gros à Belleville ; Abeille Ledu, vingt-deux ans, peu de piano. »

LÉONIE.

Elle est en outre charmante.

MAXIME.

Ah ! Elle est ?....

LÉONIE.

Oui, tournez !

MAXIME, retournant la carte.

Mais elle est affreuse !...

LÉONIE.

Nous ne pouvions rien espérer de mieux pour vous. Votre oncle est en train d'écrire à la famille qu'il ira faire demain la demande officielle...

MAXIME, à part.

Comme elle se venge ! (Haut.) Et vous croyez que je consentirai ?...

LÉONIE.

Vous ne pouvez faire autrement.

MAXIME.

Je serais curieux de savoir jusqu'où cette plaisanterie...

LÉONIE.

Répondez ! Quels sont vos moyens d'existence ?

MAXIME, gaiement.

Mon président, je ne suis pas un vagabond.

LÉONIE.

Ils sont nuls. Vous êtes sans fortune, sans position, et vous avez des dettes.

MAXIME.

C'est vrai ! Mais mon oncle qui a déjà tant fait pour moi...

LÉONIE.

Ne fera plus rien.

MAXIME.

Mais c'est un affreux guet-apens !

LÉONIE.

A moins que vous ne consentiez à vous marier. Il réglera alors votre situation dans l'intérêt de votre établissement. C'est moi qui lui ai donné cette idée.

MAXIME, à part.

Non !... Je n'ai jamais vu de tante de cette force-là.

LÉONIE.

Allons ! décidez-vous. Que voulons-vous après tout ! Votre bien.

MAXIME.

Drôlement.

LÉONIE.

Drôlement n'est pas précisément le mot, quand il s'agit de mariage ; mais enfin, il faut que tout le monde y passe !

MAXIME.

Ah ! ma tante, vous n'êtes pas généreuse !...

LÉONIE, continuant.

Les parents sont très-pressés. C'est une question d'amour-propre. Les raffineurs marient toutes leurs filles à dix-huit ans, et mademoiselle Ledu en a vingt-deux. Aussi l'affaire peut être bâclée en quinze jours. Voyons, est-ce dit ?

MAXIME, à part.

- Ah ! ma foi ! Au point où en sont les choses... tant pis pour mon oncle ! (Haut.) Non ! ma tante ! Ce n'est pas encore dit. Vous ne m'avez pas compris. J'ai au cœur une de ces passions violentes, égoïstes et tenaces, qui m'accapare et m'absorbe tout entier. J'ai tout fait pour l'étouffer, l'anéantir... je n'ai réussi à rien. Je n'ai pas hésité à chercher près d'une autre femme.... Faut-il vous nommer madame de Valembert?.. Mais mon amour n'a pas voulu suivre cette direction. Je me suis intimé l'ordre de ne plus paraître chez mon oncle. Mais mon amour a passé outre. Depuis une heure, à vous voir si gracieuse, si charmante pour moi, je me tiens à quatre pour ne pas tomber à vos jolis petits pieds. Mais mon amour est plus fort que les convenances. (Tombant à genoux.) Léonie, je vous aime, je vous aime!...

LÉONIE, troublée.

Relevez-vous, Monsieur, relevez-vous !

MAXIME.

Je ne me relèverai que si vous m'aimez!

LÉONIE.

Mais c'est de la folie.

MAXIME.

De la folie d'amour, la plus douce de toutes. Léonie, ma chère Léonie...

LÉONIE.

Je vais sonner !

MAXIME, se relevant.

Ah! ma tante!

LÉONIE.

A-t-on jamais vu !

MAXIME.

Je vous assure que ça s'est vu quelquefois ; et si vous

vouliez me promettre de ne pas sonner, je retomberais à vos pieds, et je...

LÉONIE.

Non! non! ne tombez plus! Il a complètement perdu la tête!

MAXIME.

Oui, complètement... près de vous!

LÉONIE.

Ce n'est pas une raison pour oublier que je suis votre tante.

MAXIME.

Ma tante! Voilà un mot qu'on devrait rayer du dictionnaire!

LÉONIE.

Je n'en dirai rien à votre oncle, je vous le promets; mais à la condition que vous accepterez tout de suite la femme que je vous propose.

MAXIME, à part.

Allons! Je suis arrivé dix minutes trop tard!.. Je m'explique pourquoi il y a tant d'amours qui ne s'accordent pas! ils n'ont pas réglé leurs montres au même cadran.

LÉONIE.

J'attends votre réponse.

MAXIME.

Voici qu'on vous arrive. Adieu! ma... non! pas ma tante!

LÉONIE.

Où allez-vous?

MAXIME.

A la découverte du pôle Nord!.. Puissent ces régions
boréales me conserver éternellement dans la glace!

LÉONIE.

Vous ne voulez pas épouser mademoiselle Ledu?

MAXIME.

Epouser à la hâte une demoiselle que je ne connais pas,
parce que je suis ruiné, et qu'elle est riche? Non! Cette
façon nauséabonde de redorer mon blason me soulève le
cœur. Mieux vaut le pôle Nord.

LÉONIE, un peu émue.

Mais c'est courir à une mort certaine. Vous ne ferez
pas cela ; vous réfléchirez.

MAXIME.

A quoi bon? Dans ma position, c'est le seul parti qu'il
me reste à prendre.

LÉONIE.

Ainsi vous êtes bien résolu!

MAXIME, résolument.

Je vous en donne ma...

LÉONIE, lui mettant la main sur la bouche.

Taisez-vous! Taisez-vous! Quel terrible garçon! Voyez
comme il est pressé d'en finir avec la vie!. C'est à peine
s'il vous donne le temps de vous reconnaître... Le pôle
Nord!.. Si jeune!.. C'est à faire frissonner... Voyons,
Maxime.. je vous en conjure, avant de vous décider à
grelotter de parti-pris chez les Esquimaux, attendez au
moins...

MAXIME.

Quoi?..

LÉONIE.

La fin du cotillon.

MAXIME.

Et vous me laisserez partir?..

LÉONIE.

Oui, si vous ne trouvez pas à mon bal la femme que vous seriez heureux d'épouser un jour.

MAXIME, à part.

Nos montres se seraient-elles accordées?

LÉONIE.

Maxime, votre bras.

MAXIME, allant à elle.

Léonie!..

LÉONIE, sévèrement.

Eh bien!..

MAXIME.

Pardon... ma tante.

Ils sortent.

UN MARI DISPONIBLE

COMÉDIE

PERSONNAGES·

GASTON DE VERDAN.
SABINE DE PÉDRIGO.

UN MARI DISPONIBLE

Un petit salon chez madame de Pédrigo.

SCÈNE PREMIÈRE

SABINE, GASTON.

Sabine, assise près de la cheminée, regarde des gravures de mode. — Entre
Gaston introduit par un domestique.

GASTON.

Chère Madame...

Il lui baise la main.

SABINE.

J'attendais votre femme pour aller au bois. Y aurait-il
contre-ordre?

GASTON.

Oui. Adrienne vous prie de l'excuser. Elle a fait hier
au soir deux bals et trois concerts; elle est morte de
fatigue.

5.

SABINE, se levant.

Ah! pauvre chère! Je vais...

GASTON.

Une minute de grâce. J'ai à causer avec vous.

SABINE.

De quoi donc?

GASTON.

Comment va Pédrigo, ce matin?

SABINE.

Vous me demandez des nouvelles de mon mari? C'est à
vous à m'en donner, si vous osez me dire où vous les
avez prises... mais je n'y tiens pas...

GASTON.

Vous m'aviez pourtant chargé d'une mission...

SABINE.

C'est juste!.. je l'avais oubliée. Etourdie que je suis!..
Et vous l'avez remplie?..

GASTON.

Sans y comprendre un mot. L'autre soir, chez lady
Morton, vous m'avez dit : rendez-moi un grand service.
Faites-vous inviter à la première soirée de la Valnani, la
nouvelle danseuse de l'Opéra. Aussitôt arrivé, installez
vous à la table de baccarat; et glissez adroitement dans les
cartes le portrait-carte que voici. Rien de plus. En cas de
réussite, je vous accorde, comme récompense...

SABINE.

Une discrétion. C'est bien cela. Eh bien?

GASTON.

Eh bien! j'ai réussi.

SABINE.

Le charmant homme ! Contez moi ça !

Elle se rassied et indique un siége à Gaston.

GASTON.

Cette nuit donc, après avoir ramené Adrienne à l'hôtel,
je cours chez la Valnani où l'on jouait un baccarat d'enfer.
Faut-il vous dire?...

SABINE.

Que mon mari s'y trouvait ! Sans cela, est-ce que je vous
aurais prié... Continuez donc.

GASTON.

Il achevait une banque qui ne lui avait pas été favorable ; il n'avait plus rien devant lui.

SABINE.

J'en étais sûre !

GASTON.

Qui la prend? demanda-t-il. Moi! fis-je, en m'avan.
çant. Et me voilà au jeu, des cartes plein les mains. Je
commence d'abord par perdre.

SABINE.

C'est un détail.

GASTON.

Vous êtes bien bonne. Puis, je laisse tomber une carte
Et, tout en me baissant pour la reprendre, je glisse la photographie dans le jeu avec l'ignoble dextérité d'un grec,
et je me remets à perdre.

SABINE.

Vous n'aviez pas la veine.

GASTON.

Il faut croire. Je passe quelques tours... Enfin je retourne une carte... C'était le portrait. Un portrait! m'écriai-je le plus naïvement du monde. Le jeu s'arrête. On demande à voir. Sans doute un ami de la Valnani, fait mon voisin de gauche. Voyons donc! voyons donc! Le portrait circule... Il arrive bientôt à votre mari.

SABINE, avec un vif intérêt.

Qu'est-ce qu'il a dit? Qu'est-ce qu'il a fait?

GASTON.

Il a d'abord changé de couleur. Il est devenu blanc comme... comme...

SABINE.

Passez la comparaison.

GASTON.

Merci. Puis il s'est levé précipitamment. La Valnani, qui l'observait, l'entraîna dans un coin du salon. La discussion entre eux fut des plus vives. — Je vous jure que je ne le connais pas, disait-elle. — Je ne vous crois pas, disait-il. — Demeurez ; et s'il se présente, je ne le reçois pas, reprenait-elle. — J'aime mieux m'en aller, reprenait-il.

SABINE.

Bref! Il est parti?

GASTON.

Comme un trait.

SABINE, avec joie.

Dieu soit loué!

GASTON.

Pour moi qui avais terminé ma mission et perdu tout

ce que j'avais sur moi, je passai la banque, je pris congé,
et me voilà !

SABINE.

Monsieur de Verdan, vous êtes un homme vraiment
habile.

GASTON.

Je ne dis pas non. Cependant je veux être pendu, si je
comprends...

SABINE.

Vous saurez tout. Je vous dois bien ça.

GASTON.

Je vous écoute à mon tour.

SABINE.

Ce ne sera pas long. Depuis quelque temps déjà,
M. de Pédrigo, qui est un joueur enragé, comme vous savez, criait misère à tue-tête, et me menaçait de rogner ma
pension. Justement alarmée, je voulus connaître le
vrai motif de ses doléances, et je découvris bientôt que
mon très-cher mari ne songeait à diminuer mon budget
que pour augmenter le sien, au profit de cette Valnani,
chez qui il jouait gros jeu tous les soirs.

GASTON.

Je le savais.

SABINE.

Il fallait m'en prévenir.

GASTON.

C'est sérieux ce que vous me dites là ?

SABINE.

Au fait... entre larrons...

GASTON.

Vous êtes charmante.

SABINE.

Or, du moment que sa conduite pouvait porter atteinte à mon élégance, il était de mon devoir d'honnête femme d'intervenir; et c'est ce que je fis, grâce à vous.

GASTON.

Et à ce portrait-carte.

SABINE.

Oui. A son voyage de l'an dernier au Pérou, car il est Péruvien, comme vous savez, M. de Pédrigo eut l'aventure suivante : après un souper, entre amis, les têtes montées par des libations nombreuses, on se mit à jouer avec frénésie; survint un coup douteux ; de là, une violente discussion dans laquelle M. de Pédrigo accusa M. de Vosas d'avoir triché. M. de Vosas, naturellement furieux, lui sauta à la gorge. On les sépara avec peine. Mon mari n'eut que le temps de se réfugier à bord d'un paquebot en partance pour le Havre. Il espérait que l'affaire en resterait là. Mais, à peine de retour à Paris, il reçut de M. de Vosas une lettre conçue à peu près en ces termes : « Dès que je le pourrai, je me rendrai en France, afin de laver mon injure dans le sang! » En me racontant l'autre jour cette aventure, M. de Pédrigo qui n'est pas précisément brave, était blanc comme... comme...

GASTON.

Passez la comparaison.

SABINE.

Merci. J'en conclus qu'il ne mettrait plus les pieds là où il rencoutrerait la moindre trace de M. de Vosas. Par bonheur, j'avais un portrait de ce dernier, dans mon al-

bum. Vous savez le reste. Je suis bien tranquille maintenant. Malgré toutes les dénégations de la Valnani,
M. de Pédrigo ne retournera plus chez elle. Ses dépenses
diminueront d'autant, et ma pension ne sera pas écornée.

GASTON.

Vous êtes une femme d'esprit.

SABINE.

Mais oui. (Se levant.) Il ne me reste plus, mon cher monsieur, qu'à vous remercier du rôle actif et désintéressé
que vous avez bien voulu jouer dans cette petite comédie.

GASTON, se levant.

Et ma discrétion ?

SABINE.

Eh bien ! que voulez-vous ? une cravache, une valse ou
un porte-cigares !

GASTON.

Mieux que cela.

SABINE.

Quoi donc ?

GASTON.

Dix minutes de franchise.

SABINE.

Ah ! vous êtes exigeant ! Mais je n'ai pas le droit d'y
trouver à redire. Je suis votre débitrice. (S'asseyant.) Voyons,
parlez. Que désirez-vous savoir que vous ne sachiez pas ?

GASTON.

Avez-vous aimé monsieur de Pédrigo ?

SABINE.

Qui! mon mari?... ma foi! je ne m'en souviens guère... Si fait pourtant, autrefois... mais il y a si long-temps..

GASTON.

Et maintenant?

SABINE.

Vous plaisantez.

GASTON.

Merci.

SABINE.

De quoi?

GASTON.

De rien. Ah! il serait bien heureux celui qui...

SABINE.

Eh! mais! voilà une discrétion qui devient une indiscrétion. (Reprenant.) Celui qui?...

GASTON, continuant.

Aurait le don de vous plaire.

SABINE.

Nous y voici! Parce que j'ai eu l'imprudence de vous demander un petit service, vous vous croyez en droit de... Oh! les hommes! tous les mêmes. Insipides, cupides et stupides! Et votre femme, malheureux?...

GASTON.

Malheureux! C'est bien cela... Vous ne pouviez pas dire plus juste.

SABINE.

Comment! Est-ce qu'Adrienne?...

GASTON, vivement.

Je n'ai rien à lui reprocher.

SABINE.

Vous m'avez fait peur !

GASTON.

Mais je n'ai pas non plus à m'en louer.

SABINE.

Pourquoi?

GASTON.

Je ne sais pas comment vous dire cela... Je vais vous raconter le rêve que j'ai fait cette nuit. (Mouvement de Sabine.) Rassurez-vous, il n'est pas en vers... J'étais en Italie, la terre classique des madones... Dans une niche toute capitonnée de brocatelle et de point de Venise, j'en aperçois une qui ressemble à ma femme et qui jouit de cette particularité, assez rare chez les madones, d'être mariée. La foule prosternée l'adore et son mari est dans la foule. Les plus fervents veulent baiser le bas de sa robe, le bout de ses ongles roses... et son mari est dans les plus fervents. Mais, protégée par une forte grille à barreaux croisés, dont elle seule possède la clef, elle ne distingue personne. Son unique plaisir est de mettre de belles toilettes, de monter en voiture, de courir les boutiques et de rendre visite aux madones ses voisines qui sont moins élégantes, afin de les faire enrager. Ainsi se passe la journée ; et, le soir, à l'heure de la prière, elle rentre dans sa niche, elle s'enferme à double tour, et, lorsque ses adorateurs tombent à ses pieds, son mari en tête, elle leur dit de sa voix de marbre, car elle est de marbre, ma chère madone : « Simples mortels, écoutez, mais ne touchez pas. » Et elle leur parle toilette jusqu'à en perdre haleine. Voilà mon rêve, Sabine. Voilà ma femme!

SABINE, riant.

Ah! ça, mais de quoi vous plaignez-vous?

GASTON.

Vous ne m'avez donc pas compris! Mais je suis battu, vaincu, annihilé par les toilettes de ma femme! Les deux premières années de notre mariage... tout allait comme sur des roulettes... nous nous aimions... Oh! oui, nous nous aimions bien; mais depuis le commencement de l'hiver, ce n'est plus ça du tout. Un changement subit s'est manifesté chez Adrienne. A qui ou à quoi l'attribuer? Je ne sais. Toujours est-il que je n'entends plus parler chez moi que de toilette. Je ne vis plus que de toilette. Madame sort pour commander une toilette. Madame rentre pour changer de toilette. Madame ressort, rentre et ressort encore et toujours à propos de toilette. Toilette le matin, toilette le jour, toilette le soir! Total : 50 mille francs de toilette par an! Ma parole d'honneur! les maris n'ont plus que deux partis à prendre : se jeter à l'eau, ou se faire tailleur pour dames.

SABINE.

Vous êtes fou! Adrienne ne s'occupe autant de sa toilette que par amour pour vous.

GASTON.

L'amour ne s'est jamais autant habillé. Autrefois il se contentait d'un bandeau, et encore sur les yeux.

SABINE.

Soit. Mais la toilette, croyez-moi, mon cher Gaston, est un dérivatif salutaire. Si les maris entendaient leurs intérêts, ils augmenteraient la pension de leurs femmes, plutôt que de la rogner, après avoir grogné.

GASTON.

Moi, je grogne et je rogne?

SABINE.

Non, mais ça ne tardera pas!

GASTON.

En tout cas, il n'y aura pas de ma faute. J'ai fait preuve d'un caractère ridiculement conciliant; j'ai dit à Adrienne : Puisque tu es toujours si pressée, donne-moi seulement le rebut de ton temps, ce que d'ordinaire on jette au panier; comme par exemple les courts et rares instants où tu es prête avant tes chevaux, la fin des repas, alors qu'on ne touche plus au dessert, et qu'on attend je ne sais quoi pour quitter la table; enfin les soirées que, par lassitude, tu passes au coin du feu.

SABINE.

Eh bien?

GASTON.

Elle m'a accordé tout ça. Les soirs où nous ne sortons pas, je lui fais la lecture, elle m'écoute en brodant...

SABINE.

C'est très-gentil ! Qu'est-ce que vous voulez de plus?

GASTON, avec éclat.

Mais elle s'endort tout de suite!

SABINE, riant.

Ah ! ah ! ah ! ce pauvre de Verdan !

GASTON.

Ah! Sabine! Sabine! si vous saviez combien j'ai besoin de consolation !

SABINE.

Et c'est à moi que vous vous adressez ?

GASTON.

Oui, parce que vous en avez besoin vous-même.

SABINE

Mais non, je vous jure.

GASTON.

Votre mari cependant...

SABINE.

N'est jamais chez lui, grâce au Ciel ! S'il s'avisait de rentrer, je lui supprimerais tout net les pantoufles que je lui brode à sa fête.

GASTON.

Sérieusement?

SABINE.

Très-sérieusement. Le monde l'accuse et me plaint ; je le laisse dire, et je ris sous cape, trop heureuse de la position qui m'est faite. L'indépendance de la femme ne prend-elle pas sa source dans l'inconduite du mari?

GASTON.

Quoi! Il ne vous est jamais venu à l'idée de lui infliger la peine du talion?

SABINE.

Oh ! c'est bien usé ce moyen-là ; et, dans notre monde, nous ne l'acceptons plus que par exception et faveur spéciale. Je vous citerai ce fait : Madame de la Rondière, charmante petite femme, qui voulait être des nôtres, n'avait pas un mari assez riche pour lui payer notre élégance. Que fit-elle? De la contrebande avec un inspecteur des douanes. Nous nous en aperçûmes à temps, et nous lui fermâmes impitoyablement notre porte.

GASTON.

Je m'en souviens, mais. .

SABINE.

Autrefois, c'était une épidémie, aujourd'hui nous n'avons plus que des cas isolés. A quoi devons-nous notre guérison? Eh! mon Dieu! oui, à la toilette. La toilette! mais il n'y a que cela au monde! C'est le refuge des affligées, le paradis des bienheureuses. Qui nous console de notre mariage? Notre toilette de mariée. De la perte d'un parent? Notre toilette de deuil. Qui nous distrait quand nous sommes tristes? Qui nous fait aimer le bois, les courses, le monde, l'Opéra? Qui nous donne les rêves les plus dorés? La toilette! Nous nous habillons, nous nous déshabillons, nous nous réhabillons. C'est là notre vie! Qui pourrait nous blâmer? Dix fois en un jour nous pouvons changer de toilette, rien de plus délicieux. Lorsqu'une seule fois en dix ans, nous changeons de... mari, avant que d'être veuve, rien de plus immoral et de plus bête! Car les amants, comme les maris, ne sont supportables que lorsqu'ils nous quittent! Au diable, donc, ces messieurs! Et vive la toilette !

GASTON.

Mais c'est ma femme que j'entends là !

SABINE,

Cela ne m'étonne pas ; elle est mon élève.

GASTON, à part, en se levant.

Alors qu'est-ce que je suis venu faire ici ?

SABINE.

Vous dites?

GASTON.

Je dis... je dis... que le cœur n'existe plus chez les femmes.

SABINE.

Pardonnez-moi. J'en ai un, et un bon !

GASTON.

Pour quel usage ?

SABINE.

Pour m'aimer, et je vous réponds que ce n'est pas une petite affaire. Ah! vous voulez de la franchise; eh bien, je vais vous en donner. Oui, mon cher monsieur, je m'aime, je m'aime, je m'aime, et je crois, ne vous déplaise, que j'en vaux bien la peine. Si c'est un crime, tant pis! je suis faite comme ça. Quel bonheur assez grand, l'amant le plus joli, le plus aimable, me donnerait-il en échange des joies et des distractions que je me donne? Parfois absent, souvent maussade, un beau jour il m'abandonnerait, sans s'inquiéter du mal qu'il me ferait. Moi, au contraire, dès mon réveil, je suis là, avec moi-même, toujours gracieuse, et ne me boudant jamais de peur de m'enlaidir ! Je m'habille avec tendresse; je m'admire avec amour; je me montre avec délice; et je me dis, car je cause souvent avec moi-même, ce qui n'est pas le moindre de mes plaisirs: Sabine, ma chérie, ne cesse jamais d'adorer ta chère personne, et de la parer comme une idole. C'est là le seul but sérieux de la vie des femmes. L'âge viendra bientôt, ne t'en inquiète pas. La science moderne, Dieu merci, nous donne les moyens de réparer des ans les réparables outrages, et nous crée ainsi pour l'avenir de nouvelles occupations du plus grand intérêt. Tant que les hommes se presseront en foule autour de toi, n'en prends aucun souci; crie-leur gare, et passe au milieu d'eux fièrement, haut la tête, et sans broncher. N'oublie jamais que ce sont des êtres subalternes et insuffisants que nous nous résignons parfois à épouser pour la corbeille; mais que nous devons toujours tenir à distance. Car la femme vraiment heureuse est celle qui, dégagée de tout lien licite ou illicite, frétille, libre et joyeuse dans sa toilette, comme un poisson dans l'eau. Cette femme, cher mari d'Adrienne, c'est moi! Vous m'avez demandé dix minutes de franchise; je vous ai fait bonne mesure. Dites... En avez-vous assez?

GASTON.

Oui. Je vous remercie.

SABINE.

Alors, nous sommes quittes ?

GASTON.

Parfaitement.

SABINE.

C'est au mieux! Attendez-moi une minute. Je mets un chapeau. Je monte dans votre voiture, et je cours embrasser votre femme. Ah! ah! ah! ce pauvre de Verdan?

Elle sort par la droite.

SCÈNE II

GASTON.

C'est à croire, ma parole d'honneur, que les Parisiennes d'aujourd'hui sont blindées... comme *le Solferino* et *le Magenta*. Quand nous essayons de lutter contre ces vaisseaux de fer, nous autres, pauvres petits bricks de bois et d'étoupe, nous sommes tout de suite désemparés et forcés d'amener notre pavillon. Ah! notre flotte demande une prompte réorganisation. Ainsi voilà qui est bien convenu ! Ma femme est bien ma femme; seulement elle ne m'appartient plus. Et mon *home* n'est plus mon chez moi ; j'y manque d'air; je ne respire plus ; j'étouffe! Je prends bien vite mon chapeau, je sors, je vais frapper à une porte que je crois hospitalière. J'arrive ainsi chez madame de Pédrigo, le professeur de ma femme. Il n'y a pas à en douter. Nos relations avec elle datent du commencement de l'hiver. J'irais faire visite à madame Burney, à Lady Morton, à la baronne Luzetti, à la comtesse Nidenoff, je rencontrerais même visage de bois chez toutes ces nouvelles amazones qui ne se croient pas de même race que nous, et qui, moins charitables que leurs illustres devancières, ne nous accordent même pas un jour de compensation! Et d'où viennent-elles, ces ennemies du bonheur des hommes? Elles se recrutent un peu partout sur le globe, et elles fondent sur Paris comme une horde de jolies sauvages. La comtesse Nidenoff nous arrive de Moscou; la baronne Luzetti, de Turin ; madame Burney, de New-York; ma femme, de Poitiers ; et madame de Pédrigo, de... de Charenton. Et voilà les grandes Parisiennes d'aujourd'hui ! Ma foi ! je n'ai qu'une chose à faire; re-

prendre ma vie de garçon. Mais laquelle? Me redonner
le luxe d'une maîtresse ou de deux? Ce ne serait pas difficile, grâce aux renseignements obligeants que je tiens de...
ma femme. Zaza, Brodequine, Landerneau, la Valnani,
voilà, m'a-t-elle dit, ce qu'on rencontre de mieux en ce
genre, au bois, aux courses et aux premières représentations. C'est délicieux! Nos femmes d'aujourd'hui con-
naissent ces demoiselles mieux que nous-mêmes. Plus
délicieux encore! Elles s'efforcent de leur ressembler en
copiant leurs désinvoltures et leurs toilettes excentriques.
Sous Louis XIV, les grandes dames fumaient la pipe dans
les corps de garde; plus tard, elle s'encanaillaient à la
halle; aujourd'hui, partout où il est de bon ton de se faire
voir, elles jouent à la petite dame. Il y a progrès; c'est à
pouffer de rire! Ah! ma femme! ma femme! pourquoi es-
tu devenue une Parisienne aussi accomplie!... Si je pouvais
seulement t'éloigner de madame de Pédrigo, t'arracher à
sa funeste influence... Malheureusement, c'est impossible! Comment brouiller deux poules qui n'ont pas le plus
petit coq à se disputer? Ah! c'est au-dessus de mes forces;
je n'y parviendrai jamais, jamais!

SCÈNE III

GASTON, SABINE.

SABINE, entrant par la droite, une lettre ouverte à la main,
très-agitée.

Ah, mon ami, quel événement! quel malheur!

GASTON.

Uue robe manquée?

6

SABINE.

Pis que cela ! M. de Pédrigo...

GASTON.

Il s'est battu avec M. de Vosas...

SABINE.

Au contraire, mon ami. Sans me prévenir, il est parti
ce matin pour Monaco. Voici la lettre que je viens de
trouver sur ma toilette.

GASTON.

Quoi !.. Si subitement...

SABINE.

Vous l'aurez trop effrayé avec la photographie de M. de
Vosas ; il ne se sera cru en sûreté qu'en passant la fron-
tière ! Ah ! je ne prévoyais pas cet excès de prudence !

GASTON.

Quel inconvénient voyez-vous à ce qu'il soit allé à
Monaco ?

SABINE.

Vous ne savez donc pas qu'il s'y est ruiné deux fois !
Monaco ! Monaco !... mais j'aimerais mieux encore la Valnani !... Me voilà dévalisée comme dans un bois !

GASTON.

Pauvre chère Sabine !

SABINE.

Ne riez pas ! Au printemps, je n'aurai plus rien à me mettre. Il me faudra prendre une petite couturière à la
journée, pour tirer parti de mes vieux chiffons !... Oui,
Verdan, je vais en être réduite là, moi qui me faisais habiller chez Couturin, moi qui le comblais de Malaga, son

vin de prédilection, moi qui daignais serrer la main à sa
femme et à sa fille, afin d'être sa cliente préférée. Et
qu'est-ce que j'ai fait pour être si cruellement punie, je
vous le demande! Ah! c'est à douter de la Providence.

GASTON.

On en douterait à moins.

SABINE.

Mon ami, mon cher ami, donnez-moi une preuve de
votre affection, rendez-moi un service, un tout petit service.

GASTON.

Encore une photographie à glisser?

SABINE.

Non, ce moyen m'a trop mal réussi.

GASTON.

Quoi donc alors?

SABINE.

Partez ce soir pour Monaco.

GASTON.

Hein! quoi! vous voulez?... Ah! bien! si je m'attendais!...

SABINE.

Monaco est une ville charmante qui vous plaira, à coup
sûr.

GASTON.

Mais je la connais!...

SABINE.

Vous ne l'avez jamais visitée dans l'état d'esprit où vous
êtes.

GASTON.

Je ne comprends pas.

SABINE.

Vous avez des ennuis; vous venez de me les conter. Vous cherchez des consolations; vous avez même pensé que je vous en donnerais. Eh bien, je fais plus... Je vous envoie à Monaco où vous trouverez des distractions de toute sorte.

GASTON.

Quoi! vous me conseillez?...

SABINE.

Oui, dans votre intérêt.

GASTON.

Mille fois trop bonne!

SABINE.

Et dans le mien.

GASTON.

Oui, dans le vôtre surtout. Mais qu'est-ce que je peux faire à Monaco qui vous soit utile et agréable?

SABINE.

Arracher mon mari à la banque.

GASTON.

Deux gendarmes feraient bien mieux l'affaire.

SABINE.

Je vous en prie, ne plaisantons pas.

GASTON.

- Mais comment voulez-vous que je...

SABINE.

En lui laissant entendre que je cours un grand danger

GASTON.

Quel danger?

SABINE.

Vous le savez bien, puisque vous n'êtes venu me voir aujourd'hui que dans l'intention de me le faire courir vous-même.

GASTON.

Quoi, vous me faites aller à Monaco pour dire à votre mari...

SABINE.

En mettant, bien entendu, l'anecdote sur le compte d'un autre.

GASTON.

Naturellement. Mais il ne me croira pas.

SABINE.

Vous lui rappellerez l'histoire de madame de la Rondière.

GASTON.

Avec l'inspecteur des douanes ?

SABINE.

Vous lui ferez comprendre que la situation est identi quement la même, et il vous croira...

GASTON.

S'il n'est pas jaloux...

SABINE.

Il le deviendra... à regret, j'en conviens, parce que ses habitudes de jeu vont être dérangées; mais il le deviendra

sûrement, je vous l'affirme, le jour où il sera suffisamment
inquiété ; et c'est à vous à l'inquiéter comme il faut. Voilà
qui est convenu, je compte sur vous, vous consentez...
Bon voyage... adieu... et merci !

GASTON.

Permettez... Je ne suis pas encore parti.

SABINE.

Vous me refusez ?

GASTON.

Pas précisément ; mais avant de me mettre en route, j'ai
un conseil à vous donner... (A part.) Voici mon affaire !

SABINE.

Un conseil... qui est ?

GASTON.

De partir à ma place.

SABINE.

Moi ?

GASTON.

Vous.

SABINE.

Vous n'y pensez pas...

GASTON.

Pardon... et très-sérieusement encore. (A part.) Comme
cela, je l'éloigne de ma femme. (Haut.) Je ne vous serais d'aucune utilité. Et, en admettant même que Pédrigo, rendu
jaloux par moi, revînt bien vite à Paris, à la première occasion, il repartirait de plus belle, et ce serait toujours à
recommencer.

SABINE.

C'est vrai. Ah ! les femmes sont bien à plaindre.

GASTON.

Tandis qu'en allant le trouver vous-même, vous avez cent cordes à votre arc pour le guérir du jeu.

SABINE.

Je vous serais obligée de m'en indiquer une seule.

GASTON.

Supposons un instant qu'il se soit adonné à cette funeste passion pour les mêmes raisons qui m'ont déjà fait déserter le toit conjugal.

SABINE.

Il s'est souvent servi de ce prétexte pour essayer de se justifier.

GASTON.

J'en étais sûr. Eh bien, il faut lui enlever cette dernière excuse.

SABINE.

Comment cela?

GASTON.

En vous rappelant que vous êtes femme et.... sa femme.

SABINE.

Croyez-vous donc que je l'aie oublié ?

GASTON.

Complètement ! (Se reprenant.) Non, Sabine, car je suis persuadé que vous allez rejoindre votre mari, afin de le contraindre, par votre coquetterie, à retomber à vos pieds.

SABINE.

Vous voulez ?

GASTON.

C'est une cruelle nécessité, j'en conviens.

SABINE.

Oh ! oui !

GASTON.

Mais, une fois à vos pieds, il tourne le dos au baccarat.

SABINE.

Je ne dis pas !..

GASTON.

Il se trouve face à face avec les chefs-d'œuvre que vous confectionne Couturin.

SABINE.

C'est juste.

GASTON.

Et... dans l'intérêt de votre garde-robe !..

SABINE.

Vous avez raison... je partirai ce soir.

GASTON, à part.

Enfin.

SABINE.

Mais il me le paiera... Me forcer à courir après lui... pour m'en faire adorer... c'est d'un sans gêne...

GASTON, à part.

Elle est étourdissante !

SABINE.

Ce qui me coûte le plus, et ce que je ne lui pardonnerai
jamais, c'est de me séparer de votre femme, de cette chère
Adrienne que j'aime tant et qui profitait si bien de mes
leçons... Elle va se rouiller pendant mon absence.

GASTON, à part.

Je l'espère bien.

SABINE.

Dites-lui bien au moins qu'il n'y a pas de ma faute, que
ma situation n'était plus tolérable, que c'est bien malgré
moi..

GASTON.

Soyez sans inquiétude, chère amie, je sais ce qu'il
faudra lui dire. Pendant que vous tenterez la conquête de
votre mari, moi, je tenterai celle de ma femme.

SABINE.

Ah! la malheureuse!

GASTON.

Merci !

SABINE.

Mais qu'allons-nous devenir, si nos maris prennent la
fantaisie de s'occuper de nous!.. C'est notre 93... c'est la
fin du monde...

GASTON.

Parisien!.. Dieu le veuille!

SABINE.

Vous êtes insupportable!.. mais, pardon!.. mes malles
à remplir, mes toilettes à emballer... Au revoir... cher
ami.

GASTON.

Bon voyage... chère madame ! Et mes amitiés à Pédrigo.
(Sabine sort par la droite.) (Gaston à part.) Et maintenant... à ma
femme ! !

Il prend son chapeau et sort par le fond.

FRONTINE

COMÉDIE

PERSONNAGES

LE COMTE DE LIRMAY.
LA COMTESSE, sa femme.
LE BARON DE VERTINES.
MARIETTE.
BASTIEN.

La scène se passe à Paris.

———

FRONTINE

Un salon chez le comte. — Portes latérales. — Au fond, une porte donnant sur un boudoir dont on aperçoit la cheminée. — Table, meuble de Boule rempli de livres, etc.

SCÈNE PREMIÈRE

LE COMTE, BASTIEN.

LE COMTE, entrant par le fond, une boîte de bonbons à la main.

Bastien! Bastien!

BASTIEN, entrant par la gauche.

Monsieur le comte.

LE COMTE, jetant sa boîte sur la table.

Qui a porté hier cette boîte de bonbons à la comtesse?

BASTIEN.

C'est monsieur le baron de Vertines.

LE COMTE.

Qui avait donné l'ordre de ne pas recevoir le baron?

BASTIEN.

C'est monsieur le comte.

LE COMTE.

Qui n'a pas exécuté cet ordre?

BASTIEN.

C'est Bastien.

LE COMTE.

Qui a été assez hardi pour lui donner un ordre contraire?

BASTIEN.

C'est mademoiselle Mariette.

LE COMTE.

Ah! c'est Mariette!... Alors je paie monsieur Bastien pour qu'il obéisse à la cameriste de ma femme.

BASTIEN.

Ça, c'est vrai, monsieur le comte, je suis fautif; mais, voyez-vous, quand mademoiselle Mariette commande!...

LE COMTE.

Oui, dà!... Et si je te chassais...

BASTIEN.

M'est avis qu'elle trouverait un moyen de me garder au service de monsieur le comte.

LE COMTE.

En vérité.

BASTIEN.

Dame!... elle est si finaude et si madrée!..

LE COMTE.

Je commence à m'en apercevoir. Va me la chercher.
Un instant. Dis-moi, connaissait-elle monsieur de Vertines?

BASTIEN.

Aussi bien que moi-même ; nous sommes tous trois
des pays.

LE COMTE.

Ah! vous êtes?...

BASTIEN.

Oui, de Beuzeville, en Normandie. Il n'y a pas encore
bien longtemps, pendant que je gardais mes bêtes, monsieur le baron chassait les siennes.... Et nous nous ren-
contrions tous les jours près du lavoir, où la Marton
lavait son linge à tour de bras. Moi, je voulais déjà l'é-
pouser en ce temps-là ; et monsieur le baron... je ne sais
pas au juste ce qu'il voulait ; mais je sais bien qu'on en
jasait au pays, quoiqu'il n'y ait eu rien à dire, parce que
la Marton... c'est une finaude, c'est vrai... Mais c'est aussi
une honnête fille... Ah! mais!

LE COMTE.

Et depuis cette époque?...

BASTIEN.

La Marton est devenue mademoiselle Mariette ; et moi,
je me suis mis en condition pour la revoir, parce que je
l'aime toujours comme une bête.

LE COMTE.

Et le baron?

BASTIEN.

Oh! je crois bien qu'il a oublié ce qu'il voulait du

temps du lavoir. Dame, il n'est plus de la première jeunesse.

LE COMTE, à lui-même.

Ce n'est pas une raison... Il n'a pas désarmé, le baron ; et Mariette peut lui être très-utile là où il espère encore... Ah ! morbleu ! (Haut.) Va me chercher Mariette !

BASTIEN.

Si monsieur le comte voulait profiter de l'occasion pour lui dire deux mots en ma faveur ?

LE COMTE.

Drôle !

BASTIEN, à part, en s'en allant.

Je ne trouve pas ça drôle du tout !

Il sort par la droite.

SCÈNE II

LE COMTE, seul.

Ah ! les maîtres ont beau faire, ils seront toujours dupés par leurs gens ! Eh ! pardieu, pourquoi ne nous servons-nous pas nous-mêmes, plutôt que de réchauffer à notre foyer cette race maudite de serpents corrompus et gourmands ! Les mâles boivent notre vin ; les femelles perdent nos femmes ! La camériste la plus recommandée est souvent la plus dangereuse. Ne doit-elle pas ses meilleurs certificats aux intrigues galantes qu'elle a su bien conduire ? Ah ! ma tante de Norlac m'a fait là un joli cadeau de noces ! Dans l'exercice de ses fonctions, mademoiselle Ma-

riette se sera composé un recueil de morale facile et de liber-
tinage musqué. Et, vrai Frontin en jupons, quand elle sert
d'honnêtes femmes, elle met à leur service les fruits de sa
pernicieuse expérience. Heureusement me voilà averti à
temps. Eva est une enfant qui ne peut pas avoir encore
d'elle-même l'idée de s'insurger. Vertines est un vieux
garçon... en herbe qui ne peut réussir qu'à l'aide d'intel-
ligence dans la place. Plus de Mariette, plus de danger ;
et dans cinq minutes, il n'y aura plus de Mariette, et dans
dix, je serai chez la baronne de Milia...

SCÈNE III

LE COMTE, MARIETTE.

MARIETTE, entrant par la droite.

Monsieur le Comte me demande?

LE COMTE.

Mariette! Je viens de prendre un grand parti! J'ai dé-
cidé que je ne vous garderais pas.

MARIETTE.

Qu'ai-je fait?

LE COMTE.

Rien de mal.

MARIETTE.

Qu'ai-je dit?

LE COMTE.

Rien de bien.

MARIETTE.

Je comprends.

LE COMTE.

C'est heureux !

MARIETTE.

Certes, je ne demanderais pas mieux que de satisfaire monsieur le comte; mais j'y vois une petite difficulté.

LE COMTE.

Laquelle ?

MARIETTE.

C'est que je tiens beaucoup à rester chez monsieur le comte.

LE COMTE.

Voilà de l'aplomb!

MARIETTE.

Dans l'espoir d'une prochaine augmentation de gages.

LE COMTE.

Ah ! il faudra encore...

MARIETTE.

C'est une faveur qu'on ne m'a jamais refusée, dès qu'on a connu toutes mes qualités....

LE COMTE.

J'en connais bien assez, Mariette.

MARIETTE.

Monsieur le comte ne sait peut-être pas que j'ai beaucoup d'ordre.

LE COMTE.

Eh ! que m'importe !

MARIETTE.

Tout ce que mes maîtresses laissent traîner : lettres, invitations, faire part, billets de concert, billets doux, je le range avec un soin extrême.

LE COMTE.

Où voulez-vous en venir ?

MARIETTE.

A madame la baronne de Milia, où j'ai eu l'honneur de rencontrer une ou deux fois monsieur le comte...

LE COMTE.

Ah ! vous avez servi chez...

MARIETTE.

Je comprends que monsieur le comte n'ait pas fait attention à moi.

LE COMTE.

Que voulez-vous dire ?

MARIETTE.

Mon Dieu, monsieur le comte, ce que je veux dire... est précisément ce que je ne veux pas dire.

LE COMTE.

Il n'y a que les femmes pour s'expliquer aussi clairement... Enfin, chez madame de Milia ?...

MARIETTE.

J'ai trouvé, un matin, sur le tapis, une lettre que monsieur le comte lui a écrite, peu de temps avant son mariage.

LE COMTE, à part.

Je suis pris.

MARIETTE.

Lettre brûlante que je relisais encore au moment où monsieur le comte m'a fait l'honneur de m'appeler. Monsieur le comte a un bien joli style.

LE COMTE.

Vous vous embarquez là, Mariette, dans une vilaine et sotte affaire. Le jour où cette lettre tombera dans les mains de madame de Lirmay, je lui raconterai tout, loyalement, franchement. Ma femme n'a pas à me demander compte du passé.

MARIETTE.

A moins que le passé ne soit pas aussi... passé qu'on se l'imagine. Cette lettre, qui n'est pas datée, pourrait vraisemblablement avoir été écrite hier par quelqu'un qui examinerait les choses de près. Combien de relations que l'on dit rompues et qui ne sont qu'interrompues !

LE COMTE.

Vingt louis de cette lettre !

MARIETTE.

Elle n'est pas à vendre.

LE COMTE.

Trente! quarante! cinquante! cent!

MARIETTE.

Et monsieur le comte me renverra, marché conclu... Je préfère une légère augmentation.

LE COMTE.

Et si je vous donnais Bastien qui vous aime?

MARIETTE.

Je le rendrais à monsieur le comte.

LE COMTE.

Avec cinq mille francs de dot...

MARIETTE.

Bastien ne vaut pas ça.

LE COMTE.

En d'autres termes, Mariette vaut davantage.

MARIETTE.

C'est mon avis.

LE COMTE.

C'est aussi le mien. Je ne sais vraiment pas où j'avais la tête... Mariette est un morceau trop friand pour nos laquais !

MARIETTE, se rengorgeant.

Mais !...

LE COMTE.

Le minois fripon, le regard chargé de malice.

MARIETTE.

Mais...

LE COMTE.

Les épaules rondes... la taille bien plantée...

MARIETTE.

Mais...

LE COMTE.

Comment diable, Mariette, une femme de votre mérite, s'oublie-t-elle si longtemps à l'antichambre?

MARIETTE.

C'est vrai!... J'ai tort!

LE COMTE.

Tous ces messieurs du cercle, qui vous ont connue... çà et là, ne comprennent pas que vous ne soyez pas encore parvenue à gravir quelques échelons de l'échelle sociale.

MARIETTE.

Halte-là! monsieur le comte, je suis une honnête fille!

LE COMTE.

Comment... Mariette, un amant vous ferait peur?

MARIETTE.

Ma vertu ne me le permet pas.

LE COMTE.

Que vous faut-il donc?

MARIETTE.

Un mari... mais pas Bastien du tout.

LE COMTE.

Ah! oui dà.

MARIETTE.

Je me retirerai alors à la campagne, et j'aurai, moi aussi, des domestiques. Voilà ce qui m'a été prédit au village, lorsque j'étais petite.

LE COMTE.

Cette prédiction-là, Mariette, va faire bien plaisir à sainte Catherine.

MARIETTE.

Pourquoi?

LE COMTE.

Parce que vous allez la coiffer d'un nouveau chapeau.

MARIETTE.

Bah! qui sait! Il ne s'agit que de trouver l'occasion.

LE COMTE.

Au fait, c'est une idée... Pourquoi pas, après tout? Je
crains seulement...

MARIETTE.

Quoi donc?

LE COMTE.

Il court de tels bruits sur vous!

MARIETTE.

Quels bruits?

LE COMTE.

L'autre jour, monsieur de Vertines, qui est fort expert
en pareilles matières, nous a raconté qu'il ne regrettait jamais que la duchesse de Saulves ne fût pas exacte au rendez-vous, lorsque Mariette se trouvait là pour lui faire
prendre patience.

MARIETTE.

Il a dit ça?

LE COMTE.

En plein cercle!

MARIETTE.

En vérité!

LE COMTE.

Il nous a dit encore bien d'autres choses que je ne vous
répéterai pas, parce que je n'y crois pas.

MARIETTE.

Mais si d'autres que monsieur le comte y ont ajouté foi!...

LE COMTE.

Le monde est si méchant.

MARIETTE.

Ainsi monsieur de Vertines n'a pas craint d'attaquer ma réputation...

LE COMTE.

Oh ! si légèrement...

MARIETTE, avec menace.

Ah ! par ma sainte patronne !..

LE COMTE, à part.

J'ai touché juste !... (Haut.) Mariette, je ne vous demande plus rien ; je ne vous offre plus rien ; je vous promets seulement un cadeau, si....

MARIETTE.

Si ?...

LE COMTE.

Si vous défendez aujourd'hui la porte de madame de Lirmay.

MARIETTE.

Nous n'attendons que monsieur de Vertines.

LE COMTE.

Je tiens beaucoup à ce que vous ne fassiez pas d'exception en sa faveur.

MARIETTE, résolûment.

Ah ! pour cela...

LE COMTE.

Vous me le promettez?

MARIETTE.

Je vous le jure.

LE COMTE.

Bien, Mariette! (A part.) Si je pouvais ainsi me débarrasser des deux l'un par l'autre... Quel coup de maître!

Il sort par la gauche.

SCÈNE IV

MARIETTE, BASTIEN.

MARIETTE, seule.

Ah! monsieur le baron... vous écornez ma vertu au cercle!

BASTIEN, entrant.

Mademoiselle Mariette?

MARIETTE.

Que veux-tu?

BASTIEN.

Monsieur de Vertines fait demander si madame la comtesse est visible.

MARIETTE.

Qu'il entre!.. Je m'en vais le recevoir.

BASTIEN.

Oh! mademoiselle Mariette... Je ne sais pas si je dois...

MARIETTE.

Imbécile!... Ecoute-moi.

BASTIEN.

Qu'est-ce qu'il y a encore?

MARIETTE.

Je te promets un cadeau, si....

BASTIEN.

Si?..

MARIETTE.

Si tu défends ma porte, tant que le baron sera là.

BASTIEN.

Oh! mademoiselle Mariette... Est-ce que ça va recommencer comme au temps du lavoir?

MARIETTE.

Allons! Ne fais pas attendre monsieur le baron!

BASTIEN.

Ah! l'amour est soumis parfois à de bien rudes épreuves... (Ouvrant la porte de droite, — avec douleur.) Entrez, monsieur le baron, entrez.

Entre le baron. — Bastien sort.

SCÈNE V

MARIETTE, LE BARON DE VERTINES.

LE BARON.

Bonjour, Mariette.

MARIETTE, froidement.

Je vous salue, monsieur le baron.

LE BARON.

Voulez-vous m'annoncer?

MARIETTE, brusquement.

Quel âge avez-vous, monsieur le baron?

LE BARON.

La singulière question!

MARIETTE, cherchant.

Quarante...

LE BARON, vivement.

Juste!

MARIETTE.

Voilà qui est bien particulier. Chez la duchesse de Saulves, monsieur le baron se donnait ces mêmes quarante
ans... il y a sept ans de cela.

LE BARON.

Je les avais bien alors.

MARIETTE.

Et maintenant?...

LE BARON, soupirant.

Je les ai bien davantage.

MARIETTE.

Et monsieur le baron les aura probablement jusqu'à son
premier échec.

LE BARON.

Je n'y suis pas encore, Dieu merci!

MARIETTE.

Il faudra bien qu'il arrive un jour ou l'autre.

LE BARON.

En tout cas, il ne sera pas suivi d'un second. Mon parti est pris; à mon premier échec, j'irai philosophiquement m'enterrer dans mon château.

MARIETTE.

Un bien joli château!

LE BARON.

Vous le connaissez, Mariette?

MARIETTE.

Je suis du pays, monsieur le baron.

LE BARON.

En effet... Je me souviens même... Autrefois près d'un certain lavoir... Ah! Mariette! que vous étiez gentille avec votre simple costume de paysanne... et vos beaux bras nus!...

MARIETTE.

Monsieur le baron aimait bien la chasse en ce temps-là!

LE BARON.

Je l'aimerai encore, Mariette; et, quand j'aurai bien chassé, j'engraisserai des bœufs et je leur ferai remporter les premiers prix au grand concours de Poissy et autres comices agricoles.

MARIETTE.

Alors monsieur le baron aura bientôt des bêtes de primées.

LE BARON.

Que nenni, Mariette. A mon âge on n'est pas si sot que

de se présenter là où l'on n'aurait pas de chance de réussir... J'ai vingt ans d'expérience et j'en profite pour ne
me mettre en campagne qu'à bon escient. Je sais fort bien
que le temps des femmes de trente ans est passé pour moi.
Une duchesse de Saulves me ferait perdre la partie aujour-
d'hui, même en me rendant des points. Mais une toute
jeune femme, au début de la vie, ignorant tout, et surtout l'art de plaire...

MARIETTE.

Enfin, madame!

LE BARON.

Précisément. Ajoutez que le comte, selon la coutume
des maris, me facilite la besogne. Il aimait la baronne de
Milia, avant son mariage; il l'a revue, il s'en est épris plus
que jamais. D'où je conclus, Mariette, que je ne suis pas
encore prêt à me livrer aux bêtes. Mais, pardon... Je perds
mon temps avec vous... Veuillez m'annoncer, je vous
prie...

MARIETTE.

Monsieur le baron a bien tort d'insister!

LE BARON.

Pourquoi?

MARIETTE.

Mon instinct me dit que monsieur le baron touche à son
premier échec.

LE BARON.

Je le crois bien, si vous me laissez à la porte.

MARIETTE.

C'est dans votre intérêt, monsieur le baron.

LE BARON.

Dieu me damne ! Voilà qui est plaisant !

MARIETTE.

Ah ! si monsieur le baron était encore... monsieur le baron de la duchesse de Saulves ! Malheureusement, il n'en est rien ! Je ne voudrais pas désobliger monsieur le baron ; mais enfin, il doit reconnaître avec moi qu'il a pris du ventre... qu'il s'est tassé, alourdi, épaissi...

LE BARON, se récriant.

Moi ?

MARIETTE.

Oui ! Et tout ce que porte monsieur le baron, s'en ressent. Son habit est plus vaste, sa cravate plus lâche, ses gants plus larges, ses bottes plus épaisses... sa canne elle-même s'est arrondie... tout comme lui !.. Ce n'est plus le mince jonc du jeune élégant... C'est le gros bâton du gros propriétaire.

LE BARON, montrant sa canne.

Ça ! Un bâton !...

MARIETTE.

Enfin, je flaire pour monsieur le baron une chute éclatante ; et, par affection pour lui, je l'en avertis, et je n'y prête pas les mains. Je veux, quand il sera retiré dans son... joli château, qu'il se dise, en pensant à moi : — Mariette avait raison. Elle m'a prédit ce qui m'est arrivé et m'a crié gare ! J'ai eu bien tort de ne pas l'écouter.

LE BARON.

Quelle singulière fille vous faites !... Il m'est impossible de me fâcher, bien que j'en aie une furieuse envie ; car enfin, tout ce que vous m'avez dit... Bah ! Je n'en crois

»as un mot... Vous ne voulez pas m'annoncer à la comtesse?

MARIETTE.

Je répète à monsieur le baron...

LE BARON.

C'est bien!... Je saurai me passer de vous. (Appelant à la
porte de droite.) Bastien!

BASTIEN, entr'ouvrant la porte.

Plaît-il?

MARIETTE, fermant vivement la porte sur lui.

N'entre pas!

LE BARON.

C'est trop fort! (Appelant.) Bastien! Bastien!

LA COMTESSE, paraissant au fond.

Qu'y a-t-il donc?

MARIETTE, à part.

Madame!

SCÈNE VI

LES MÊMES, LA COMTESSE.

LE BARON, allant au devant d'elle.

Comtesse... c'est Mariette...

MARIETTE, l'interrompant et baissant les yeux en s'efforçant de rougir.

C'est M. le baron, madame, qui oubliait près de moi...

LE BARON.

Plaît-il?... vous dites?... C'est trop fort! N'en croyez pas

un mot, comtesse. Voilà une heure qu'elle se refuse à m'annoncer, et j'appelais Bastien pour me rendre ce service.

LA COMTESSE.

Qu'est-ce que cela veut dire, Mariette?

MARIETTE.

Je craignais de déranger madame.

LA COMTESSE.

Quel est ce nouveau mensonge? Ne saviez-vous pas que
j'attendais la visite de M. de Vertines?

MARIETTE.

Je ne me le rappelais plus.

LA COMTESSE, sévèrement.

Ne répliquez pas, je vous prie, quand vous n'avez rien
de bon a répondre.

MARIETTE.

C'est la première fois...

LA COMTESSE.

Que je parle à mes gens comme il convient ; ce ne sera
pas la dernière. Ne l'oubliez pas ! Je suis désolée, baron,
de ce qui vous arrive..... Je vous promets à l'avenir...

LE BARON.

Ne parlons plus de cela, comtesse. Je vous vois, je ne
me souviens plus de rien. (Il lui offre le bras, se dirige avec elle
vers le boudoir du fond et l'y fait entrer. Puis, avant de la suivre, il se
retourne vers Mariette et lui dit d'un ton protecteur :) Vous n'êtes pas
de force contre moi, Mariette !

La porte du boudoir se referme derrière lui.

SCÈNE VII

MARIETTE, seule.

Au diable les pensionnaires qui ne savent rien de la vie!... Madame aurait cru au mal, si elle avait plus vécu. Me voilà maintenant plus reculée que jamais. De telles hardiesses, quand elles ne réussissent pas, deviennent des fautes impardonnables, et les conséquences ne se font pas attendre. Au moment où je commençais à détruire les illusions du galantin, et à le façonner à ma taille... il m'échappe, il se moque de moi, et se dispose déjà, j'en suis sûre, à profiter de la situation. Aurait-il raison? Ne serais-je pas de force contre lui? Nous verrons bien! (Elle ouvre brusquement la porte du boudoir.) Madame a sonné?

LA COMTESSE, assise dans le boudoir, près de la cheminée.

Mais non, Mariette.

MARIETTE.

J'avais cru entendre.

LA COMTESSE.

Vous avez mal entendu... Laissez-nous!

LE BARON.

Laissez-nous donc, Mariette.

MARIETTE, refermant la porte.

Ah! il faut avouer que je ne suis guère chanceuse! La partie serait-elle perdue?... Non! pas encore! Mais pour la gagner, que me reste-t-il à tenter? L'heure s'avance, les minutes ne sont pas perdues à côté; et si je laisse l'entretien se prolonger... Ah! Bastien!

Elle sonne.

SCÈNE VIII

MARIETTE, BASTIEN.

BASTIEN, entrant précipitamment.

Tiens ! Il n'est plus là !... Ouf ! J'aime mieux ça !

MARIETTE.

Entre vite chez madame, et demande lui à quelle heure il faut atteler.

BASTIEN.

Mais madame me sonne d'ordinaire pour me le dire.

MARIETTE, avec autorité.

Quand je t'ordonne quelque chose, maroufle !...

BASTIEN.

J'obéis ! (A part.) Est-elle imposante !

Il entre dans le boudoir, la porte reste ouverte. On aperçoit la comtesse toujours assise et brodant, et le baron accoudé à la cheminée jouant avec un écran. Mariette les observe sur le devant du théâtre.

MARIETTE.

La position n'est pas mauvaise. M. le baron en est encore à l'écran de contenance. Madame brode le plus tranquillement du monde... Nulle trace de trouble et d'émotion... la fin d'un sourire aux deux coins de la bouche... Il la fait rire ; il prend le plus long... mais le plus sûr.

BASTIEN, sortant du boudoir et fermant la porte derrière lui.

Madame ne demandait pas mieux que d'aller au bois ;

mais M. de Vertines lui a fait observer qu'il pleuvait... on n'attellera pas !

MARIETTE.

Il pleut!... il pleut!... voilà bien une raison !

BASTIEN, timidement.

Mademoiselle Mariette?

MARIETTE.

Laisse-moi !

BASTIEN.

Pas moyen de causer un peu?

MARIETTE.

Ah! j'y suis bien disposée!

BASTIEN.

Si vous vouliez cependant...

MARIETTE, avec autorité.

Qu'est-ce que je t'ai dit, nigaud?

BASTIEN, s'éloignant lentement.

Je m'en vais!.. je m'en vais... (A part.) Ah! oui... grand nigaud en effet.... Plus elle me maltraite et plus je l'aime !

MARIETTE, à elle-même et avec désespoir.

Et pas une visite à annoncer !.. ce n'est pas le jour de madame !.. Ah! j'entends quelqu'un !.. Dieu soit loué !.. Ciel !.. le comte !..

Bastien prend le paletot et le chapeau du comte. —Il sort.

SCÈNE IX

MARIETTE, LE COMTE.

LE COMTE.

Eh! bien, Mariette, où en sommes-nous?

MARIETTE.

Ah! pourquoi la baronne de Milia était-elle chez elle!..

LE COMTE.

Ah! mon Dieu! qu'est-il arrivé?

MARIETTE.

Ce n'est pas à moi à adresser des reproches à M. le comte; mais j'espère bien qu'il se les adressera à lui-même.

LE COMTE.

Morbleu! expliquez-vous!.. Monsieur de Vertines?.. Qu'en avez-vous fait?

MARIETTE, troublée.

Ce que j'ai fait de M. de Vertines?.. Il est là!

LE COMTE, bondissant.

Chez ma femme!.. Mariette!.. vous m'aviez juré cependant...

MARIETTE.

Il n'y a pas de ma faute... C'est madame...

LE COMTE.

Elle?

MARIETTE.

Oui, je le retenais tant que je pouvais... Mais madame
est venue le chercher jusqu'ici.

LE COMTE.

Il y a longtemps?

MARIETTE.

Un bon quart d'heure!

LE COMTE, furieux.

Un bon... un bon... un mauvais, morbleu!

MARIETTE.

Que monsieur le comte se rassure... Je ne les ai pas lais-
sés tranquilles un seul instant... Je suis entrée d'abord...

LE COMTE.

Bien!

MARIETTE.

Puis j'ai envoyé Bastien.

LE COMTE.

Très-bien!

MARIETTE.

Maintenant, c'est au tour de monsieur le comte. Peut-
être qu'en sa présence...

LE COMTE.

Je l'espère pardieu bien! (Il se dirige vers le fond, et entend un
coup de sonnette.) Ah!... elle sonne!

MARIETTE.

Coup de sonnette rassurant... ni trop fort, ni trop faible!
C'est ainsi que madame sonne d'ordinaire.

8

LE COMTE.

Eh! bien, entrez, Mariette, je vous suis.

MARIETTE.

Interrompre un entretien, c'est laisser les choses en suspens.

LE COMTE.

C'est toujours autant de gagné.

MARIETTE.

Ce n'est pas suffisant!.. Il faut à monsieur le comte... et à moi un résultat définitif.

LE COMTE.

Comment cela?

MARIETTE.

N'entrons ni l'un ni l'autre.

LE COMTE.

Merci bien!.. En attendant...

MARIETTE.

Madame s'impatientera. (Coup de sonnette plus fort.) Qu'est-ce que je disais!

LE COMTE.

Eh! que m'importe!.. Si le baron...

MARIETTE.

Une femme qui s'impatiente n'entend pas ce qu'on lui dit.

LE COMTE.

C'est possible!... Mais après...

MARIETTE.

Après? Madame sonnera une troisième fois. (Coup de sonnette très-fort.) Voilà qui est fait! Dans quelques secondes, cette porte s'ouvrira... Madame paraîtra... Monsieur le comte lui proposera une promenade au bois...

LE COMTE.

Et le baron?

MARIETTE.

Mariette s'en chargera.

LE COMTE.

Sera-t-elle plus heureuse, cette fois?

MARIETTE.

J'y compte bien! La porte s'ouvre... Attention, monsieur le comte!

SCÈNE X

Les Mêmes, LA COMTESSE.

LA COMTESSE, sortant du boudoir, un livre à la main.

Que signifie cela, Mariette? Quand je ne sonne pas, vous entrez; et vous n'entrez pas, quand je sonne?

MARIETTE.

Que madame veuille bien m'excuser; mais je n'ai pas entendu.

LE COMTE.

Ni moi!

LA COMTESSE, à Mariette.

Faites porter, je vous prie, ce livre d'heures chez madame de Milia.

LE COMTE, surpris.

Comment?

LA COMTESSE.

Je le lui ai promis pour aujourd'hui ; je ne veux pas qu'elle m'accuse de négligence. — Allez, Mariette !

Mariette prend le livre et sort à droite.

SCÈNE XI

LE COMTE, LA COMTESSE.

LE COMTE, à part.

Mariette a raison... Si je n'avais pas revu la baronne... (A la comtesse qui se dirige du côté du boudoir.) Ma chère Eva...

LA COMTESSE, s'arrêtant.

Plaît-il ?

LE COMTE.

La pluie a cessé. La victoria est attelée. Vous plairait-il de faire un tour au bois ?

LA COMTESSE.

Impossible, mon ami, impossible !

LE COMTE.

Vous attendez quelqu'un ?

LA COMTESSE.

Ce n'est pas mon jour.

LE COMTE.

Monsieur de Vertines, ne devait-il pas néanmoins?...

LA COMTESSE, l'interrompant.

C'est un de vos amis?

LE COMTE.

Nous sommes du même cercle.

LA COMTESSE.

Il est fort aimable.

LE COMTE.

Je ne trouve pas.

Le baron entr'ouvre la porte du fond et écoute.

LA COMTESSE.

Hier au soir, au bal de madame de Milia, il a été le seul qui ait cherché par son esprit à me distraire de mon aban-don; car, depuis notre retour à Paris, vous m'abandonnez un peu, mon cher Henry.

LE COMTE.

Moi?

LA COMTESSE.

Vos écuries, le jour, votre cercle, le soir... Ah! Je m'ennuierais bien, si monsieur de Vertines...

LE COMTE, murmurant entre ses dents.

Hum! hum!

LA COMTESSE.

Vous toussez? Voulez-vous de ses caramels?

Elle lui offre des bonbons.

LE COMTE.

Des caramels de qui?

LA COMTESSE.

De monsieur de Vertines... Ils sont excellents.

LE BARON, qui écoute toujours, à part.

Adorable!

LE COMTE, l'apercevant, à part.

Il écoute!... à merveille!... (Haut.) Eh! bien, soit, madame, je dirai avec vous que monsieur de Vertines est fort aimable. Qu'importe, en effet, qu'il ait enlevé sa première danseuse, il y a trente ans?

LA COMTESSE.

C'est faux!

LE COMTE.

Demandez plutôt à mon oncle Gontran, son camarade de collége et d'opéra... qui en était alors à sa première chanteuse.

LA COMTESSE.

Qu'est-ce que cela prouverait?

LE COMTE.

Qu'ils ont gagné leur premier rhumatisme, le même hiver.

LA COMTESSE.

Monsieur de Vertines n'a pas de rhumatismes.

LE COMTE.

Pardon; il en a. Seulement, il les cache... Oh! c'est un grand artiste... Il connaît à fond l'art de rajeunir les surfaces.... Admirez ses favoris, ils sont tout blancs à la racine, c'est la nature... tout noirs, un millimètre au-dessus, c'est la teinture.

LA COMTESSE, souriant.

C'est vrai!

LE BARON, à part, désolé.

Elle en convient!

LE COMTE, prenant sur la table la boîte de bonbons.

Quant à ses caramels! Ah! ah! ah! Ce pauvre baron!.
Il aura donc toujours la manie des sucreries! L'oncle
Gontran, il y a vingt-cinq ans, l'appelait déjà le monsieur
aux caramels. (Il en mange.) Ah! pouah!... Ils sont détes-
tables.

LE BARON, à part.

Je voudrais bien m'en aller.

LA COMTESSE, l'apercevant,

Ah! ciel!

LE COMTE.

Quoi donc!

LA COMTESSE.

Rien, mon ami.... rien!..

LE COMTE, allant à elle.

Ma chère Eva, je vous en suplie, allons au bois. Et là,
dans une allée déserte et mystérieuse, je vous confesserai
loyalement mes fautes, je vous dirai tout ce que mon cœur
m'inspirera... et je m'efforcerai de mériter votre pardon.

LA COMTESSE, surprise.

Mon pardon, Henry!

LE COMTE.

Hélas! je tremble de ne pas l'obtenir... Je suis un si
grand coupable.

LA COMTESSE.

Ah! mon Dieu! Henry, qu'avez-vous donc fait?.. Dites-
moi tout de suite...

LE COMTE.

Non! pas ici! Les murs pourraient avoir des oreilles....

LA COMTESSE.

Vous avez raison. Allons vite au bois... Je veux savoir au plus tôt...

Elle va pour sonner.

LE COMTE.

Que faites-vous?

LA COMTESSE.

Je vais sonner Mariette pour me donner un chapeau.

LE COMTE.

Non! plus de Mariette!... Je te le donnerai moi-même... Viens! viens!

LA COMTESSE.

Ah! mon Dieu! J'oubliais... Et monsieur de Vertines?...

LE COMTE.

C'est vrai... Tu l'attends.

LA COMTESSE.

C'est-à-dire...

LE COMTE.

Ne t'inquiète pas; Mariette le renverra.. (A part.) Après quoi, je renverrai Mariette. (Haut.) Viens! viens.

Ils sortent à gauche.

SCÈNE XII

LE BARON, MARIETTE.

LE BARON, sortant du boudoir et tombant sur un fauteuil.

Ah! Je suis un homme mort!

MARIETTE, entrant par la droite en costume de paysanne, à part.

Voyons donc si ce costume du temps passé ne lui rappellera pas!..

LE BARON.

Mais aussi, pourquoi diable me suis-je obstiné à franchir cette maudite porte?

MARIETTE.

J'avais prévenu monsieur le baron.

LE BARON.

Il est de fait que si je vous avais écoutée... (La regardant.) Tiens! vous avez repris votre cornette du pays!

MARIETTE.

Oui, je compte retourner ce soir au village. Tout compte fait, Paris est une ville impossible!

LE BARON.

A qui le dis-tu!

MARIETTE.

Monsieur le baron me tutoie?

LE BARON.

Est-ce que je n'en ai pas l'habitude?

MARIETTE.

Monsieur le baron l'avait perdue depuis si longtemps.

LE BARON, désespéré.

Laissez-moi la reprendre, Mariette; je suis si malheureux!

MARIETTE.

Allons donc, monsieur le baron, un peu de courage!... Ce n'est pas français de se laisser ainsi abattre.

LE BARON.

Cela dépend des coups; et je viens d'en recevoir un...

MARIETTE.

Qui vous a vieilli de dix ans en dix minutes.

LE BARON, se redressant.

Il serait vrai?

MARIETTE.

Le succès vous soutenait; il vous abandonne. Adieu, Jeunesse!

LE BARON.

Permets... Je suis encore vert.

MARIETTE.

Comme le bois des treillages... quand il est peint.

LE BARON.

La sotte comparaison! Mariette, tu me verras prendre ma revanche.

MARIETTE.

Elle est impossible! On connaîtra bientôt votre mésaventure. Le comte a intérêt à la répandre. Avant ce soir, vous serez démonétisé pour toute femme qui se respecte un peu.

LE BARON.

Ah! Mariette! que c'est triste... à mon âge!

MARIETTE.

Ne vous désolez pas ainsi, monsieur le baron... On peut être heureux à tout âge! Le tout est de savoir s'y prendre. Avez-vous de la famille?

LE BARON.

Non.... Quelques cousins seulement qui guettent mon héritage.

MARIETTE.

Des amis ?

LE BARON.

Non. J'ai obligé bien des gens ; je n'ai fait que des ingrats !

MARIETTE.

Vous reste-t-il au moins une amie?

LE BARON.

Non. J'ai fait bien des conquêtes... Je n'en ai pas conservé une seule.

MARIETTE.

Profitez-en pour vous marier.

LE BARON.

A quoi penses-tu là, Mariette?

MARIETTE.

Ne vous a-t-on pas proposé dernièrement la fille du marquis de Las Aranas, grand d'Espagne?

LE BARON.

Je l'ai refusée... elle est bossue !

MARIETTE.

Dans un pays de montagnes... c'est si peu apparent...

LE BARON.

Tu te moques de moi. D'ailleurs, je ne veux pas me marier.

MARIETTE.

Vous n'avez plus alors qu'un parti à prendre.

LE BARON.

Lequel?

MARIETTE.

C'est d'aller vivre à la campagne.

LE BARON.

Déjà!

MARIETTE.

Ce matin vous n'attendiez que l'occasion d'un premier
échec. Je vous réponds que vous n'en trouverez pas de
plus complet.

LE BARON.

J'ai dit cela ce matin, parce que je croyais en être bien
loin... Sans quoi....

MARIETTE.

Et tout à l'heure encore... ne disiez-vous pas comme
moi que Paris était une ville impossible!

LE BARON.

C'est vrai.... Mais la campagne?...

MARIETTE.

La campagne, monsieur le baron, mais c'est le paradis
terrestre... Un château bien chaud l'hiver, bien frais l'été,
de vieux vins dans votre cave, de beaux fruits dans votre
potager, les plus jolies poules du pays dans votre basse-
cour...

LE BARON.

Y en a-t-il réellement de jolies dans le pays?

MARIETTE.

De superbes! avec de petites houppes sur la tête...

LE BARON.

Ce ne sont pas celles-là que...

MARIETTE.

Et quels plaisirs variés! Des terres à faire valoir, des chevaux à faire courir, des villageoises à faire danser. Et la chasse! et la moisson!... Au milieu de tout ce monde qui vous aime, bêtes et gens! Allons, monsieur le baron, vite vos paquets, et en route!

LE BARON.

Tu auras beau dire; c'est bien cruel de vieillir, comme ça, tout de suite, sans transition!

MARIETTE.

Mais, monsieur le baron, vous n'êtes déjà pas si vieux...

LE BARON.

Tu prétendais cependant tout-à-l'heure...

MARIETTE.

A Paris... Mais à la campagne, c'est bien différent. Vous avez encore le teint frais, l'œil vif, la mine haute et fière.

LE BARON.

Tu me trouvais bien épaissi tantôt!

MARIETTE.

A Paris... Mais à la campagne... Je suis sûre qu'avant peu, avec du repos, des soins, des ménagements...

LE BARON, se redressant.

Certainement que je...

MARIETTE.

Eh! monsieur le baron... Je ne voudrais pas vous rencontrer sur mon chemin !

LE BARON.

Eh! eh! Mariette... Je n'en dirai pas autant. Il n'y a pas une de mes fermières qui soit plus accorte que toi !

MARIETTE, saluant comme une paysanne.

Monsieur est bien honnête !...

LE BARON.

Mariette, tu es charmante !

MARIETTE.

Monsieur veut se gausser de moi!...

LE BARON.

Tu es adorable!

MARIETTE.

Eh! laissez donc !

LE BARON,

Il ne faudrait pas me défier de t'embrasser sur les deux joues! oui dà...

MARIETTE.

Je saurais me défendre! oui dà !

LE BARON.

Oui! à Paris! Parce que je craindrais le qu'en dira-t-on... Mais à la campagne?...

MARIETTE.

Venez-y donc !

LE BARON.

Eh je ne dis pas non !

MARIETTE, lui tapant sur l'épaule.

Eh! bien donc, en route.

DE VERTINES, chancelant légèrement.

Délicieuse à croquer. Eh! dis donc, la Marton !

MARIETTE.

S'il vous plaît ?

DE VERTINES, enthousiasmé.

Quel sourire!... quelles dents!... Eh! dis donc, la Marton !

MARIETTE.

S'il vous plaît !

DE VERTINES.

A la campagne, il me faudrait quelqu'un pour conduire
ma maison.

MARIETTE.

Eh! bedam !

DE VERTINES.

Sais-tu que tu serais joliment bien la femme qu'il me
faudrait.

MARIETTE.

Eh! bedam !

DE VERTINES.

Tu as du bon sens.

MARIETTE.

Et du cœur aussi.

DE VERTINES.

Tu vois sainement les choses.

MARIETTE.

Et je suis sans rancune.

DE VERTINES.

Je ne vois pas ce que ta rancune a à faire là dedans.

MARIETTE.

Je sais ce que vous dites de moi.

DE VERTINES.

Je n'ai rien dit...

MARIETTE.

C'est que je suis une honnête fille, monsieur!...

DE VERTINES.

Je n'en ai jamais douté....

MARIETTE.

Et si je consentais à me mettre à la tête de votre maison, c'est que je me croirais capable de la conduire honnête-ment.

DE VERTINES.

C'est bien ainsi que je l'entends. (La lutinant.) Voyons, la Marton!.. voyons, est-ce convenu?

MARIETTE.

Prenez donc garde, monsieur le baron !

DE VERTINES, apercevant la comtesse qui entre avec le comte.

La comtesse!.

SCÈNE XIII

Les Mêmes, LA COMTESSE, LE COMTE.

LE COMTE, apercevant le baron.

Comment ! encore ici ?

LA COMTESSE.

Mariette !

MARIETTE.

Madame !

LA COMTESSE.

Mon mari m'a tout dit. Vous avez entre les mains une lettre qu'il a écrite autrefois... Il ne me convient pas que vous la gardiez plus longtemps. Veuillez me la donner, je vous prie.

MARIETTE.

Mon Dieu, madame, ce serait avec le plus grand plaisir... Mais je ne l'ai plus !...

LE COMTE.

Qu'en avez-vous donc fait ?

MARIETTE.

Je l'ai glissée par mégarde, dans le livre d'heures que madame m'a chargée de faire remettre à madame de Milia.

LA COMTESSE, regardant le comte, avec inquiétude.

Ah !

LE COMTE, bas à la comtesse.

Rassure-toi!.. Elle a bien fait. Je t'aime.

SCÈNE XIV

LES MÊMES, BASTIEN.

BASTIEN, entrant par la droite.

Madame de Milia remercie madame la comtesse de son livre d'heures, et la prie de vouloir bien l'excuser, si elle ne vient pas lui faire ses adieux.

LE COMTE.

Elle part?...

BASTIEN.

Demain matin, pour la campagne.

LA COMTESSE, gaîment.

Bon voyage, baronne. Merci, Mariette.

LE COMTE, allant au baron.

Eh! bien, mon cher baron, comment vont vos rhumatismes ?

DE VERTINES, à part, en se redressant.

Mes rhumatismes!.. aïe!.. (Haut.) En admettant que j'en aie, mon cher comte, ce qui n'est pas encore prouvé, le grand air, je crois, leur fera du bien.

LA COMTESSE, gaîment.

Vous partez aussi ?

DE VERTINES.

Oui, madame, pour la campagne.

LE COMTE.

Bon voyage, baron. Merci, Mariette.

MARIETTE.

Monsieur le comte me permet-il de lui demander le congé qu'il m'offrait si généreusement ce matin?

LA COMTESSE.

Vous voulez nous quitter?

LE COMTE, vivement.

Ne la retenez pas!

MARIETTE.

Oui, j'éprouve, moi aussi, le besoin de respirer l'air pur des champs... Et monsieur de Vertines, m'ayant priée de tenir sa maison, je dois, dans son intérêt, et par raison de santé...

DE VERTINES.

Merci, Mariette!

LE COMTE, à part.

Ce pauvre de Vertines! C'est bien fait!... (Haut.) Vous êtes libre, Mariette.

BASTIEN, à Mariette.

Eh bien! et moi? Qu'est-ce que je vais devenir sans vous?...

MARIETTE.

Je te prends au service de monsieur de Vertines...

BASTIEN.

Ah! merci, mademoiselle Mariette!

MARIETTE, à part.

Ils me remercient tous! Ce que c'est pourtant que de se

rendre service à soi-même! (Allant au comte.) N'ai-je pas mé-
rité le cadeau que monsieur le comte m'a promis?

LE COMTE.

C'est juste! (Il va au petit meuble où il y a des livres ; il en prend un
qu'il donne à Mariette.) Le voilà !

MARIETTE, lisant le titre.

« *La Servante maîtresse.* »

LE COMTE

Lisez, et profitez.

MARIETTE.

Merci, monsieur le comte.

LA COMTESSE.

Mais, mon ami, dans quel but?...

LE COMTE.

Afin, ma chère femme, de ne pas faire mentir ce vieux
proverbe arabe : « Quand les animaux nuisibles se mangent
entre eux, le bonheur est sous la tente. »

NOS MAITRES

SCÈNES D'INTÉRIEUR

PERSONNAGES

GASTON DE VERSEILLES.
CLOTILDE. sa femme.
LA BARONNE DE ROSAC.
NARCISSE, valet de chambre.
HECTOR, cuisinier.
CLÉMENCE, femme de chambre.

NOS MAITRES

Une salle à manger à pans coupés. Porte d'entrée au fond, un buffet de chaque côté de la porte. Fenêtre dans le pan coupé de droite. Porte dans le pan coupé de gauche. Aux premiers plans, portes latérales — Table de salle à manger au milieu. Petite table à ouvrage devant la fenêtre. Vaisselle sur et dans les buffets.

SCÈNE PREMIÈRE

CLÉMENCE, travaille près de la fenêtre. HECTOR, se verse à boire devant le buffet de droite,

HECTOR.

A votre santé, mademoiselle Clémence.

Il boit.

CLÉMENCE.

C'est bien vrai au moins ce que vous m'avez dit hier sur Narcisse?

HECTOR.

La vraie vérité. Narcisse a émietté son cœur à tous les

étages... Annette du premier, Justine du troisième, Hortense du quatrième...

CLÉMENCE.

L'indigne!.. Moi qui avais la faiblesse de l'aimer... Mais la preuve qu'il me trompe?

HECTOR.

Vous l'aurez aujourd'hui. Annette du premier est furieuse contre lui. Elle m'a promis sa correspondance.

CLÉMENCE.

Ah! qu'il me tarde de le confondre!

HECTOR, à part, se frottant les mains.

Ça prend bonne couleur... (Haut.) Voyez-vous, mademoiselle Clémence, il ne faut jamais aimer de valets de chambre. La trop grande fréquentation des maîtres les perd tout de suite. Ce n'est qu'à la cuisine que l'on rencontre l'amour sérieux... feu doux, mais honnête!

CLÉMENCE.

L'amour ne se commande pas, monsieur Hector.

HECTOR.

C'est ce qui le distingue des repas, mademoiselle Clémence. Aussi veuillez me dire, je vous prie, ce que vous désirez pour votre dîner. Je serais si heureux de vous en faire un qui pût vous consoler de vos chagrins.

CLÉMENCE.

Vous êtes bon... vous, au moins.

HECTOR.

Que penseriez-vous d'abord d'un excellent potage aux pâtes d'Italie?

CLÉMENCE.

Je le déteste.

HECTOR.

Mettons un printanier... Après ça, une jolie sole aux
fines herbes.

CLÉMENCE.

Non, du saumon.

HECTOR.

Saumon, sauce hollandaise, adopté; après ça, un rostbeaf
aux tomates farcies; de bons flageolets, maître d'hôtel, et
une délicieuse bavaroise au kirsch que je vous soignerai
avec amour.

CLÉMENCE.

Ah! monsieur Hector! que vous connaissez bien le cœur
des femmes!

HECTOR, modeste et galant.

On est cuisinier, ou on ne l'est pas.

SCÈNE II

LES MÊMES, NARCISSE.

NARCISSE, qui vient d'entrer par la gauche.

Chef!. Qu'est-ce que vous avez dit à mademoiselle
Clémence?

HECTOR, prenant des plats dans le buffet.

Ça ne vous regarde pas, monsieur Narcisse.

NARCISSE.

Mais j'ai entendu : amour et bavaroise.

HECTOR, railleur.

Eh bien, oui, monsieur Narcisse, c'est dans le menu.

NARCISSE, allant à Clémence.

Mademoiselle, il serait vrai?

CLÉMENCE.

Laissez-moi!.. Vous êtes un monstre.

NARCISSE, se retournant furieux vers Hector.

Chef! c'est vous qui...

HECTOR, se redressant.

Eh bien! après !

NARCISSE, saisissant une assiette sur la table.

Si je ne me retenais!...

HECTOR, brandissant un plat.

Viens-y donc !... Ciel ! madame !...

Ils prennent chacun une serviette et essuient avec empressement, l'un,
son assiette, l'autre, son plat.

SCÈNE III

LES MÊMES, CLOTILDE.

CLOTILDE, entrant par la droite.

Qu'y a-t-il ?

NARCISSE.

Rien, madame!... Moi, je mets le couvert...

Il remonte au buffet de gauche.

HECTOR.

Et moi, j'attends les ordres de madame pour le dîner.

CLOTILDE.

Voyons... comme potage...

HECTOR.

Je ferai observer à madame que les légumes sont pour rien dans cette saison, et qu'un bon potage printanier...

CLOTILDE.

Soit! Comme entrée?

HECTOR.

Je ferai observer à madame que le saumon abonde aujourd'hui sur la place, et...

CLOTILDE.

Va pour le saumon.

HECTOR.

Comme rôti... Que dirait madame d'un rostbeaf aux tomates farcies... c'est très-profitable... ça fait le déjeûner du lendemain, s'il en reste.

CLOTILDE.

Bien... bien... je m'en rapporte à vous.

HECTOR.

Madame sera satisfaite. (En passant près de Clémence.) Et une bavaroise au kirsch et à l'amour.

Il sort par le fond.

NARCISSE, à part.

J'ai encore entendu : amour et bavaroise. Oh! j'aurai une explication avec elle.

Il achève de mettre le couvert.

SCÈNE IV

CLÉMENCE, NARCISSE, CLOTILDE.

CLOTILDE, allant à Clémence.

Eh bien !... Clémence... et mon corsage de velours... est-il avancé?

CLÉMENCE.

Je ne l'ai pas commencé.

CLOTILDE.

Mais, ma bonne fille, je n'ai rien à me mettre pour aller ce soir à l'Opéra.

CLÉMENCE.

J'ai eu tant à faire. Mais si madame l'exige....

CLOTILDE.

Comme vous me dites cela ! Qu'est-ce que vous avez donc? Seriez-vous malade?

CLÉMENCE, regardant Narcisse.

Oh ! oui ! je souffre !

NARCISSE, à part, bousculant des assiettes avec fureur.

C'est le chef qui l'a mise dans cet état.

CLOTILDE.

S'il en est ainsi, Clémence, je n'exige rien... Si, comme je l'espère, vous allez mieux dans la journée, eh bien! je vous aiderai; je ne compte pas sortir.

NARCISSE, à part.

Ah ! mais si... Et mon explication. (Clémence sort par la gauche, deuxième plan, — Narcisse à Clotilde.) Madame m'avait chargé de retenir un remise pour faire des visites.

CLOTILDE.

Vous le décommanderez.

NARCISSE.

A moins que monsieur n'en ait besoin pour lui.

CLOTILDE.

Est-ce que mon mari a l'intention?...

NARCISSE.

Il vient de me faire l'habiller avec tout ce qu'il a de plus neuf et de plus élégant.

CLOTILDE, à elle-même.

Depuis quelque temps il est d'une coquetterie...

NARCISSE.

Moi, je crois qu'il veut aller chez son bijoutier.

CLOTILDE.

S'habille-t-on si bien pour aller chez son...

NARCISSE.

Je ne sais pas si je dois dire à madame...

CLOTILDE.

Parlez, je vous en prie.

NARCISSE, mystérieusement.

Eh! bien, monsieur a mis ce matin dans sa poche un superbe médaillon en diamants.

CLOTILDE, à part.

Non! je ne puis croire... Et cependant... (Haut.) Narcisse, vous ne décommanderez pas le remise.

NARCISSE, à part.

Elle est jalouse; elle sortira avec lui.

GASTON, entrant furieux par la gauche.

Onze heures et demie! une demi-heure de retard! Nous ne déjeûnerons donc pas aujourd'hui!

NARCISSE.

Monsieur... c'est la faute du chef... Je vais le presser. (A part en s'en allant.) Ah! si je pouvais lui faire donner son compte!

Il sort par le fond.

SCÈNE V

CLOTILDE, GASTON.

GASTON, de mauvaise humeur.

Oh! les domestiques ! Quelle engeance! Si jamais on invente une machine à vapeur pour les remplacer!...

CLOTILDE.

Plus bas, mon ami, plus bas! S'ils t'entendaient, ce seraient des histoires à n'en plus finir!

GASTON, à voix basse.

Veux-tu donc que je te parle ainsi, quand je serai seul avec toi, pour ne pas les désobliger?

CLOTILDE.

Tiens! Tu mériterais d'être mal servi!

GASTON.

Tu crois donc avoir de bons domestiques?

CLOTILDE.

A mes vendredis on m'en fait compliment; et j'en dis
du bien dans toutes mes visites... (A part.) Ça me pose.

GASTON.

Que doivent être les autres, bon Dieu!

CLOTILDE.

Demande-le à ma cousine Amélie, qu' passe sa vie à
renouveler sa maison tous les huit jours.

GASTON.

C'est sa seule distraction.

CLOTILDE.

Je te prie de croire qu'elle garderait les nôtres plus
longtemps, si elle parvenait à nous les enlever.

GASTON.

Je les lui cède de grand cœur.

CLOTILDE.

Oh! mon ami, tu ne me feras pas cette peine!

GASTON.

Bien! Bien! n'en parlons plus. Mais pour l'amour du
ciel, qu'on me fasse déjeuner! (Il sonne sur le timbre.) Je suis
affamé, c'est à la lettre.

CLOTILDE.

Tu peux toujours commencer par les hors-d'œuvre.

GASTON, s'asseyant et prenant un hors d'œuvre.

Le saucisson de la Méduse!

Il commence à déjeuner.

CLOTILDE, s'approchant de lui.

Comme tu es bien mis ce matin!

GASTON.

Un mari qui se néglige ne manque jamais d'être négligé
par sa femme.

CLOTILDE.

Que tu es aimable ! Veux-tu que nous sortions ensemble après le déjeûner ?

GASTON.

Impossible ! chère amie... impossible.. j'ai à faire.

CLOTILDE, avec jalousie.

Ah !.. sans doute chez ton... bijoutier.

GASTON, contrarié.

Qui a pu te dire?...

CLOTILDE, apercevant Narcisse qui entre.

Narcisse !.. pas devant lui...

SCÈNE VI

LES MÊMES, NARCISSE.

NARCISSE, entrant par le fond, un plat à la main.

Madame est servie.

GASTON.

Ah ! ce n'est pas sans peine.

CLOTILDE, qui a pris place à la table.

J'ai reçu ce matin une lettre de ton neveu Gérald...

GASTON.

Ah ! c'est à toi qu'il écrit maintenant ?

CLOTILDE.

Tu t'es montré si sévère pour lui.

GASTON.

On n'est jamais assez sévère envers un neveu qui fait des sottises.. Et qu'est-ce qu'il t'a écrit, mon neveu?. (Suivant des yeux Narcisse qui sort par le fond.) Non!. Le voilà parti. Revenons au bijoutier... Qui a pu te dire?.

CLOTILDE.

Personne... Mais enfin... est-ce que je me trompe?

GASTON.

Ma foi! autant tout t'avouer!

CLOTILDE, inquiète.

Ah! mon Dieu!

GASTON, tirant de sa poche un médaillon.

Tiens... regarde!..

CLOTILDE.

Le beau médaillon!

GASTON.

Je te l'ai choisi pour l'anniversaire de notre mariage... Il ne reste plus que ton chiffre à mettre.

CLOTILDE.

Ah! mon ami, que je suis coupable!

GASTON.

De quoi donc?

CLOTILDE.

Je t'en prie, pardonne-moi ma jalousie.

GASTON.

Comment! Tu as pu supposer? Ce n'est pas de toi-même,

à coup sûr. Il faut que quelqu'un... Ah! si je connaissais le ou la misérable...   •

CLOTILDE, apercevant Narcisse qui rentre avec un plat.

Narcisse!..

GASTON, furieux.

Comment... c'est lui!...

CLOTILDE, vivement.

Qui rentre... Vois plutôt.. Eh! bien! ton neveu consent à toutes les conditions que tu lui imposes.

GASTON, à part.

Ah! Il y a de la suite dans la conversation!

Narcisse change les assiettes et sert le second plat.

CLOTILDE.

Il quittera le régiment.

GASTON.

Où il avait le talent rare de descendre en grade!

CLOTILDE.

Il acceptera la place que tu lui feras obtenir dans l'administration.

GASTON.

Jusqu'à présent, il n'est pas bien à plaindre.. Mais la troisième condition?

CLOTILDE.

Celle-là était la plus difficile.

GASTON.

J'y tiens essentiellement, car tu comprends bien que s'il reste garçon, il continuera ses folies, je me verrai encore forcé de lui payer ses dettes...

NARCISSE, le servant.

Et ce qu'il coûte déjà à monsieur...

GASTON, le reprenant.

Plaît-il ?

NARCISSE, changeant de ton.

Filets de truites, sauce madère, monsieur accepte-t-il ?

GASTON.

Non !. (Se ravisant.) Si...

NARCISSE, à part.

Monsieur est bien désagréable ce matin.

Il sort.

GASTON, qui l'a suivi des yeux.

Voyons, ma chère Clotilde, sois franche, qui a pu te donner l'idée d'être jalouse ?

CLOTILDE.

Personne... personne, mon ami.

GASTON, se rapprochant d'elle.

Me soupçonner, moi qui n'aime que toi, qui ne m'occupe que de toi ! Ah ! tu mériterais...

CLOTILDE.

Oh ! non ! Oh ! non !

GASTON.

Hou ! la vilaine petite jalouse !

Il va pour l'embrasser. — Narcisse paraît au fond.

CLOTILDE, l'apercevant en se reculant.

Narcisse ! (Vivement.) Eh ! bien ! il consent à se marier.

GASTON, interdit.

Qui ? Narcisse ?

CLOTILDE.

Non ! Gérald !

GASTON, à part, en apercevant Narcisse.

Encore cet animal !

CLOTILDE.

Et il me prie de lui trouver une femme.

GASTON, rageant.

Et s'il veut de bons domestiques, tu sais...

CLOTILDE.

Amélie m'a parlé des Roncherolles qui veulent marier
leur fille, charmante jeune personne, dot convenable...
famille honorable.

GASTON.

Et cætera... et cætera... C'est toujours la même chose.
Eh bien ?

CLOTILDE.

Elle a dû tâter le terrain. Nous passerons aujourd'hui
chez elle pour savoir le résultat de sa démarche ; et si,
comme je l'espère, Gérald n'effraie pas trop...

Narcisse, qui a regardé si on avait besoin de lui, se retire.

GASTON, aussitôt qu'il est sorti.

Nous voici seuls enfin ! Ah ! ma foi, tant pis !..

Il embrasse sa femme.

NARCISSE, rentrant précipitamment.

Monsieur a sonné.

GASTON, exaspéré.

Allez au diable !

NARCISSE.

Monsieur, je n'ai rien vu!

Il sort.

GASTON

Gredin! chenapan!. misérable!

CLOTILDE.

Ecoute donc, mon ami, tu te permets des choses à table...

GASTON.

Est-ce que je n'en ai pas le droit? Est-ce que je ne suis pas chez moi? Est-ce que ma femme n'est pas ma femme? S'il s'avise jamais! (L'apercevant qui rentre.) Encore lui!...

CLOTILDE effrayée.

Calme-toi! je t'en prie.

NARCISSE.

Monsieur, c'est une visite.

LA BARONNE, paraissant au fond.

Mais non! ce n'est que moi.

CLOTILDE.

Amélie!

GASTON, à part.

Allons, je déjeunerai mal jusqu'à la fin.

10

SCÈNE VII

LES MÊMES, LA BARONNE.

LA BARONNE, entrant par le fond.

Ne vous dérangez pas, je vous en prie. Je suis en quête de domestiques depuis ce matin, (Regardant Narcisse qui sort.) et je venais en passant...

CLOTILDE.

Comment! tu as encore renvoyé les tiens?

GASTON.

Vous les aviez donc depuis huit jours déjà?

LA BARONNE, s'asseyant près de la table.

Que voulez-vous? Je ne peux pas rencontrer ce qu'il me faut. Il y a quinze jours, je mets la main sur les chefs d'une bande de voleurs, ils avaient de si bons certificats... Sans la police, j'étais dévalisée comme dans un bois.. Je renouvelle ma maison, il y a huit jours. Le valet de chambre m'avoue qu'il est bachelier ès-lettres ou premier prix de Rome, je ne sais plus au juste, et me prie de compatir à sa déchéance. Et un prince valaque, dans le couloir de l'office, tombe à mes pieds pour sauver l'honneur de la femme de chambre, le soir même où mon mari, empoisonné par le cuisinier, se mettait au lit avec une gastralgie... Ah! cousine, je n'ai pas ta chance!

CLOTILDE.

J'en conviens, j'ai eu la main heureuse. Je ne sais pas ce que c'est que de changer de domestiques.

LA BARONNE, avec un grand intérêt.

Et vous en êtes toujours contents?

GASTON, ironiquement.

Enchantés.

Narcisse apporte le café et sort, Gaston se le verse, allume un cigare, et fume tout en causant.

CLOTILDE, à la Baronne.

Dis-moi? As-tu vu les Roncherolles?

LA BARONNE.

Hier au soir.

CLOTILDE.

Sont-ils toujours disposés?

LA BARONNE.

Oui... ils cherchent... mais ils ne peuvent se décider..
C'est tout naturel. On les a tant volés sur l'avoine.

GASTON.

Faute de surveillance; quand ils auront un gendre qui
s'y entend!..

LA BARONNE.

Comment! pour avoir un bon cocher, vous voulez
qu'ils lui donnent leur fille!

GASTON.

Mon neveu ne tient pas à se placer comme cocher.

LA BARONNE, riant.

Ah! ah! ah! Il y a méprise, quiproquo! très-joli, très-
joli... Voici où en est la situation. La petite Roncherolles
voudrait entrer dans un couvent. Elle ne tient pas à se
marier, probablement pour n'avoir pas à s'occuper de ses

domestiques, je comprends ça. Mais les parents n'entendent pas de cette oreille-là ; et ils lui ont signifié qu'aujourd'hui, dernier délai, si elle n'a pas fait un choix, ils choisiront eux-mêmes. Il y a bien le petit vicomte de Norly qui s'est présenté, mais on hésite à le prendre... il n'a pas de santé.. Aussi votre neveu qui est solide a-t-il quelque chance ; je l'ai recommandé chaudement, et si vous arrivez avant le vicomte pour faire la demande officielle...

CLOTILDE, se levant de table

Nous y allons tout de suite. N'est-ce pas, mon ami ?

GASTON.

Je le crois bien ! Je tiens trop à me débarrasser de mon neveu.

CLOTILDE.

Je vais m'apprêter.

GASTON.

Moi aussi.

CLOTILDE, à la baronne.

Tu permets ?

LA BARONNE, à Gaston.

Je vous en prie, ne me reconduisez pas. Vous n'avez pas de temps à perdre.

Clotilde entre à droite, Gaston à gauche.

LA BARONNE, à Narcisse, qui vient d'entrer.

J'ai à vous parler.

NARCISSE.

Madame, je...

LA BARONNE.

Pas en ce moment.. Tantôt, quand ils seront sortis, je reviendrai.

NARCISSE.

Comme il plaira à madame.

LA BARONNE, à part, en s'éloignant.

Ah! s'il voulait entrer chez moi!

Elle sort par le fond.

SCÈNE VIII

NARCISSE, puis CLÉMENCE.

NARCISSE, en enlevant le couvert avec fatuité.

Madame la baronne me fait des avances... Ça ne m'étonne pas; quand on est un bon domestique... (Apercevant Clémence qui entre, une lettre à la main.) Ah! Clémence!

CLÉMENCE.

Nous sommes seuls.

NARCISSE.

Expliquons-nous.

CLÉMENCE.

C'est tout ce que je demande.

NARCISSE.

Alors pourquoi écoutez-vous les menus du chef?

CLÉMENCE.

Vous m'en avez donné le droit!

10.

NARCISSE.

Moi?

CLÉMENCE, lui tendant la lettre.

Regardez!

NARCISSE.

Une lettre de moi.

CLÉMENCE.

A mademoiselle Annette du 1er.

NARCISSE.

Je vas vous dire!

CLÉMENCE.

Une Bourguignonne!

NARCISSE.

Mais puisque c'était avant!

CLÉMENCE.

Qui me le prouve?

NARCISSE.

Voyez la date.

CLÉMENCE.

Il n'y en a pas!

NARCISSE.

Ma parole est une date, mademoiselle Clémence; et vous n'avez rien à voir à mes bonnes fortunes d'autrefois, qui, du reste, devraient plaider en ma faveur. Demandez plutôt aux femmes du monde!

CLÉMENCE.

Chacun son goût... D'ailleurs, moi, je veux un homme

pour moi seule ; et le mariage n'est jamais la dernière bonne fortune d'un homme !

NARCISSE.

Ah ! bien, si c'est ainsi, bonsoir !

CLÉMENCE.

Comment ! voilà tout le chagrin que je vous cause ? Vous ne cherchez même pas...

NARCISSE.

Est-ce que je sais ce qu'il faut faire avec les femmes qui vous repoussent ? Comment l'aurais-je appris ? C'est la première fois que ça m'arrive. C'est vrai, ça. On est joli homme... on a de l'esprit... des manières... et l'on chante... une voix de ténor ! On paraît dans une maison. Tous les étages tombent à vos pieds. Un beau jour, on daigne choisir mademoiselle Clémence et mademoiselle Clémence fait la difficile !.. Tant pis pour elle !

CLÉMENCE.

Eh ! bien, ma foi, tant pis pour vous !.... Je vous vaux bien, après tout !

NARCISSE.

Vous ne savez pas ce que vous perdez.

CLÉMENCE.

Vous ne savez pas ce que vous dédaignez.

NARCISSE.

Vous me regretterez un jour.

CLÉMENCE.

Vous me regretterez plus d'un jour.

NARCISSE.

Mais il sera trop tard, mademoiselle Clémence. Tout est fini entre nous.

CLÉMENCE.

Oh ! oui... bien fini.

NARCISSE.

Je ne veux plus vous voir.

CLÉMENCE.

Je ne veux plus vous entendre.

SCÈNE IX

LES MÊMES, GASTON, CLOTILDE.

CLOTILDE, entrant par la droite.

Ah ! mon Dieu ! qu'y a-t-il encore !

GASTON, entrant par la gauche.

Nos gens se querellent !

CLÉMENCE.

Je prierai madame de vouloir bien me donner mon compte.

CLOTILDE.

Vous voulez me quitter ?

CLÉMENCE.

Ce n'est pas que j'aie des reproches à faire à madame.

CLOTILDE.

Je l'espère bien.

CLÉMENCE.

Mais, je ne peux rester à son service, tant que monsieur Narcisse restera au service de monsieur.

GASTON.

Ah ! bah !

NARCISSE.

Et dans le cas où monsieur insisterait pour retenir mademoiselle, je prierais monsieur de vouloir bien me donner mon compte.

GASTON.

Vous aussi !

NARCISSE.

Ce n'est pas que j'aie à me plaindre de monsieur !

GASTON.

C'est heureux.

NARCISSE.

Mais il me serait trop pénible de servir monsieur, tant que mademoiselle servira madame.

GASTON.

Ainsi, c'est un ultimatum.. L'un sans l'autre, ou ni l'un ni l'autre.

NARCISSE.

Que monsieur décide donc si je dois rester.

CLÉMENCE.

Que madame veuille me faire savoir si je dois partir.

Elle sort par la gauche deuxième plan, Narcisse par le fond.

SCÈNE X

GASTON, CLOTILDE.

CLOTILDE.

Que faire? Quel parti prendre? Donne-moi ton avis au
moins.

GASTON.

Tu me le demandes! Nous allons les mettre tous les
deux à la porte.

CLOTILDE.

Pourquoi nous défaire de deux bons serviteurs, quand
nous pouvons en garder un?

GASTON.

Lequel?

CLOTILDE.

Je crois que nous remplacerons plus difficilement Clémence. C'est une fille tranquille, consciencieuse, honnête....

GASTON.

Tu feras ce que tu voudras; mais je crois que tu rem-
placeras Narcisse plus difficilement encore. Certes, il a de
grands défauts; mais il est d'une probité indiscutable; il
fait très-bien ma chambre...

CLOTILDE.

Je te reconnais bien là! Ce matin, si je ne t'avais retenu,
tu le renvoyais... Et maintenant, parce que je te demande
d'en faire le sacrifice, tu prends sa défense, tu veux le

conserver... et.. et voilà l'affection que tu prétends avoir pour moi !

GASTON.

Où diable vas-tu nicher mon affection? Mais tu patauges. ma chère Clotilde.... Je ne tiens pas plus à Narcisse qu'à Clémence. Du moment qu'il s'agit de renvoyer l'un des deux, j'ai cru devoir te faire une simple observation.

CLOTILDE, s'animant peu à peu.

Une observation!... à propos de ma maison! Mais c'est me dire que je ne sais pas la tenir, que je ne remplis pas mes devoirs,... que j'ai besoin d'apprendre encore...

GASTON.

Bon Dieu ! où allons-nous !.. Je n'ai rien dit... Tu es la maîtresse... Tu remplis tes devoirs, et tu connais tes droits, Renvoie donc Narcisse, et garde Clémence.

CLOTILDE.

Moi, garder Clémence, maintenant!... Afin qu'à la première occasion, pour le plus léger prétexte, tu viennes me dire : « Eh bien! je t'avais prévenue.... Si tu m'avais écouté »... Ah ! non, non...

GASTON, à part.

Quelle patience ! (Haut.) Eh! bien! renvoie Clémence, et garde Narcisse.

CLOTILDE.

Moi, renvoyer Clémence, afin que ma cousine me la prenne... Ah! le ciel me préserve de lui donner jamais ce plaisir.

GASTON, impatienté.

Ah! ce n'est pas toujours d'une gaîté folle l'intérieur d'une maison honnête !

CLOTILDE.

Qu'est-ce que tu dis?.. Qu'est-ce que tu dis?

GASTON.

Je dis... (Plaisamment.) Je dis que tu auras bien de la peine à garder et à renvoyer Clémence tout à la fois.

CLOTILDE.

Tu vois des difficultés dans tout.

GASTON.

Je te trouve splendide.

CLOTILDE.

Moque-toi de moi ; il ne manquait plus que cela !

GASTON.

Non ! mais il serait si facile de les renvoyer tous les deux.

CLOTILDE.

Je n'y consentirai jamais.

GASTON, en riant.

Il ne reste plus alors qu'un parti à prendre. Laissons nos domestiques chez nous se dévorer entre eux ; et, tant qu'il en restera, demeurons au Grand-Hôtel.

CLOTILDE.

Ah !.. si tu plaisantes....

GASTON, avec un sérieux comique

Préfères-tu que nous tirions à la courte-paille à qui de nous deux s'en ira?

CLOTILDE, éclatant.

Ah! voilà donc où tu voulais en venir!

GASTON.

A quoi, grand Dieu ?

CLOTILDE.

A te séparer de moi.

GASTON.

Hein !... Comment !... une plaisanterie...

CLOTILDE.

Oui, dans la forme ! Mais au fond, c'est très-sérieux ! Tu ne m'aimes plus, tu as horreur de ton intérieur et tu cherches des prétextes pour t'en éloigner !...

GASTON.

Moi ! je....

CLOTILDE.

Oh ! Je ne suis pas ta dupe, va !... Ta toilette de ce matin, ce n'est pas pour moi... Le médaillon que tu as dans ta poche, ce n'est pas pour moi... Tu as été forcé de me l'offrir avec mon chiffre, parce que je l'ai découvert, et tu es furieux contre moi, parce que tu es obligé d'en acheter un second.

GASTON.

Certes, mes domestiques m'ont donné bien des ennuis. Mais je ne prévoyais pas que ces gredins seraient la cause.... Chère amie, je te jure...

CLOTILDE.

Laissez-moi, monsieur ! Vous désirez une séparation; je m'y résigne. Je ne veux pas être plus longtemps à votre charge. (Fondant en larmes.) Après cinq ans de mariage! Oh! ma mère ! ma mère !

GASTON, furieux.

Ma belle-mère, maintenant... (Très-agité.) Oh! mon foyer!
Oh! ma maison!.. Antichambres de l'enfer!.. Eh bien!
moi aussi, je veux en sortir ; je demande mon compte.

CLOTILDE, pleurant.

Vous voyez bien! vous voyez bien!

GASTON, apercevant Hector.

Au nom du ciel, ne pleurez pas, au moins devant
notre Chef.

SCÈNE XI

LES MÊMES, HECTOR.

GASTON, à Hector.

On ne vous a pas sonné!... Que voulez-vous? Votre
compte, vous aussi?

HECTOR.

Oh! non, monsieur. Je viens seulement proposer à
Monsieur et à Madame un moyen de ramener la paix dans
la maison.

GASTON.

Vous?

HECTOR.

Oui, je sais tout ce qui se passe ici. On se dispute, on
se querelle, on parle de se séparer à tout jamais, et avec
tout ça, rien ne marche, tout va cahin-caha... C'est mal,
c'est très mal!...

GASTON.

Pardieu! Voilà qui est burlesque!.... Quoi! C'est mon cuisinier.....

HECTOR.

Oui, monsieur, par dévouement pour vous.. (Reprenant.) Mais le plus coupable est celui qui, foulant aux pieds toute pudeur, se conduit comme un polisson.

GASTON.

Ah! çà!... maître drôle!

HECTOR, reprenant.

Comme un polisson, et jette le trouble dans un intérieur aussi calme, en s'attaquant à la vertu d'une honnête femme de chambre.

CLOTILDE, scandalisée.

Comment!.. C'est une!... Oh! monsieur! monsieur!

GASTON.

Je ne sais plus du tout où j'en suis! (A Hector.) Morbleu! de quelle femme de chambre parles-tu donc?

HECTOR.

Monsieur le sait bien, de Clémence.

CLOTILDE.

Clémence! J'aurais dû m'en douter! Ah! ma mère! ma mère!

HECTOR, à part.

La mère à madame!... qu'est-ce que ça peut lui faire?

GASTON, lui sautant au cou.

Misérable! Tu veux donc que je t'étrangle!

HECTOR, se débattant.

Pourquoi? Parce que je donne tort à Narcisse ?

GASTON.

Narcisse !... (A part.) Je comprends. Nous étions des copies, et il ne connaît que la scène des originaux.

HECTOR, continuant.

Or, voici, je crois, le moyen de raccommoder tout ça. (Baissant les yeux.) J'aime mademoiselle Clémence d'un amour de cuisine, feu doux, mais honnête. Que Monsieur et Madame veuillent bien me faire obtenir sa main, nous restons tous deux chez Monsieur et Madame, et, pour remplacer Narcisse, je leur propose un petit neveu à moi, qui est une vraie perle pour le service de table et de chambre.

GASTON, à Clotilde.

Eh! bien! chère amie, vous avez entendu... Ce n'était vraiment pas la peine...

CLOTILDE, poursuivant son idée.

Oui, cette combinaison concilie tout... Je ne regrette plus Narcisse, et je m'attache Clémence à tout jamais, en la mariant à ce brave garçon qui m'en sera lui-même très-reconnaissant.

HECTOR.

Ah! madame peut compter...

CLOTILDE.

Bien! Je vais aller la trouver tout de suite.

GASTON.

Me pardonnes-tu au moins de...

CLOTILDE.

Ah! mon ami, si tu me retardes, tu vas me faire manquer ce mariage qui est de la plus haute importance. (On sonne.) Hector, je n'y suis pour personne.

HECTOR.

Oui, ma bonne maîtresse. (A part.) Enfoncé, le Narcisse.

Clotilde entre à gauche, deuxième plan. — Hector sort par le fond.

SCÈNE XII

GASTON, puis LA BARONNE.

GASTON.

Un joli type, ma femme ! Qu'on lui parle de ses domestiques, et elle ne sait même plus pourquoi elle s'est fâchée.

LA BARONNE, entrant par le fond.

Comment ! vous n'êtes pas encore parti ? A quoi pensez-vous donc ?

GASTON.

Ma femme n'est pas prête.

LA BARONNE.

Eh ! bien, partez sans elle, sinon vous arriverez trop tard, et votre neveu...

GASTON.

Vous avez raison... je cours... (Rencontrant Narcisse à la porte de gauche.) Qu'est-ce que vous me voulez encore ? Ah ! je sais... Eh ! bien !... C'est Clémence qui reste... Que le diable vous emporte !....

Il sort par le fond.

SCÈNE XIII

NARCISSE, LA BARONNE.

LA BARONNE.

Nous sommes seuls... profitons-en...

NARCISSE.

Je demande pardon à madame la baronne.... si je suis...
un peu nerveux; mais on le serait à moins... Me préférer
Clémence! Me renvoyer!

LA BARONNE, avec joie.

Comment! ils vous renvoient?.. mais je ne pouvais dé-
sirer rien de mieux, moi qui voulais vous enlever.

NARCISSE.

Vous, madame la baronne?

LA BARONNE, très-vite.

Huit cents francs, plus le vin, cent francs d'étrennes,
un dimanche par quinzaine, une livrée par semestre, et
tous les vieux habits du baron, qui est banquier et qui
placera vos économies à dix... Ça vous va-t-il?

NARCISSE.

Madame va beaucoup dans le monde?

LA BARONNE.

Je n'emmène pas toujours mon valet de pied.

NARCISSE.

Monsieur rentre-t-il tard?

LA BARONNE.

Rarement.

NARCISSE.

Quel âge a-t-il?

LA BARONNE.

Il n'en a pas.

NARCISSE.

Entre deux âges... Son caractère?

LA BARONNE.

Je n'ai qu'à m'en louer.

NARCISSE.

Son humeur?

LA BARONNE.

Je n'ai pas à m'en plaindre.

NARCISSE.

Sa santé?

LA BARONNE.

Je suis seule à en souffrir.

NARCISSE.

Sanguin alors?

LA BARONNE:

Non, bilieux.

NARCISSE.

Je l'aurais préféré anémique.

LA BARONNE.

Essayez toujours; je vous assure que vous ne trouverez
pas de condition plus avantageuse...

SCÈNE XIV

LES MÊMES, CLOTILDE.

CLOTILDE, entrant par la gauche.

Narcisse, je vous en prie, ne vous en allez pas encore.

NARCISSE.

Cependant, madame...

CLOTILDE.

Je viens de voir Clémence. Je lui ai d'abord fait part de la proposition dont j'étais chargée pour elle; elle l'a repoussée avec horreur. Je lui en ai demandé la raison; elle a fini par m'avouer, en fondant en larmes, qu'elle vous aimait toujours.

NARCISSE, tres-fat.

J'en étais sûr.

CLOTILDE.

Alors, sans hésiter, j'ai plaidé votre cause avec chaleur; je lui ai affirmé que vous n'étiez pas aussi mauvais sujet que vous en aviez l'air.... Et j'ai lu dans ses yeux que, si vous tombiez à ses pieds, elle ne tarderait pas à vous pardonner. Allez donc la trouver...

NARCISSE.

Oui, madame, je cours.

LA BARONNE, le retenant.

Et dites-lui que si elle consent à vous suivre, je l'augmenterai de deux cents francs.

NARCISSE.

Oui, madame. Ah! Clémence, ma chère Clémence!

Il rentre à gauche, deuxième plan.

SCÈNE XV

LA BARONNE, CLOTILDE.

CLOTILDE.

Qu'ai-je entendu! Quoi! tu veux m'enlever....

LA BARONNE.

Non! Je veux arrêter Narcisse que tu renvoies, ce qui est bien différent.

CLOTILDE.

Et Clémence?

LA BARONNE.

L'un ne peut aller sans l'autre, s'ils doivent se marier.

CLOTILDE.

Clémence retiendra Narcisse.

LA BARONNE.

A moins que Narcisse n'entraîne Clémence.

CLOTILDE.

C'est ce que tu désires?

LA BARONNE.

Je ne m'en cache pas.

CLOTILDE.

Et tu crois que je consentirai?...

LA BARONNE.

Tu ne pourras pas les retenir, et j'espère bien...

CLOTILDE.

C'est affreux cela ! on n'est plus en sûreté chez soi.

LA BARONNE.

Si, depuis des années, tu avais été, comme moi, empoisonnée, pillée, maltraitée, saccagée....

CLOTILDE.

Mais, Amélie, je croyais que c'était une distraction pour toi.

LA BARONNE.

Dis tout de suite que j'ai perdu la tête !

CLOTILDE.

Non ! mais tu devrais continuer pour faire plaisir à ton mari.

LA BARONNE.

Mon mari prend plaisir à me voir saccagée !

CLOTILDE.

Il m'a dit bien souvent : Si Amélie n'avait pas à changer de domestiques tous les huit jours, avec sa tête ardente, son imagination capricieuse, elle serait capable...

LA BARONNE.

Quoi ! Il spécule sur mes ennuis d'intérieur pour vivre tranquille ! Et il m'estime assez peu pour craindre que, si je ne les avais pas, je... je... Ah ! mon cher mari, vous me le paierez. Dussiez-vous ne plus fermer l'œil de toute la nuit, vous aurez de bons domestiques.

CLOTILDE.

Amélie, tu es cruelle.

Hector entre par le fond.

LA BARONNE.

Ton cuisinier ! C'est le ciel qui me l'envoie.

CLOTILDE.

Tu voudrais, lui aussi ?... Ah ! Je saurai bien !...

SCÈNE XVI

Les Mêmes, HECTOR.

HECTOR, tragiquement.

Madame, j'étais dans le couloir qui conduit de l'office à la cuisine... J'ai tout entendu... Je ne dis rien... pour ne pas en dire davantage... Mais j'ai l'honneur de demander mon compte à madame.

LA BARONNE, vivement.

Je vous arrête.

CLOTILDE.

Hector ! Ecoutez-moi... Je vous jure...

HECTOR, continuant.

Au regret de me perdre, s'ajoutera pour madame la douleur de ne pas me remplacer. En ma qualité de vice-président de l'association des gens de maison, ces messieurs de la cuisine viendront me demander des renseignements sur la maison de Madame, et Madame comprendra sans peine que je n'aurai pas le cœur à en dire beaucoup de bien.

CLOTILDE, à part.

Oh ! mon Dieu ! mon Dieu !

HECTOR.

Madame sera donc réduite à essayer des petits marmitons sans éducation culinaire, ou des cuisiniers réformés que nous n'admettons même plus dans notre sein !

CLOTILDE.

Non ! C'est impossible, Hector, je vous jure qu'il n'y a pas de ma faute…. Clémence ne vous aimait pas… Vous auriez été malheureux toute votre vie.. Consentez à nous rester et je vous augmente…

LA BARONNE, de l'autre côté, à Hector.

Neuf cents francs, plus le vin, cent francs d'étrennes, un vêtement par semestre, et tous les vieux habits du baron.

CLOTILDE.

Hector ! mille francs, je vous donne mille francs, vin, café… deux cents francs d'étrennes et je vous habille de neuf.

LA BARONNE.

Douze cents francs. Et le baron qui est banquier placera vos économies à dix…. Du reste d'un caractère doux, d'un âgē… peu exigeant, d'une santé à supporter tous les menus.

CLOTILDE.

Oui, mais madame a des enfants qui sont toujours fourrés à la cuisine.

LA BARONNE.

Je les mettrai au collége.

CLOTILDE.

Ils sont trop jeunes !… moi, je n'en ai pas !…

LA BARONNE.

Ce n'est pas une garantie pour l'avenir.

CLOTILDE.

Décidez-vous.

LA BARONNE.

N'hésitez pas!

HECTOR, à part.

Elles se m'arrachent ; mais je ne suis pas encore à mon prix.

CLOTILDE et LA BARONNE.

Eh bien?

HECTOR, important.

Certainement... je ne dis pas... Cependant... en y réfléchissant...

CLOTILDE.

Je vous aurai un fourneau économique.

LA BARONNE.

J'en ai un.

CLOTILDE.

Je ferai monter l'eau et le gaz.

LA BARONNE.

Ils sont tout montés.

CLOTILDE.

Si vous voulez vous marier, je vous trouverai une
femme à qui vous conviendrez.

LA BARONNE.

Moi, je vous en trouverai une qui vous conviendra.

CLOTILDE.

Je paie les frais de la noce.

HECTOR.

Oh! madame...

LA BARONNE, vivement.

Ne vous adjugez pas.... moi, je vous dote...

HECTOR.

Ah! madame...

CLOTILDE.

Décidez-vous!

LA BARONNE.

N'hésitez plus!

TOUTES DEUX.

Eh bien?

HECTOR indécis.

Eh bien!....

SCÈNE XVII

Les Mêmes, NARCISSE et CLÉMENCE.

NARCISSE, entrant par la gauche avec Clémence.

Ah! madame, que je vous remercie de m'avoir si bien
conseillé.... Elle me pardonne, elle veut bien devenir ma
femme.

CLOTILDE.

Et vous me restez?

CLÉMENCE.

C'est la condition que j'ai mise à notre mariage.

CLOTILDE.

Ah! ma chère Clémence, je n'oublierai jamais cette preuve d'attachement.

CLÉMENCE, à part.

J'y compte bien.

LA BARONNE, bas à Hector.

Vous ne pouvez plus hésiter; leur présence vous serait trop pénible.

HECTOR, à part.

La mienne leur sera plus pénible encore. (A Clotilde.) Je consens à rester.

CLOTILDE, allant à lui.

Hector, c'est bien! c'est très-bien. (A la baronne d'un air de triomphe.) Pas même un des trois, cousine.

LA BARONNE.

Que veux-tu!... C'est un malheur..... Mais mon mari n'y perdra rien. Afin qu'il soit bien servi, je ne reculerai plus devant rien.

SCÈNE XVIII

Les Mêmes, GASTON.

CLOTILDE, à Gaston qui entre par le fond.

Eh! bien, mon ami, as-tu réussi?

GASTON.

Tu me vois furieux. Je cours chez les Roncherolles.... Trop tard! Le petit vicomte venait d'être agréé et mon neveu reste garçon.

CLOTILDE.

Oui, mais nous marions Clémence et Narcisse.

GASTON.

Une dépense de plus.

CLOTILDE.

Et nous gardons notre maison.

GASTON.

Jolie compensation !

CLOTILDE.

Avec une légère augmentation seulement.

GASTON.

Ah ! Il nous faut les....

CLOTILDE.

Nos domestiques nous servent si bien.

GASTON.

Nos domestiques... dis donc nos maîtres... Enfin puisque tu veux les subir... (A la baronne.) Vous nous restez à dîner.

LA BARONNE.

Avec plaisir.

HECTOR.

Monsieur n'y pense pas ! Après les émotions de la journée, je n'ai pas la tête à mes fourneaux.

NARCISSE.

Ni moi.... au service.

GASTON.

Qu'est-ce que je disais ?

CLOTILDE.

Pour une fois....

NARCISSE.

Si monsieur et madame voulaient bien aujourd'hui dîner
dehors....

GASTON.

Adorable!... Ce sont eux qui nous mettent à la porte!...
(A Narcisse.) Comment donc, monsieur Narcisse! Du moment
que vous le désirez!.... Allons ma femme... dînons au
restaurant.

LES ESPÉRANCES

COMÉDIE

PERSONNAGES

LÉON DE PLÉGADE.
PIERRE, son frère.
M. BURNA.
M. DE VERCHAMPS.
MADAME DE VERCHAMPS.
ALLIETTE, leur fille.

La scène se passe de uos jours à Luchon.

LES ESPÉRANCES

Un salon d'hôtel. — Porte au fond. — Portes latérales. — Table couverte de journaux. — Table à jeux.

SCÈNE PREMIÈRE

BURNA, assis à une table à jeux, à droite, les cartes eu mains, tout prêt à jouer ; MADAME DE VERCHAMPS, assise à gauche, se regardant dans un petit miroir ; M. DE VERCHAMPS, se promenant de long en large.

MADAME DE VERCHAMPS, à Verchamps.

Si vous m'en croyez, nous couperons court aux espérances de M. de Plégade. Alliette est beaucoup trop jeune pour se marier. C'est encore une petite fille.

VERCHAMPS.

Une petite fille ! une petite fille !

BURNA.

Un mètre cinquante-deux. Avant de partir, je l'ai mesurée sur la porte de la salle à manger.

MADAME DE VERCHAMPS.

La taille ne fait rien à l'affaire... (A Verchamps.) Elle n'a pas dix-huit ans !

BURNA.

Elle les aura le 19.

VERCHAMPS.

Et c'est l'âge où les jeunes filles se marient d'ordinaire.

BURNA.

La statistique le prouve.

MADAME DE VERCHAMPS.

Ce n'est pas une raison... La chère petite est sortie de pension...

BURNA.

Le 10 mars.

MADAME DE VERCHAMPS, montrant Burna.

Le docteur vous a découvert une inflammation des bronches....

BURNA.

Le 31 avril.

MADAME DE VERCHAMPS.

Et nous sommes partis pour Luchon...

BURNA.

Le 15 juin.

MADAME DE VERCHAMPS.

Il y a un mois... Voilà tout ce qu'elle connaît des joies de la vie. Ce n'est pas suffisant. Et vous voudriez la condamner tout de suite au mariage et me l'arracher au moment où je la retrouve. Non, non, vous n'aurez pas cette cruauté. Vous lui donnerez quelques années de bon temps, et vous me laisserez jouir de sa présence. Ce n'est plus le gros bébé d'autrefois que j'avais tant de plaisir à pomponner ; mais c'est une charmante jeune fille dont je suis heureuse et fière, et je me fais une vraie fête de la produire dans le monde.

VERCHAMPS.

C'est cela.. ! Les plaisirs, les fêtes...

BURNA, tout en battant les cartes.

Nous sommes en retard de vingt-deux minutes.

VERCHAMPS.

Un instant, docteur. (Reprenant.) C'est cela ! Les plaisirs ! les fêtes ! le monde ! Voilà tout ce que vous voyez dans la vie. Ma parole d'honneur ! je ne sais pas ce que vous attendez pour avoir l'âge de raison.

MADAME DE VERCHAMPS.

Traitez-moi tout de suite de folle.

VERCHAMPS.

Il ne faudrait pas...

BURNA, posant les cartes sur la table.

Voyons, Verchamps... à qui à donner ?

VERCHAMPS.

Un instant, docteur. (Reprenant.) Il ne faudrait pas m'en défier !... Aussi, trouverai-je aujourd'hui même, un gendre à ma convenance... Par malheur, M. de Plégade n'est pas ce gendre-là. Il est bien de sa personne, je vous l'accorde ; sa famille, m'a-t-on dit, est d'une honorabilité parfaite, je le veux bien ; il appartient à l'armée, et, quoique banquier, moi, j'aime les militaires ; mais les militaires...

BURNA, regardant sa montre.

Pour Dieu, Verchamps, commençons.

VERCHAMPS.

Un instant, docteur. (Reprenant.) Mais les militaires ne font pas fortune, et le peu qu'il possède ne se balance pas avec la dot de ma fille.. Donc, si vous m'en croyez, nous couperons court aux espérances de M. de Plégade.

MADAME DE VERCHAMPS.

Mais je ne demande pas autre chose.

VERCHAMPS.

Eh bien, alors, pourquoi m'empêchez-vous de faire ma partie?

Il va s'asseoir en face de Burna.

BURNA.

Trois quarts d'heure de perdus.— Enfin, à toi à donner.

MADAME DE VERCHAMPS, apercevant Pierre qui paraît au fond, se lève. — A Verchamps.

Le voici.. Profitez de l'occasion.

VERCHAMPS, donnant les cartes.

Comptez sur moi.

SCÈNE II

LES MÊMES, PIERRE, en toilette bourgeoise.

PIERRE, entrant et saluant, à madame de Verchamps.

Comment allez-vous ce matin, chère madame?

MADAME DE VERCHAMPS, froidement, tout en mettant son châle et
son chapeau.

Fort bien, monsieur. Mais pardon! M. de Verchamps
a, je crois, quelque chose à vous dire, et je ne veux pas
être indiscrète. (Saluant.) Monsieur...

Elle sort par le fond.

SCÈNE III

VERCHAMPS et BURNA, jouant au piquet.
PIERRE.

PIERRE, allant à Verchamps.

Vous avez à me parler, monsieur?

VERCHAMPS, sans quitter ses cartes.

Excusez-moi si je continue... C'est à cause de Burna.
Après chacun de ses repas, il lui faut une heure de piquet
et une heure de sieste; sans quoi, il tomberait malade...
Mais nous pouvons toujours causer.

PIERRE.

Je vous écoute, monsieur.

VERCHAMPS.

M. de Plégade, je vais jouer cartes sur table.

BURNA, inquiet.

Tu as donc bien beau jeu?

VERCHAMPS.

C'est à M. de Plégade que je m'adresse.

BURNA, consultant ses cartes.

Quarante-huit à pique?

12

VERCHAMPS.

Ça ne vaut pas. (A Pierre.) Souffrant des suites d'une blessure, un de ces fruits malsains de la guerre...

BURNA.

Une quatrième basse?

VERCHAMPS.

Ça ne vaut pas. (A Pierre.) Vous prenez, depuis trois se-
maines, les eaux salutaires de Luchon. Bien!

BURNA.

Trois rois?

VERCHAMPS.

Ça ne vaut pas. (A Pierre.) Bientôt, vous êtes entré en
relations avec nous, et vous avez fait la cour à ma fille...
Très bien!

PIERRE, avec joie.

Comment, monsieur...

VERCHAMPS.

Attendez.

BURNA, jetant une carte.

Un!

VERCHAMPS, à Pierre.

Enfin, vous nous avez présenté, hier au casino, votre
frère aîné, arrivé de la veille. (A Burna.) Six cartes à cœur et
la quatrième majeure, dix. (A Pierre.) Et tout me fait supposer qu'il ne tardera pas à se charger de votre demande
officielle.

PIERRE.

En effet, monsieur, je dois le prier aujourd'hui même...

VERCHAMPS.

J'ai donc bien fait de prendre les devants. (A Burna.) Dix, une tierce à la dame en trèfle... dix et trois, treize... (A Pierre.) Monsieur de Plégade, vous êtes un homme charmant.

PIERRE.

Ah ! monsieur !

VERCHAMPS.

Treize.., trois as, seize... Oui, tout me plaît en vous. D'ailleurs, si je voulais quelques renseignements supplémentaires ! Et trois valets, dix-neuf... Il me suffirait d'en demander à votre colonel. (A Burna.) C'est très-commode, les militaires ; on écrit au colonel, et l'on a tout ce qu'on veut.

BURNA, impatienté.

J'ai dit : un !

VERCHAMPS.

Et moi : dix-neuf, c'est tout. (Jetant des cartes.) vingt. (A Pierre.) Mais, présentement, une démarche de ce genre serait tout à fait inutile.

PIERRE.

Pourquoi donc, monsieur ?

BURNA.

Va donc !

VERCHAMPS, jetant des cartes.

Vingt-un, vingt-deux, vingt-trois, vingt-quatre, vingt-cinq.

BURNA, de même.

Vingt-six, vingt-sept, vingt-huit, vingt-neuf, et la dernière, trente.

Il s'endort peu à peu.

VERCHAMPS.

Oui, ma femme et moi, nous ne désirons pas encore marier notre fille.

PIERRE.

Ah!

VERCHAMPS.

Nous la trouvons trop jeune... Aussi, à mon grand regret... J'ai les cartes... quarante. (A Burna.) A toi à donner!

PIERRE, tombant sur un fauteuil à gauche.

Ah! Monsieur, quel coup vous me portez!

Alliette vient d'entrer par la gauche.

SCÈNE IV

LES MÊMES, ALLIETTE.

VERCHAMPS, regardant Burna qui dort.

Eh! mais... le diable m'emporte! Le voilà endormi!... C'est juste, nous étions en retard... l'heure de sa sieste a sonné.

ALLIETTE, s'approchant de Pierre, à voix basse.

Espérez!

PIERRE, l'apercevant.

Alliette!

VERCHAMPS, se retournant.

Plaît-il?

ALLIETTE.

C'est moi, mon père... Je croyais que maman était ici, et je venais...

VERCHAMPS, se levant et allant à elle.

Eh bien, prenez mon bras, mademoiselle, je vais vous conduire à votre mère...(A Pierre.) Serviteur, monsieur.

Ils s'éloignent tous deux par le fond.

LÉON, qui vient d'entrer par le fond, saluant Alliette.

Mademoiselle...

ALLIETTE.

Monsieur...

VERCHAMPS, à Léon.

Serviteur, serviteur.

Il sort avec Alliette.

SCÈNE V

BURNA, endormi, PIERRE, LÉON.

LÉON, allant à Pierre qui est tout triste.

Ah! çà, mon lieutenant, qu'est-ce que tu as?.. Depuis quelque temps, ma parole d'honneur, je ne te reconnais plus... tu es triste comme une veuve... de la veille... tu médis de ton état... tu ne t'intéresses plus aux promotions; tu ne lis plus l'Annuaire; et ton frère, ton frère lui-même, n'a plus le don de te faire rire.

PIERRE.

Douterais-tu de mon amitié?

LÉON.

Es-tu bête! Deux frères vivaient en paix... Bien des poules survinrent, et jamais la guerre ne fut allumée. Que veux-tu de plus concluant?

12.

PIERRE.

C'est vrai !

LÉON.

Parbleu ! Mais enfin, tu n'es plus le même et par con-
séquent, je ne me retrouve plus tel que j'étais.. Eh bien,
veux-tu que je te dise pourquoi? C'est parce que nous
sommes arrivés tous deux à une étape de notre vie où
nous avons besoin de renfort... Positivement, pour toi
comme pour moi, il nous faudrait...

PIERRE.

Quoi donc?

LÉON.

Une femme !

PIERRE.

Tu veux te marier?

LÉON.

Ah ! sapristi non ! En calculant bien, une femme suf-
fira pour nous deux.

PIERRE.

Es-tu fou !

PIERRE.

Non pas! je me connais.. Je suis né vieux garçon;
aimer de çà de là, te suivre comme un bon chien, ne rien
faire du tout, telle est ma consigne; et, foi de Léon, je
n'ai pas envie d'en changer; mais à la condition que tu
me fourniras un foyer domestique à égayer, une sœur à
aimer, et des neveux à gâter.

PIERRE.

Ah ! pourquoi M. de Verchamps ne veut-il pas me
donner sa fille ?

LÉON.

Parce que tu n'as pas su t'y prendre.

PIERRE.

Je ne lui avais-encore rien dit qu'il me la refusait déjà.

LÉON.

Ce refus-là ne compte pas... il est contre toutes les règles... Espère !

PIERRE.

Alliette aussi m'a dit d'espérer.

LÉON.

Eh ! pardieu ! elle a bien raison, ma future petite belle-sœur... Espérer ! c'est le vrai mot de la situation. Le monde, vois-tu, mon lieutenant, est un océan sur le quel chacun dirige sa barque vers un but déterminé, et l'espérance est le bon vent qui enfle la voile. Souffle donc, espérance, et en avant ! Seulement, l'océan est petit, les barques sont nombreuses et le bon vent des unes contrarie furieuse-ment le bon vent des autres. Aussi, arrive-t-il trop sou-vent que les barques s'entre-croisent, se heurtent, et som-brent à la suite d'un abordage de tous les diables... Mais on peut l'éviter, quand on est habile.

PIERRE.

Comment ?

LÉON.

En dirigeant les espérances de nos adversaires vers le but où notre propre espérance nous conduit. Mais avant tout, il faut s'assurer d'où vient le vent. Dis-moi, ce monsieur Burna qui dort si paisiblement, le nez dans ses cartes, n'est-ce pas un ami de la maison ?

PIERRE.

Oui, c'est un vieil égoïste qui a suivi les Verchamps,

ou plutôt qui s'est fait suivre par eux, car je le soupçonne de n'avoir conseillé les eaux à son ami que parce qu'il désirait les prendre lui-même.

LÉON, riant.

Les égoïstes sont de vrais grands seigneurs... Pour ne rien changer à leurs habitudes, ils ne voyagent jamais sans leur maison.

PIERRE.

Je crois qu'il exerce une grande influence sur la famille.

LÉON.

Bon. Il s'agit de le faire causer et de mettre sa barque dans nos eaux. Eveille-le-moi, je te prie...

PIERRE.

C'est inutile... Voici deux heures... Il va s'éveiller de lui-même. Il est d'une régularité à rendre des points à un chronomètre. (Deux heures sonnent, Burna s'éveille.) Qu'est-ce que je te disais?

LÉON.

Laisse-moi faire.

BURNA, se levant et allant prendre des journaux.

Messieurs, votre très-humble serviteur.

LÉON.

Toujours exact, monsieur Burna.

BURNA.

Toujours. Si, à deux heures précises, je ne lisais pas les journaux, je serais de mauvaise humeur toute la journée.

LÉON.

C'est là une habitude...

BURNA.

Mieux que cela, jeune homme, une manie. De vingt à

trente-cinq ans, nous avons des passions. De trente-cinq à cinquante ans, nos passions deviennent des habitudes, de cinquante à... la fin, nos habitudes se transforment en manies, pour le malheur de nos voisins, mais à notre satisfaction personnelle ; car nos manies, ces précieuses compagnes de nos derniers jours, nous font déguster le temps présent, comme le bon vin, à petites gorgées.

LÉON.

Comment, monsieur Burna, vous n'avez jamais eu à vous en plaindre ?

BURNA.

Une fois seulement... J'avais un rendez-vous important, il y a cinq ans et trois mois. Afin de ne pas l'oublier, la veille au soir, j'avais eu soin de mettre un petit papier dans ma tabatière... Qu'est-ce que je trouve le lendemain?...Deux petits papiers !

LÉON.

Étrange !

BURNA.

Je savais bien ce que voulait dire le premier ; mais le second?.. Je me creuse la tête, je cherche, je ne trouve rien, je m'impatiente, je m'emporte, je cherche encore, je cherche toujours... et, lorsque je trouve enfin... l'heure du premier papier était passée, et je n'avais mis le second que pour ne pas oublier le premier!.. J'en ai été malade pendant trois jours.

LÉON.

Je comprends ça.

BURNA, tout en s'asseyant, à Léon qui allume un cigare.

Pardon... pardon, cher monsieur. La fumée de tabac m'est insupportable.

LÉON.

Que ne le disiez-vous plus tôt...?

Il jette son cigare.

BURNA.

Je vous prive là d'un plaisir...

LÉON.

Qui n'est pas encore une habitude, je n'ai pas cinquante ans.

BURNA.

Vous les aurez un jour ou l'autre, jeune homme...

LÉON.

Je ne les crains pas... je ne me marierai jamais.

BURNA.

Ah ! vous aurez bien raison...

PIERRE.

Pourquoi donc, Monsieur ? Lorsque l'amour...

BURNA, l'interrompant.

Pardon... pardon, cher monsieur... L'amour est un sujet qui n'est plus à ma portée... J'aime mieux lire les feuilles publiques.

LÉON.

Ce ne sera pas long. Mon frère veut vous dire tout simplement qu'il aime mademoiselle Verchamps et qu'il voudrait bien l'épouser.

BURNA.

Eh bien ! après? Est-ce que je suis le père? Est-ce que je suis la mère?

LÉON, souriant.

Ce serait bien difficile à admettre ; mais en votre qualité d'ami...

BURNA,

Qu'est-ce que vous me demandez là !.. Marier votre frère !.. Me donner une foule d'ennuis !.. Rompre le cours de mes chères manies ! Il ne manquerait plus que cela !.. D'ailleurs, Verchamps ne veut pas entendre parler de ce mariage.

LÉON.

Je sais... Pourquoi ?

BURNA.

Etes-vous jeune !.. Qu'est-ce que vous avez ?

LÉON.

Quinze mille livres de rentes chacun.

BURNA.

Et les espérances ?

PIERRE.

Quelles espérances ?

BURNA.

Eh ! bien, oui, les parents à maturité.

LÉON, à Pierre.

Tu vois, tout est espérance dans la vie, même la mort. Hélas ! non, monsieur Burna, nous n'avons pas de ces espérances-là.

BURNA.

Et vous pouvez supposer que Verchamps, un banquier...

LÉON.

Très bien ! Et madame Verchamps?..

BURNA,

C'est autre chose... Elle ne veut pas marier sa fille, afin de retourner dans le monde, sous prétexte de l'y conduire.

LÉON.

Parfait !

BURNA.

Mais sacrebleu! jeunes gens, voulez-vous bien me laisser lire mes journaux?

Il reprend son journal et lit.

LÉON, bas à Pierre.

Je suis suffisamment renseigné. Espérance du père, l'argent; espérance de la mère, un regain de jeunesse; espérance de l'ami, la monomanie des manies; trois espérances contraires à vos deux pauvres petites espérances d'amoureux... Eh bien, morbleu ! je vais changer tout ça.

PIERRE.

Toi ?

LÉON.

Je l'espère, du moins... Car, moi aussi, j'ai une espérance, mais une bonne... Attention! Tu vas l'entendre souffler. (Allant à Burna.) Ah! monsieur Burna!..

BURNA, impatienté.

Encore!.. Ah! çà, jeune homme...

LÉON, reprenant.

Ah! monsieur Burna, que je plains ce bon monsieur Verchamps !

BURNA.

Eh bien, plaignez-le en silence et laissez-moi...

LÉON, continuant.

Car enfin, si ces dames vont tous les soirs dans le monde, il sera bien obligé de les accompagner. Et son coin du feu?.. Et sa tasse de thé?.. Et sa partie de piquet?.. Il faudra donc qu'il renonce à ses chères habitudes... Et à son âge, j'en suis sûr, cela lui sera bien pénible.

BURNA.

Eh bien! et à moi donc?

LÉON.

Et à vous aussi, monsieur Burna; car en effet, il vous a donné toutes ses habitudes.

BURNA.

Pardon, c'est moi qui lui ai donné toutes les miennes.

LÉON.

Raison de plus pour y tenir. Et si vous n'aviez plus la douce espérance de les conserver toujours...

BURNA.

La vie serait atroce.

LÉON.

Et quand on pense qu'une fois sa fille mariée, madame de Verchamps n'a plus aucune raison de sortir!

BURNA.

C'est vrai.

PIERRE.

Elle reste tous les soirs au coin du feu.

BURNA.

A huit heures...

LÉON.

A huit heures, la table de jeu et son mari sont tout prêts.

BURNA.

A neuf heures et demie...

PIERRE.

A neuf heures et demie, vous prenez vos trois tasses de thé bien chaud, et vos bonnes tartines grillées de pain de seigle.

BURNA.

Et à dix heures vingt...

LÉON.

Bonsoir la compagnie.

BURNA.

Pas plus tard.

PIERRE.

Pas plus tard.

BURNA.

Vous avez raison... Il faut qu'Alliette se marie.

LÉON, à part.

Allons donc !

PIERRE.

Léon... voici ces dames ..

LÉON.

Bravo!

BURNA.

Ah! si j'avais la manie de marier les gens... Mais c'est la seule qui manque à ma collection.

LÉON.

Voici l'occasion de l'y faire entrer.

SCÈNE VI

LES MÊMES, MADAME DE VERCHAMPS,
ALLIETTE.

MADAME DE VERCHAMPS, entrant par le fond avec Alliette, à Pierre et à Léon.

Messieurs, je suis heureuse de vous rencontrer.

LÉON.

Vraiment, madame?

MADAME DE VERCHAMPS.

Oui, je vous cherchais... Plusieurs dames et moi, nous voulons donner dans huit jours un grand bal au profit des pauvres de la ville ; mais nous ne pouvons pas tout organiser ; il nous faut des commissaires, et j'ai pensé tout de suite à vous deux.

LÉON.

Comment donc, chère madame... Avec le plus grand plaisir !

PIERRE.

Parle pour toi... mais dans la disposition d'esprit où je me trouve...

MADAME DE VERCHAMPS.

Oui, oui, je sais... Eh ! mon Dieu, ce sont de ces petites contrariétés qui ne tirent pas à conséquence... La moindre distraction suffit pour les faire oublier... Ainsi, voilà qui est convenu, vous acceptez... Veuillez vous faire inscrire au comité qui s'est réuni dans une salle du casino, et revenez bien vite recevoir mes ordres ; car, vous l'avouerai-je, sans moi, rien ne marcherait ; je suis l'âme de la fête. Et puis, je tiens à vous consulter sur ma toilette... Vous verrez, ce sera délicieux.

LÉON, bas à Burna.

Vous l'avez entendue ?

BURNA.

Oui, c'est effrayant !

LÉON.

A l'œuvre donc! (Bas à Pierre.) Bravo !... Le vent tourne! Allons, viens ! (Prenant congé.) Mesdames...

BURNA, bas à Alliette.

Laisse-moi... j'ai à parler à ta mère dans mon... dans ton intérêt.

ALLIETTE.

Ah ! je ne demande pas mieux.

Elle entre à gauche, Pierre et Léon sortent par le fond.

SCÈNE VII

BURNA, MADAME DE VERCHAMPS.

BURNA, à part.

Il y a un moyen sûr de réussir avec les femmes, c'est de plaider le contraire de ce que l'on désire.

MADAME DE VERCHAMPS.

Ces jeunes gens ne sont vraiment pas trop mal.

BURNA, d'un air de doute.

Oh ! oh ! monsieur Pierre...

MADAME DE VERCHAMPS.

Je vous assure qu'il eût été vraiment dommage de ne pas les utiliser comme danseurs.

BURNA.

Oh ! oh ! monsieur Pierre...

MADAME DE VERCHAMPS.

Qu'est-ce que vous avez donc contre monsieur Pierre ?

BURNA.

Il ne me plaît pas, ce jeune homme.

MADAME DE VERCHAMPS.

Allons donc ! il est charmant !

BURNA.

Lui ! Il est affreux !

MADAME DE VERCHAMPS.

Parce que je le trouve charmant. Vous passez votre vie à me contredire.

BURNA.

Quoi qu'il en soit, affreux ou non, vous l'avez éconduit, et c'est tout ce que je demandais.

MADAME DE VERCHAMPS.

Ah ! cela vous fait plaisir?

BURNA.

Vous m'en voyez ravi, enchanté. Ce petit officier ne pouvait pas convenir à votre fille.

MADAME DE VERCHAMPS.

Mais si !

BURNA.

Mais non !

MADAME DE VERCHAMPS.

Il n'a qu'un défaut, à mes yeux ; c'est d'arriver trop tôt.

BURNA.

C'est fort heureux... fort heureux !

MADAME DE VERCHAMPS.

Vous êtes insupportable... Si j'avais su plus tôt...

BURNA.

Que je suis insupportable?

MADAME DE VERCHAMPS.

Oh ! ça, je le sais depuis longtemps. Non ! mais si j'avais pu prévoir le plaisir que je vous fais...

BURNA.

Vous auriez consenti à ce mariage ?

MADAME DE VERCHAMPS.

Peut-être bien... Vous avez l'esprit tellement faux que je suis toujours sûre de bien faire en prenant le contre-pied de ce que vous dites.

BURNA, ricanant.

C'est possible ; mais je vous connais.. vous ne reviendrez jamais sur votre refus.

MADAME DE VERCHAMPS.

Qui m'en empêcherait ?

BURNA.

Moi !... du moins, je le tenterais.

MADAME DE VERCHAMPS.

Raison de plus pour me décider.

BURNA.

Oh ! oh ! ce n'est pas certain.

MADAME DE VERCHAMPS.

Mais si !

BURNA.

Mais non ! Voulez-vous parier ?

MADAME DE VERCHAMPS.

Oh ! c'est bien inutile !

BURNA.

Vous avez raison... Verchamps vous ferait perdre.

MADAME DE VERCHAMPS.

Mon mari?

BURNA.

Il pense absolument comme moi ; et ce n'est pas vous
qui le ferez changer d'avis.

MADAME DE VERCHAMPS.

Vous croyez?

BURNA.

Je vous en défie bien.

MADAME DE VERCHAMPS.

Vous m'en défiez !

BURNA.

Oh ! vous pouvez aller le trouver; je suis bien tranquille.

MADAME DE VERCHAMPS.

Ah ! c'est trop fort ! Et je ne vois vraiment pas pourquoi...

Elle s'éloigne.

BURNA, à part en se frottant les mains de joie.

Victoire !

MADAME DE VERCHAMPS, qui s'est retournée, le regardant à part.

Cette joie... Ah ! le traître !..

Elle se rapproche de lui.

BURNA.

Vous n'êtes pas partie ?

MADAME DE VERCHAMPS.

Vous vous êtes frotté trop tôt les mains, docteur.

BURNA.

Je ne vous comprends pas !

MADAME DE VERCHAMPS.

Mais je vous comprends, moi ! Vous comptiez sur mon antipathie pour obtenir ce que vous vouliez en semblant vouloir tout le contraire. Quel machiavélisme !

BURNA, à part.

Elle est plus forte que moi.

MADAME DE VERCHAMPS.

Et je m'y suis laissé prendre !... Et j'allais... Où avais-je donc la tête !.. Mais vous ne savez donc pas que si je le retarde, ce mariage, c'est autant par intérêt pour Alliette que par vengeance contre vous !

BURNA.

Par vengeance, bonté du ciel !

MADAME DE VERCHAMPS.

C'est de bonne guerre, convenez-en ; vous vous êtes si bien vengé, vous !

BURNA.

Moi ?

MADAME DE VERCHAMPS.

Souvenez-vous, souvenez-vous ! Vous étiez le camarade d'enfance de mon mari... Naturellement, vous êtes devenu son médecin. Jusque-là, rien de mieux. Mais, une fois introduit dans notre intimité, qu'avez-vous fait? Vous m'avez déclaré votre amour.

BURNA.

Deux fois... la première, le 25 janvier 1861, à huit heures du soir, la seconde, le 6 février de la même année, à neuf heures un quart.

MADAME DE VERCHAMPS.

Je vous ai imposé silence, comme toute honnête femme devait le faire. En ce cas, d'ordinaire, on s'excuse et l'on se retire ; vous, vous avez été impitoyable. Vous êtes demeuré ; et, pour mieux me faire sentir votre haine, vous vous êtes fait aimer de mon mari. Il était encore possible ; vous me l'avez rendu impossible. Il se portait assez bien ; vous lui avez laissé croire qu'il était malade. Il me conduisait dans le monde que j'adorais ; vous lui avez ordonné le coin du feu. A l'aide de ce régime, toutes vos manies ont peu à peu déteint sur lui ... Et depuis dix ans ! dix ans ! je suis, grâce à vous, condamnée au piquet forcé ! C'est un supplice de tous les jours, de tous les soirs... un supplice à heure fixe ; vous sonnez avec la pendule ! Et l'on me contraint à dresser la table de torture ! (Allant à la table et brouillant les cartes avec rage.) Oh ! le piquet ! le piquet ! non ! non ! cela ne peut pas durer plus longtemps. Ma fille est mon prétexte d'évasion, mon ange libérateur... Et j'en profite avec d'autant plus de joie que je l'éloigne, elle aussi, de ce concert vagnérien de tierces majeures et de quinte et quatorze. La chère enfant ! Dieu veuille qu'elle n'assiste jamais au piquet conjugal !

BURNA.

C'est pourtant un bien joli jeu !

MADAME DE VERCHAMPS.

Que vous ne recommencerez pas de sitôt... chez moi, du moins !..

BURNA avec désespoir.

Mais si je ne fais plus ma partie... qu'est-ce que je vais devenir ?

MADAME DE VERCHAMPS.

C'est le cadet de mes soucis.

Elle s'assied à la table de gauche et parcourt des journaux de mode. — Léon est entré par le fond avec un petit carton qu'il dépose sur la table à jeux.

SCÈNE VIII

MADAME DE VERCHAMPS, assise près de la table, BURNA, LÉON.

LÉON, bas à Burna.

C'est tout ce que vous avez obtenu ?

BURNA.

J'avais bien débuté... mais un maudit frottement de mains... Enfin la partie est perdue.

LÉON.

Je demande la revanche. Veuillez nous laisser, je vous prie.

BURNA.

Avec plaisir... (A part, en s'en allant.) Quoi ! je ne ferais plus mon piquet, parce qu'Alliette... Ah ! les mères ne devraient jamais avoir d'enfants.

Il sort par le fond.

SCÈNE IX

MADAME DE VERCHAMPS, LÉON,

LÉON, à part.

A mon tour. (Haut.) Chère madame, c'est fait.

MADAME DE VERCHAMPS.

Quoi?

LÉON.

Je suis commissaire. Je n'ai pas perdu de temps. Aussitôt ma nomination, j'ai voulu me rendre compte de l'état des pauvres les plus nécessiteux... Ah! madame, c'est navrant!

MADAME DE VERCHAMPS, tenant des gravures à la main.

Les malheureux! Il me tarde de leur venir en aide. (Lui montrant une gravure.) Que dites-vous de cette toilette en taffetas rose?

LÉON.

Idéale! Comment sera mademoiselle votre fille?

MADAME DE VERCHAMPS.

En mousseline blanche.

LÉON.

Parfait! Vous, en taffetas rose, vous passerez pour sa sœur aînée.

MADAME DE VERCHAMPS.

Je ne sais pas si je dois... dans un bal de charité surtout, me donner cette couleur de jeunesse.

LÉON, *prenant une autre gravure.*

Vous ne pouvez cependant pas adopter cette toilette de tulle noir.

MADAME DE VERCHAMPS.

Non certes. Je passerais alors pour sa grand'mère... Il ne faut rien exagérer.. (*Prenant une autre gravure.*) Mais voici une toilette de gaze mauve...

LÉON.

Qui serait le juste milieu.

MADAME DE VERCHAMPS.

La rose est joliment réussie.

LÉON, *reprenant.*

Oui, madame, c'est navrant ce que je viens de voir... Dans un taudis infect, sous un toit à jour, toute une famille .. le père se tordant de douleurs, sur un peu de paille... la femme frissonnant la fièvre...

MADAME DE VERCHAMPS.

L'affreux spectacle !

LÉON, *continuant.*

Et sur les genoux tremblants de cette malheureuse femme, deux chérubins, deux amours de bébés, grelottant de froid et de faim.

MADAME DE VERCHAMPS, *avec intérêt.*

Ah les pauvres petits ! Et personne n'a songé à les secourir ?

LÉON.

Le père est une de ces âmes fières qui ne savent pas

demander l'aumône. Il travaillait... il s'est cassé le bras...
de là... la misère.

MADAME DE VERCHAMPS.

En vérité, voilà de la fierté bien mal placée... Qu'il
meure de faim si ça lui fait plaisir, rien de mieux. Mais
ses trois enfants, ses pauvres petits enfants... Vous ne
pouvez savoir à quel point les enfants m'ont toujours
intéressée. Monsieur de Plégade, il ne faut pas attendre la
recette de notre bal pour les tirer de peine...

LÉON.

C'est ce que je me suis dit. Aussi, en les quittant, suis-je
entré dans une boutique où j'ai acheté quelques vêtements. (Il ouvre le carton qu'il a apporté.) Mais je ne m'y connais
pas ; et, avant de les leur donner, j'ai voulu avoir votre
avis.

Il tire du carton quelques vêtements d'enfants qu'il présente à madame de Verchamps.

MADAME DE VERCHAMPS.

Y pensez-vous ! C'est beaucoup trop beau.

LÉON.

J'ai pris ce qu'il y avait, sans trop regarder. Mais sur ce
modèle, ne serait-il pas possible de confectionner..?

MADAME DE VERCHAMPS.

Parfaitement... Et si vous le voulez bien, je me char-
gerai de la besogne... Ce ne serait pas la première fois...
Et je défie n'importe quelle couturière... (Contemplant les vêtements.) C'est étrange ! La toilette des enfants n'a pas subi
l'influence de la mode... oui... ce sont les mêmes formes
que je taillais pour ma fillette... Voilà bien le même col
échancré qui laissait voir ses jolies épaules roses et
les mêmes épaulettes froncées d'où s'échappaient ses

petits bras ronds... Ah! monsieur de Plégade... que ces
vêtements éveillent en moi de doux souvenirs !

LÉON, à part.

C'est bien ce que j'espérais...

MADAME DE VERCHAMPS.

Des mères regardent comme indigne d'elles d'habiller elles-mêmes leurs enfants. De quelles joies se pri-
vent-elles ainsi volontairement ! Moi, je ne permettais à
personne de s'occuper de ce soin pieux... Je ne pardonnais
même pas à mes amies d'envoyer à ma fille des présents
de toilette, aux jours de sa naissance et de sa fête. A moi
seule, je reconnaissais le droit de la parer... Et il fallait
me voir à mon ouvrage, devant une table chargée de soie
et de dentelles, taillant, rognant avec délice, cousant,
brodant avec enthousiasme. Que de fois, le soir, près de
son berceau, j'ai coupé, dans la robe que j'allais mettre
pour le bal, sa toilette dont je la parais le lendemain pour
sa promenade aux Tuileries !.. Quand vous viendrez me
voir à Paris, monsieur de Plégade, je vous montrerai
toute sa garde-robe que je conserve précieusement, et je
vous raconterai l'histoire du moindre accroc, de la plus
petite tache de confiture..... Eh ! là, mon Dieu ! voyez-
vous où m'entraînent mes souvenirs ! Je vous demande
un peu quel intérêt peuvent avoir pour vous ces reliques
du passé !.. Je suis folle, en vérité !

LÉON.

Ce passé, chère madame, vous semblez le regretter bien
vivement.

MADAME DE VERCHAMPS.

Je l'avoue... il a été le meilleur moment de ma vie.

LÉON.

Qui sait ?.. Il peut revenir un jour ou l'autre.

MADAME DE VERCHAMPS.

Comment l'entendez-vous ?

LÉON.

Les enfants ne sont pas rares par le temps qui court...

MADAME DE VERCHAMPS.

Oui, les enfants de pauvres...

LÉON.

Bien des familles riches n'ont pas encore dit leur dernier mot.

MADAME DE VERCHAMPS.

Au fait... à la grande rigueur... Mais revenons à vos protégés. Dites-moi où ils demeurent, je vous prie ; je veux être de moitié dans votre bonne œuvre, et je tiens à savoir par moi-même ce qu'on peut faire pour ces pauvres petits malheureux.

LÉON.

Ils demeurent dans la maison du patissier au coin de la rue... Vous demanderez la famille Bistour.

MADAME DE VERCHAMPS.

Merci. J'y vais à l'instant.

Elle prend le carton avec les vêtements et va pour sortir.

LÉON.

Et votre toilette de bal que vous avez oublié de choisir ?

MADAME DE VERCHAMPS.

Mais vous êtes dans l'erreur... J'ai choisi la seule qui puisse me convenir, la noire. A bientôt, monsieur de Plégade.

Elle sort par le fond.

SCÈNE X

LÉON, seul.

On aura beau dire, la tête d'une femme est encore la meilleure girouette qu'on ait inventée... Elle tourne sans difficulté à toute espérance nouvelle, et passe sans transition de l'est à l'ouest de la vie... Mais aussi, elle a les défauts de ses qualités; elle est d'une versatilité désolante. Si l'on ne profite pas au plus tôt de la direction qu'on lui a donnée... Va te promener !... Je n'ai donc pas de temps à perdre... Monsieur de Verchamps n'est pas aussi aisé à faire tourner... et il me tarde...

Il va pour sortir.

SCÈNE XI

LÉON, ALLIETTE.

ALLIETTE, entrant par la gauche.

Pourriez-vous me dire, monsieur, où est ma mère?

LÉON.

Elle vient de sortir à l'instant, mademoiselle. (A part.) Au fait, avant d'aller plus loin, il est bon de m'assurer... (Haut.) Un renseignement, mademoiselle. Je vous demande pardon d'agir sans façon avec vous... mais je suis pressé... et, en même temps, rempli des meilleures intentions. Dites-moi... tenez-vous toujours à devenir ma belle-sœur?..

ALLIETTE.

Mais, monsieur, pour devenir votre belle-sœur...

LÉON.

Il faudrait être la femme de mon frère, c'est inévitable... Y voyez-vous quelque inconvénient?

ALLIETTE.

Mais non, monsieur.

LÉON.

Merci bien, c'est tout ce que je voulais savoir.

ALLIETTE.

Mais mon père, monsieur, et ma mère?..

LÉON.

N'en prenez pas souci; je suis en train des les faire tourner.

PIERRE, entrant par le fond.

Que veux-tu dire?

LÉON.

Rien !.. c'est mon affaire... Je me sauve !.. Mais en attendant que j'aie réussi, mes chers amoureux, vous pouvez toujours vous nourrir d'espérances... ça vous fera prendre patience.

Il sort par le fond.

SCÈNE XII

ALLIETTE, PIERRE.

ALLIETTE.

Vous l'avez entendu?

PIERRE.

Oui, mademoiselle.

ALLIETTE.

Et votre avis?..

PIERRE.

Est de faire ce qu'il nous conseille, d'espérer. N'est-ce
pas ce que vous m'avez conseillé vous-même ce matin,
alors que votre père cependant s'était prononcé?..

ALLIETTE.

Oui, malgré son refus, quelque chose me disait là que
tout ne pouvait pas être fini. Vous voyez que j'avais raison puisque votre frère nous promet de réussir... Savez-
vous comment il s'y prendra?

PIERRE.

Non; mais j'ai la plus grande confiance en lui; il est
très habile, mon frère.

ALLIETTE.

Pensez-vous que cela sera bien long?

PIERRE, avec joie.

Non, ma chère Alliette... Quand mon frère se mêle de
quelque chose...

ALLIETTE.

Tant mieux, car, lorsqu'on espère trop longtemps, on
finit par désespérer; je l'ai entendu dire bien souvent.

PIERRE.

Cependant, quand on s'aime... Et vous m'aimez, Alliette?

ALLIETTE.

Oh ! oui !

PIERRE.

Que vous me rendez heureux !

ALLIETTE.

Savez-vous ce que votre frère appelle faire tourner papa
et maman ?

PIERRE.

C'est une théorie à lui... Cela signifie : leur faire changer d'avis au profit de notre mariage.

ALLIETTE.

Je comprends.

PIERRE.

Notre mariage !... le joli mot !

ALLIETTE.

Lequel ?.. Il y en a deux... et le *mariage* n'a de prix à
mes yeux que parce qu'il est précédé de *notre*.

PIERRE.

Ah ! que je vous aime ! que je vous aime !

ALLIETTE.

Savez-vous que c'est peut-être mal de nous dire tout cela;
car enfin si votre frère, malgré sa théorie, ne réussit pas à
faire tourner ma famille...

PIERRE.

Non, non, c'est impossible ! Mon frère est bien sûr de
son fait. D'ailleurs, nous nous aimons... nous sommes
riches d'espérances... Q'importent les obstacles ! Nous
saurons bien les franchir !..

SCÈNE XIII

LES MÊMES, BURNA.

BURNA, entrant par le fond.

Ah! grand Dieu!.. qu'est-ce que j'entends-là! Mais malheureux, madame de Verchamps se refuse énergiquement...

PIERRE.

Je sais... mais mon frère est en train d'aplanir cette petite difficulté.

BURNA.

Vous appelez ça une petite...

ALLIETTE.

Petite ou grande, nous avons bon espoir...

BURNA.

Vous avez tort, il échouera.

ALLIETTE.

Excellent ami... si vous vouliez l'aider un peu.

BURNA.

Mais je ne fais que ça... sans succès, je l'avoue.

PIERRE.

Qu'importe! ne vous rebutez pas... nous serions si heureux!

BURNA.

Ah! s'il ne dépendait que de moi... ce mariage serait déjà fait.

PIERRE.

Que vous êtes bon !

BURNA.

Et pas exigeant. Qu'on me permette seulement tous les soirs...

ALLIETTE.

Voici papa... Nous vous laissons... Allons, monsieur Burna, allons.

BURNA.

Je veux bien encore essayer... mais j'ai si peu de chance...

PIERRE.

Au revoir, ma chère femme !..

ALLIETTE.

A bientôt, mon cher mari !

Pierre sort par la droite, Alliette sort par la gauche.

BURNA.

Certes, il est moins dur de marier les autres que de se marier soi-même ; néanmoins, quand on n'en a pas l'habitude...

SCÈNE XIV

BURNA, VERCHAMPS.

VERCHAMPS.

C'est toi ; je te cherchais ; j'ai besoin de toi... il me semble que mes bronches vont de mal en pis.

BURNA.

Qu'éprouves-tu donc?

VERCHAMPS.

Absolument rien... et c'est ce qui m'inquiète, puisque tu m'as dit qu'elles étaient malades.

BURNA.

Et pourtant tu es à Luchon où les eaux sont exellentes. Juge un peu ce que ce sera cet hiver à Paris, quand tu iras tous les soirs dans le monde..

VERCHAMPS.

Pourquoi donc ça?

BURNA.

Ta femme n'a-t-elle pas l'intention d'y conduire sa fille?.. Et crois-tu qu'elle se passera de toi?

VERCHAMPS.

C'est vrai ! Je n'y pensais plus... Elle sait pourtant que je suis d'une nature chancelante... Mais elle n'a jamais eu ni égards ni ménagements pour moi.

BURNA, à part.

Et pour moi donc?

VERCHAMPS.

Aller dans le monde, à mon âge... et avec mes bron- ches... mais c'est ma mort. Je t'en supplie, Burna, guéris- moi d'abord, et nous verrons ensuite. Voyons, examine- moi ; tâte-moi, et dis-moi ce que je dois faire et ce qu'il faut prendre?

BURNA.

Peu de chose... un gendre...

VERCHAMPS.

Comme remède?

BURNA.

Comme émollient. Alliette mariée, ta femme n'a plus aucun prétexte pour sortir, et conséquemment, tu rentres dans le calme dont nous... dont tu as grand besoin.

VERCHAMPS.

Est-ce curieux ! Instinctivement, j'avais compris ce qu'il me fallait.

BURNA.

Vraiment?

VERCHAMPS.

Oui. Tout à l'heure, je me disais : si je trouve un gendre ici, les eaux me seront de quelque profit.

BURNA.

Tu as trouvé?

VERCHAMPS.

Non, mais je suis sur la voie... As-tu remarqué les assiduités de monsieur de Plégade?

BURNA.

Ah ! bah ! mais ce matin...

VERCHAMPS.

Oh ! j'ai réfléchi depuis lors.

BURNA.

Et tu as bien fait... Ce jeune homme est fort épris de ta fille.

VERCHAMPS.

Malheureusement, il n'a que quinze mille livres de rentes.

BURNA.

Que t'importe ! tu es si riche...

VERCHAMPS.

Raison de plus pour ne pas donner ma fille à quinze mille livres de rentes. Quinze mille livres... ça sonne mal... Trente mille livres, c'est autre chose.

BURNA.

Ça sonne double.

VERCHAMPS.

Quel dommage que ce jeune homme n'ait pas une espérance dans l'avenir.

BURNA.

Si ce n'est son frère aîné...

VERCHAMPS.

Qui a, comme lui, quinze mille livres de rentes.

BURNA.

Oui, mais il est si jeune encore...

VERCHAMPS.

C'est un bien charmant garçon.

BURNA.

Le préfèrerais-tu ?

VERCHAMPS.

Non pas... Il a une trop mauvaise santé.

14

BURNA.

Qui? monsieur Léon?

VERCHAMPS.

Poitrinaire, mon ami.

BURNA.

Allons donc ! Il a une mine...

VERCHAMPS.

Tu sais mieux que moi que le teint rose des pommettes est un signe certain de cette terrible maladie.

BURNA.

J'en conviens, mais...

VERCHAMPS.

Il suffit d'ailleurs d'entendre une seule fois sa toux sèche et saccadée.

BURNA.

Mais je ne l'ai jamais entendue !

VERCHAMPS.

Parce qu'il dissimule.

BURNA.

Ah ! il dissimule !...

VERCHAMPS

Afin de ne pas alarmer son frère.

BURNA.

Comment sais-tu cela ?

VERCHAMPS.

Il me l'a avoué lui-même.

BURNA.

Ah ! bah !

VERCHAMPS.

Oh ! bien malgré lui. Tantôt, à l'heure où je vais boire régulièrement mes verres d'eau sulfurée, j'entends, près de la source, un pauvre garçon qui toussait à fendre l'âme. Je m'approche, et je reconnais monsieur Léon. A ma vue, il se trouble, il veut fuir... Je l'arrête... je le questionne avec intérêt, et il finit par m'avouer son triste état de santé, en me recommandant bien de n'en rien dire à son frère, de peur de l'inquiéter. Je le lui promis, et, tout à l'heure encore, nous nous sommes retrouvés à la fontaine, et, comme son frère ne pouvait l'entendre, il a recommencé à tousser de plus belle. C'était déchirant !

BURNA, à part.

Ah ! il tousse quand il veut ! Il est très-fort, ce garçon là !

VERCHAMPS.

Franchement, je le crois perdu. Cependant, je puis me tromper.

BURNA.

Espérons-le.

VERCHAMPS.

Toi qui t'y connais mieux que moi, sois donc assez bon pour le questionner, l'examiner...

BURNA.

Dans son intérêt ?

VERCHAMPS.

Bien entendu... Tu pourras ainsi me dire au juste s'il y a quelque chance de le tirer de là, ou...

BURNA.

Ou non?

VERCHAMPS.

C'est bien cela.

BURNA.

Je comprends parfaitement.

VERCHAMPS.

Tu me promets de lui rendre ce service?

BURNA.

Comment donc, mais le plus tôt possible.

VERCHAMPS.

A l'instant même, le voici.

SCÈNE XV

LES MÊMES, LÉON.

LÉON, entrant par le fond, à part.

Burna est avec lui. Diable ! j'aurais dû le prévenir.

VERCHAMPS, allant à lui.

Eh bien, mon jeune ami, allez-vous un peu mieux ?

LÉON, toussant.

Oh ! non ! oh non !.. au contraire...

VERCHAMPS.

Votre état est grave, j'en conviens ; mais il y a peut-être encore quelqu'espoir.

LÉON.

Je ne me fais pas d'illusion... Ce sera pour l'automne, à la chute des feuilles.

VERCHAMPS.

Qui vous dit que ça ne traînera pas jusqu'à la fin de l'hiver?

LÉON.

Ne vous bercez pas de cet espoir affectueux; je n'irai pas jusque-là.

VERCHAMPS.

On peut toujours s'en assurer. Un de mes bons amis a exercé la médecine à Paris pendant trente ans; je veux qu'il vous étudie et qu'il vous dise au juste où vous en êtes.

LÉON.

Il est ici?

VERCHAMPS.

Heureusement.

LÉON.

Qui donc?

BURNA.

Moi.

LÉON.

Ah! vous vous y connaissez?

BURNA.

J'avais pour spécialité les affections de poitrine.

LÉON, un peu inquiet.

Ah! c'était votre spécialité.

14.

BURNA.

J'ai fait même paraître un mémoire très-remarquable sur la tuberculisation. Je vous en donnerai un exemplaire.

LÉON.

Vous êtes bien bon.

VERCHAMPS.

Burna, ne perdons pas de temps ; ausculte monsieur, je t'en prie.

LÉON.

Croyez-vous que ce soit bien nécessaire ?

BURNA.

C'est indispensable !

LÉON, à part.

S'il est si savant, il va s'apercevoir que je n'ai rien.. et mon frère est perdu.

Il tousse.

BURNA, l'examinant.

Votre sommeil ?

LÉON,

Agité.

BURNA.

Votre appétit ?

LÉON.

Capricieux.

BURNA, lui tâtant le pouls.

Avez-vous des sueurs froides ?

LÉON, distrait.

Si vous voulez.

BURNA.

Plaît-il ?

LÉON, se reprenant.

Toujours.

Il tousse.

BURNA, lui ouvrant l'œil.

Permettez... Pupille injectée, œil brillant...

VERCHAMPS.

Symptômes alarmants ?

BURNA.

On peut trouver mieux.

LÉON, inquiet.

Qu'est-ce que vous voulez de plus ?

VERCHAMPS.

Attendez, il est très-fort.

BURNA, tapant dans le dos de Léon.

Rien de ce côté. Voyons de l'autre... Ah ! ah !

LÉON.

Quoi ?

BURNA.

Ça sonne mal !

LÉON.

Qu'est-ce qui sonne mal ?

BURNA.

Taisez-vous et toussez.

Il met l'oreille sur le dos de Léon.

LÉON, à part.

Ah! mon Dieu! est-ce qu'il va découvrir quelque chose?

BURNA, écoutant toujours.

Ça prend tournure.

LÉON.

Docteur, qu'est-ce qui prend tournure?

BURNA.

Inflammation des tissus,.. engorgement des cellules.

LÉON, très-inquiet.

Bien vrai?

BURNA, écoutant toujours.

Je n'ai pas fini.

LÉON, à part.

Il me fait froid dans le dos.

BURNA, avec triomphe.

Ah! ah!

LÉON.

Quoi encore?

BURNA.

Un, deux, trois tubercules.

LÉON.

Trois tubercules !

BURNA, se relevant.

Le poumon droit ne fonctionne plus.

LÉON.

Hein !

BURNA.

Et l'autre ne tardera pas à se prendre.

LÉON.

Mais alors, c'est fait de moi !

BURNA.

Non, je puis peut-être vous guérir.

LÉON.

Peut-être seulement?

BURNA.

Je vais toujours vous faire une ordonnance.

Il va à la table et écrit.

LÉON, à part.

Il est positif que je ne me sens pas bien.

VERCHAMPS, à Burna.

Eh bien?..

BURNA à voix basse.

Un an tout au plus, et encore je suis large !

VERCHAMPS, allant à Léon.

Mon pauvre garçon, vous ne pouviez pas espérer mieux.

LÉON, bondissaut.

Qu'est-ce que vous dites?

SCÈNE XVI

LES MÊMES, **MADAME DE VERCHAMPS.**

VERCHAMPS, allant au devant de sa femme qui entre par le fond.

Ah! ma femme !

MADAME DE VERCHAMPS.

C'est vous... J'ai à vous parler.

VERCHAMPS.

Moi aussi.

Il la conduit sur le devant de la scène.

MADAME DE VERCHAMPS.

Je ne suis plus du même avis.

VERCHAMPS

Moi non plus.

MADAME DE VERCHAMPS.

Si vous m'en croyez, nous favoriserons les espérances de monsieur de Plégade.

VERCHAMPS.

Juste ce que j'allais vous dire.

MADAME DE VERCHAMPS.

Eh ! bien, profitez de l'occasion... Le voici.

BURNA, qui s'est approché de Léon.

Victoire!.. Vous avez entendu!..

LÉON.

Oui, grâce à mes tubercules.

SCÈNE XVII

LES MÊMES, PIERRE, puis ALLIETTE.

VERCHAMPS, à Pierre qui vient d'entrer par le fond.

Mon jeune ami, nous avons été un peu trop prompts à vous décourager ce matin. Votre amour pour ma fille... les renseignements nouveaux que j'ai pris ce matin... enfin, vous nous feriez le plus grand plaisir, si vous consentiez à oublier tout ce que je vous ai dit.

PIERRE.

Ah! monsieur!

MADAME DE VERCHAMPS.

Et à vouloir bien que je sois la marraine de tous vos enfants...

PIERRE.

Ah! madame!...

VERCHAMPS, à sa femme.

Là! tout de suite des exagérations! Malheureusement, nous n'en sommes pas encore là... car enfin, si ce mariage ne convenait pas à notre fille..

ALLIETTE, qui vient d'entrer.

Oh! mais si, papa!

MADAME DE VERCHAMPS.

Voilà qui concilie tout...

VERCHAMPS, bas à Pierre.

Engagez toujours votre frère à se soigner, le pauvre garçon est bien malade.

PIERRE, étonné.

Mon frère?..

VERCHAMPS.

Il a trois tubercules.

PIERRE, allant à Léon.

Comment...! tu...?

LÉON.

Hélas!

BURNA, les prenant à part.

Mais non, c'était une comédie.

LÉON.

Vous dites ?

BURNA.

Afin de faciliter son mariage.

LÉON.

Sapristi! docteur, on ne fait pas de ces peurs-là.

PIERRE.

Et vous avez pu supposer... non, non... Malgré mon amour pour mademoiselle, j'aime encore mieux la perdre que de la devoir à un mensonge.

M. et MADAME DE VERCHAMPS et ALLIETTE.

Que dites-vous?

LÉON, bas au docteur.

Tout est perdu !

BURNA.

Non !

PIERRE.

Monsieur de Verchamps, mon frère n'a jamais été poitrinaire de sa vie...

VERCHAMPS.

Comment, Burna?..

BURNA.

Je t'ai dit que le sujet n'avait pas un an à vivre, j'en
conviens

PIERRE.

Oui, parce qu'il craignait que ma fortune personnelle ne
vous parût pas suffisante. (A Burna.) Ne venez-vous pas de
me l'avouer ?

VERCHAMPS.

Comment, Burna?

BURNA.

J'ai dit à monsieur que la phthisie de son frère était
une comédie, afin de faciliter son mariage... c'est la vérité.

VERCHAMPS, bas à Burna.

Tu me trompais donc ?

BURNA.

Non, mais je le rassure.

15

VERCHAMPS, à part.

Je comprends.

PIERRE, s'approchant.

Vous dites?

BURNA, à haute voix.

Je dis que le sujet n'a jamais eu, ni inflammation des tissus, ni engorgement des cellules, ni bourgeons tuberculaires; c'est la vérité, rien que la vérité.

LÉON.

Je l'espère bien.

PIERRE, à Verchamps.

Vous l'avez entendu?

VERCHAMPS.

Parfaitement. (A part.) Comme il ment bien! (Haut) Monsieur de Plégade, il n'y a rien de changé dans ma manière de voir. Si votre frère se porte bien, tant mieux pour lui; ma fille n'en est pas moins à vous.

PIERRE, lui serrant la main.

Je n'ai pas douté un instant de votre réponse, monsieur.

LÉON, à Burna.

Je n'en reviens pas!

BURNA.

Comme quoi, jeune homme, la vérité triomphe toujours. (A part.) Surtout, quand elle est prise pour le mensonge.

ALLIETTE, à Pierre.

Ah! qu'il m'aurait coûté d'espérer pour rien!

MADAME DE VERCHAMPS.

Enfin, je serai grand'mère!

VERCHAMPS.

Je pourrai soigner mes bronches.

BURNA.

Et mon piquet ne sera presque pas interrompu.

LÉON.

Oui, toutes nos espérances ont bien tourné.... Il en reste une cependant...

BURNA.

Oh! ne comptez plus sur moi; je suis déjà trop sorti de mes habitudes.

LÉON.

Mais il s'agit du succès, docteur.

BURNA.

C'est différent... Cette espérance-là est une de mes manies les plus chères; et, afin qu'elle se réalise, elle aussi, s'il le faut absolument, eh bien, je renoncerai à ma partie ce soir.

FIN

TABLE

CHATILLON-SUR-SEINE. — IMPRIMERIE E. CORNILLAC

CATALOGUE

DE

MICHEL LÉVY

FRÈRES

ÉDITEURS

ET DE

LA LIBRAIRIE NOUVELLE

TROISIÈME PARTIE

Pièces nouvelles

Pièces grand in-18, édition de luxe — Pièces grand in-8° à deux colonnes

Répertoire du théâtre italien — Bibliothèque dramatique gr. in-18

Pièces de théâtre in-4°

Théâtre contemporain illustré, in-4°. — Pièces faciles à jouer en société

Toutes les pièces portées sur ce Catalogue sont expédiées *franco* (contre mandats ou timbres-poste) sans augmentation de prix.

RUE AUBER, 3, PLACE DE L'OPÉRA

BOULEVARD DES ITALIENS, 15, AU COIN DE LA RUE DE GRAMMONT

PARIS

JUILLET-1872

DERNIÈRES PIÈCES PARUES

Titre	Prix
Tout pour les Dames..	1 »
Albertine de Merris....	1 50
Les Bleuets...........	1 »
L'Homme masqué et le Sanglier de Bougival	1 »
Roman d'unchon. Femme	2 »
Robinson Crusoé.......	1 »
Miss Suzanne..........	2 »
Le Frère aîné.........	1 »
Madame Desroches....	4 »
Le Comte Jacques.....	2 »
Geneviève de Brabant.	2 »
Jour de déménagement.	1 »
Voyage aut. du 1/2 monde	1 50
La Jolie Fille de Perth.	1 »
Didier................	2 »
Paul Forestier........	4 »
Le Crime de Faverne...	2 »
Papa du prix d'honneur.	2 »
Molière...............	1 50
Un Coup de Bourse....	2 »
Comme elles sont toutes	1 50
Hamlet, *opéra*........	1 »
Un Baiser anonyme....	1 50
Grandes Demoiselles..	1 50
L'Elixir de Cornelius..	1 »
La Revanche d'Iris....	1 50
Nos Ancêtres..........	2 »
Le Roi Lear...........	2 »
100,000 francs et ma fille	» 50
Le Régiment qui passe..	1 »
Le Zouave est en bas.	1 »
Le Château à Toto.....	2 »
Le Pont des Soupirs..	2 »
La Loterie du mariage.	1 50
Le Coq de Micylle.....	1 50
La Czarine............	2 »
Orphelins de Venise...	2 »
L'Abîme...............	2 »
Amendes de Timothée.	1 50
Une Journée de Diderot	1 »
Garde-toi, je me garde.	1 »
Agamemnon............	1 50
La Bohème d'argent...	» 50
Les Souliers de bal....	1 50
Les Maris sont esclaves.	3 »
La Vie privée.........	1 »
Fanny Lear	2 »
Une Eclipse de lune...	1 »
Madame est couchée...	1 50
Le Lys de la Vallée...	1 50
Indiana et Charlemagne	1 »
Les Premières Armes de Richelieu............	1 50
Paris ventre à terre...	2 »
A Deux de jeu........	1 50
Nos Enfants...........	2 »
Croqueuses de pommes.	2 »
Cadio	2 »
La Périchole..........	2 »
Où l'on va............	2 »
Suzanne et les Deux Vieillards...........	1 50
Le Sacrilége	2 »
Le Bouquet....	1 50
Madame de Chamblay.	2 »
Le Drame de la rue de	

Titre	Prix
la Paix.	2 »
L'Enfant prodigue.....	2 »
Le Monde où l'on s'amuse....	1 »
Miss Multon..........	2 »
La Madone des roses..	2 »
Horreurs de la guerre.	1 50
Théodoros	» 50
Petit Bonhomme.......	1 50
La Princesse rouge....	2 »
Séraphine	2 »
Les Faux Ménages....	2 »
L'Archit. de ces dames	1 »
Les Droits du cœur...	2 »
Le Mot de la fin... ...	1 50
Faust, *grand opéra*....	2 »
Vendetta parisienne....	1 »
La Famille des gueux.	2 »
Vert-Vert, *op.-comique*.	1 »
La Diva...............	2 »
Revanche de Séraphine.	2 »
En manches de chemise	1 »
Gavaut, Minard et Cie.	2 »
Le Petit Faust........	1 50
Le Post-Scriptum......	1 50
Julie.................	2 »
La Cour du Roi Pétaud..	1 50
Don Quichotte, *op.-com.*	1 »
Le Filleul de Pompignac.	2 »
La Fontaine de Berny..	1 »
Mon premier l........	1 »
Les Quatre Henri......	» 50
Juan Strenner........	1 50
Le Droit des Femmes..	1 »
Le Garçon d'honneur..	2 »
L'Homme à la clé.....	1 »
Patrie l..............	2 »
On demande des ingénues	1 »
Pourquoi l'on aime... .	1 »
La Parvenue..........	2 »
La petite Fadette, *op.-c.*	1 »
Le Bâtard.............	2 »
Jeanne Darc..........	2 »
Tamara	2 »
L'Auberge de la Vie...	1 »
La Veilleuse..........	1 »
La Matrone d'Ephèse...	1 50
Un Mari qui pleure....	1 »
Un Orage à Tonnerre..	1 »
Le Dompteur..........	2 »
Froufrou	2 »
Raymond Lindey......	2 »
La Soupe aux Choux..	1 »
La Fièvre du Jour.....	2 »
Scapin marié.........	1 »
Lions et Renards......	2 »
Le Moulin ténébreux..	1 »
Princesse de Trébizonde	2 »
Les Brigands..........	2 »
La Romance de la Rose.	1 »
3 fenêtres sur le boulev.	1 »
Rêve d'amour.........	1 »
Un Mari qui voisine....	1 »
Les Turcs.............	1 50
Les Ouvriers..........	1 50
La Voix du Maître.....	1 »
La Charmeuse.	2 »

Titre	Prix
Une Femme est comme votre ombre.........	1
L'Autre...............	2
Fernande..............	4
Gilbert Danglars.......	2
Le Petit Frère........	1
Ponsard et les 2 Ecoles.	1
Le Temple du Célibat..	1
Les Brigands, *opéra* ...	1
L'Epreuve villageoise..	1
Les Deux Bébés........	1
Au pays des âmes......	1
Le Passeur du Louvre.	»
Belle aux yeux d'émail	1
Le Départ.	»
Le Calvaire de la France	1
Pigeons de la République	»
Pour les blessés.......	»
Henri Regnault........	»
Bonjour bon an........	»
A Molière.............	»
Le Sapeur et la Maréchale	2
L'Aile du Corbeau......	1
Marceline.............	2
Les Trois Chapeaux...	2
La Sainte Lucie.......	1
La Queue du chat.....	»
Le Puits qui chante...	»
Les Baisers d'alentour.	1
Erostrate	1
Une Visite de Noces...	1
Les Finesses de Carmen.	1
Un Mauvais caractère..	2
Le Gendre du colonel...	1
Les hommes sont ce que les femmes les font..	1
La Princesse Georges..	2
Tricoche et Cacolet....	2
Boule-de-Neige	2
Christiane.............	4
Sous le même toit.....	1
Une mère.............	2
Mademoiselle Aïssé....	2
Le Roi Carotte........	2
Le Docteur Rose.......	2
La Revue en ville......	1 5
Le Coupé du Docteur..	1
Ulm le parricide.......	2
Mme attend Monsieur..	1
L'autre motif	1
Le Spectre de Patrick.	2
Paris chez lui. :	2
Fleur du Tyrol........	2
Chevaliers de l'honneur	1
Rabagas..............	2
Un entr'acte de Rabagas.	1
Les Griffes du Diable..	» 5
La Timbale d'argent ...	2
L'Hirondelle..........	1
La Tribune mécanique.	1
Djamileh..............	1
Les Tyranies du colonel	2
Le Presbytère.........	1 5
Marcel...............	1
La princesse Janne....	1
L'Invalide............	1

PIÈCES DE THÉATRE DIVERSES

ÉDITION DE LUXE

Format grand in-18 anglais

	fr.	c.
EDMOND ABOUT		
CAPITAINE BITTERLIN, com. en 1 a...	1	50
TANA, drame en 5 actes..........	2	»
LLERY, comédie en 5 actes (*épuisée*)	5	»
MARIAGE DE PARIS, com. en 5 actes...	2	»
ETTE, comédie en 1 acte..........	1	50
ÉMILE AUGIER		
de l'Académie française.		
VENTURIÈRE, com. en 4 actes, en vers	2	»
BEAU MARIAGE, comédie en 5 actes...	2	»
NTURE DORÉE, comédie en 5 actes...	2	»
CHASSE AU ROMAN, com. en 5 actes..	1	50
CIGUE, comédie en 2 actes, en vers..	1	50
CONTAGION, comédie en 5 actes.......	2	»
NE, drame en 5 actes, en vers.......	2	»
I EFFRONTÉS, comédie en 5 actes.,...	2	»
FILS DE GIBOYER, comédie en 5 actes	2	»
BRIELLE, comédie en 5 actes, en vers.	2	»
GENDRE DE M. POIRIER, com. en 4 actes.	2	»
ABIT VERT, proverbe en 1 acte.....	1	50
OMME DE BIEN, com. en 5 actes, en v.	2	»
JEUNESSE, com. en 5 actes, en vers.	2	»
NS ET RENARDS, comédie en 5 actes..	2	»
LIONNES PAUVRES, com. en 5 actes.	2	»
ÎTRE GUÉRIN, comédie en 5 actes....	2	»
RIAGE D'OLYMPE, comédie en 5 actes..	2	»
PRISES DE L'AMOUR, com. en 5 a., en v.	1	50
UL FORESTIER, com. en 4 ac., en vers.	4	»
ILIBERTE, comédie en 5 actes, en vers	2	»
PIERRE DE TOUCHE, com. en 5 actes,	2	»
POST-SCRIPTUM, comédie en 1 acte...	1	50
H. DE BALZAC		
SSOURCES DE QUINOLA, com. en 5 actes	1	50
TH. DE BANVILLE		
BEAU LÉANDRE, com. en 1 acte, en v.	1	50
COUSIN DU ROI, com. en 1 acte, en v.	1	50
NE AU BOIS, com. en 2 actes, en vers.	1	50
URBERIES DE NÉRINE, com. en 1 a., en v.	1	»
INGOIRE, comédie en 1 acte, en prose..	1	50
POMME, comédie en 1 acte, en vers..	1	50
THÉODORE BARRIÈRE		
NGE DE MINUIT, drame en 5 actes....	2	»
X CROCHETS D'UN GENDRE, comédie		
en 4 actes......................	2	»
BOUT-DE-L'AN DE L'AMOUR, comédie		
en 1 acte......................	1	50

	fr.	c.
THÉODORE BARRIÈRE (*Suite*)		
LES BREBIS GALEUSES, com. en 4 actes..	2	»
CENDRILLON, comédie en 5 actes......	2	»
LE CHIC, comédie en 5 actes..........	2	»
UNE CORNEILLE QUI ABAT DES NOIX, com.		
en 5 actes......................	2	»
LE CRIME DE FAVERNE, drame en 5 actes..	2	»
LE DÉMON DU JEU, comédie en 5 actes.	2	»
UN DUEL CHEZ NINON, comédie en 1 acte.	1	»
LES ENFANTS DE LA LOUVE, drame en 5 a.	2	»
LES FAUSSES BONNES FEMMES, comédie		
en cinq actes....................	2	»
LES FAUX BONSHOMMES, com. en 4 actes.	2	»
LE FEU AU COUVENT, comédie en 1 acte.	1	50
LES FILLES DE MARBRE, com. en 5 actes.	1	50
LES GENS NERVEUX, comédie en 5 actes..	2	»
L'HÉRITAGE DE M. PLUMET, c. en 4 act..	2	»
L'INFORTUNÉE CAROLINE, c. en 5 actes..	2	»
LES IVRESSES OU LA CHANSON DE L'AMOUR,		
comédie en 4 actes..............	2	»
LE JARDINIER ET SON SEIGNEUR, opéra-		
comique en 1 acte................	1	»
LES JOCRISSES DE L'AMOUR, c. en 5 act.	2	»
MALHEUR AUX VAINCUS, com. en 5 act.	2	»
UN MÉNAGE EN VILLE, com. en 5 actes.	2	»
LE MÉNÉTRIER DE SAINT-WAAST, d. en 5 a.	1	»
L'OUTRAGE, drame en 5 actes..........	2	»
LE PAPA DU PRIX D'HONNEUR, c. en 4 a.	2	»
PARIS VENTRE A TERRE, com. en 5 actes	2	»
LE PIANO DE BERTHE, com. en 1 acte...	1	50
LE ROMAN D'UNE HONNÊTE FEMME, com.		
en 5 actes......................	2	»
LE SACRILÉGE, drame en 5 actes......	2	»
LA VIE DE BOHÈME, comédie en 5 actes..	1	50
ARMAND BARTHET		
LE CHEMIN DE CORINTHE, comédie en 5		
actes, en vers..................	1	50
LE MOINEAU DE LESBIE, com. en 1 a., en v.	1	50
Mme ROGER DE BEAUVOIR		
AU COIN DU FEU, comédie en 1 acte....	1	»
DOS A DOS, comédie en 1 acte........	1	50
LE MARQUIS DE BELLOY		
KAREL DUJARDIN, c. en 1 acte, en vers	1	50
LA MAL'ARIA, drame en un acte en vers		
(épuisé)......................	5	»
PYTHIAS ET DAMON, c. en 1 a., en vers..	1	50
LE TASSE A SORRENTE, drame en 3 actes,		
en vers......................	1	50

fr. c.   fr.

fr. c.

LÉON GOZLAN

E COUCHER D'UNE ÉTOILE, comédie en 1 acte............................ 1 50
A DUCHESSE DE MONTEMAYOR, drame en 5 actes............................ 2 »
VE, drame en 5 actes......................... 2 »
L FAMILLE LAMBERT, com. en 2 actes. 1 »
L FIN DU ROMAN, comédie en 1 acte.. 1 50
E GATEAU DES REINES, c. en 5 actes... 2 »
. FAUT QUE JEUNESSE SE PAYE, comédie en 4 actes......................... 2 »
E LION EMPAILLÉ, comédie en 2 actes. 1 50
N PETIT BOUT D'OREILLE, com. en 1 acte 1 50
L PLUIE ET LE BEAU TEMPS, comédie en 1 acte............................ 1 50

ALPHONSE KARR

AUBERGE DE LA VIE, prov. en 1 acte.. 1 »
L PÉNÉLOPE NORMANDE, com. en 5 act. 2 »
ES ROSES JAUNES, comédie en 1 acte, en vers............................. 1 »

EUG. LABICHE ET ED. MARTIN

AMOUR, UN FORT VOLUME, com. en 1 a. 5 »
ES PETITES MAINS, comédie en 3 actes 2 »
L POUDRE AUX YEUX, com. en 2 actes.. 2 »
ES VIVACITÉS DU CAPITAINE TIC, comédie en 3 actes..................... 2 »
E VOYAGE DE M. PERRICHON, comédie en 4 actes............................ 2 »

JULES LACROIX

ŒDIPE ROI, *de Sophocle*, tragédie en 5 actes............................. 2 »
E ROI LEAR, drame en 5 actes, en vers, imité de Shakspeare................... 2 »

LÉON LAYA

ES CŒURS D'OR, comédie en 3 actes.. 1 50
N COUP DE LANSQUENET, com. en 2 act. 1 50
E DUC JOB, comédie en 4 actes........ 2 »
ES JEUNES GENS, comédie en 3 actes.. 2 »
ÉONIE, comédie en 1 acte............. 1 »
A LOI DU CŒUR, comédie en 3 actes.. 2 »
ADAME DESROCHES, comédie en 4 actes 4 »
ES PAUVRES D'ESPRIT, comédie en 3 act. 1 50
E PREMIER CHAPITRE, com. en 1 acte. 1 »

ERNEST LEGOUVÉ
de l'Académie française

DEUX DE JEU, comédie en 1 acte..... 1 50
ATAILLE DE DAMES, comédie en 3 actes 1 »
ÉATRIX OU LA MADONE DE L'ART, drame en 5 actes............................ 2 »
ES CONTES DE LA REINE DE NAVARRE, comédie en 5 actes.................... 1 »
ES DEUX REINES DE FRANCE, drame en 5 actes, en vers..................... 2 »
ES DOIGTS DE FÉE, comédie en 5 actes. 2 »
N JEUNE HOMME QUI NE FAIT RIEN, comédie en 1 acte, en vers........... 1 50
ÉDÉE, tragédie en 3 actes............ 1 »
ISS SUZANNE, comédie en 4 actes...... 2 »
E PAMPHLET, comédie en 2 actes...... 1 50
AR DROIT DE CONQUÊTE, c. en 3 actes.. 2 »
N SOUVENIR DE MANIN, épisode........ 1 »

FÉLICIEN MALLEFILLE

E CŒUR ET LA DOT, com. en 4 actes.. 4 »
ES DEUX VEUVES, comédie en 1 acte... 2 »
ES MÈRES REPENTIES, drame en 4 actes. 2 »

fr. c.

HENRI MEILHAC

L'ATTACHÉ D'AMBASSADE, com. en 3 act.. 2 »
BARBE-BLEUE, opéra-bouffe en 3 actes. 2 »
LA BELLE HÉLÈNE, opéra-bouffe en 3 a. 2 »
LE BOUQUET, comédie en 1 acte...... 1 50
LES BOURGUIGNONNES, op. com. en 1 acte. 1 50
LES BREBIS DE PANURGE, com. en 1 acte 1 50
LE BRÉSILIEN, comédie en 1 acte...... 1 50
LE CAFÉ DU ROI, opéra comique en 1 acte 1 50
LE CHATEAU A TOTO, opéra-bouffe en 3 a. 2 »
LA CLEF DE MÉTELLA, comédie en 1 acte 1 50
LES CURIEUSES, comédie en 1 acte..... 1 50
LA DIVA, opéra-bouffe en 3 actes....... 2 »
L'ÉCHÉANCE, comédie en 1 acte........ 1 »
L'ÉTINCELLE, comédie en 1 acte........ 1 »
FABIENNE, comédie en 3 actes......... 2 »
FANNY LEAR, comédie en 5 actes....... 2 »
FROUFROU, comédie en 5 actes......... 2 »
GARDE-TOI, JE ME GARDE, com. en 1 acte. 1 »
LA GRANDE-DUCHESSE DE GÉROLSTEIN, opéra-bouffe en 3 actes............... 2 »
L'HOMME A LA CLÉ, comédie en 1 acte.. 1 »
MADAME ATTEND MONSIEUR, com. en 1 acte. 1 50
LES MÉPRISES DE LAMBINET, c. en 1 acte. 1 »
LES MOULINS A VENT, com. en 3 actes.. 1 50
LA PÉRICHOLE, opéra-bouffe en 2 actes. 2 »
UN PETIT-FILS DE MASCARILLE, comédie en 5 actes........................... 2 »
LE PHOTOGRAPHE, comédie en 1 acte... 1 »
LE SINGE DE NICOLET, com. en 1 acte.. 1 »
SUZANNE ET LES DEUX VIEILLARDS, comédie en 1 acte..................... 1 50
TOUT POUR LES DAMES, com. en 1 acte. 1 »
LE TRAIN DE MINUIT, comédie en 2 actes 1 50
TRICOCHE ET CACOLET, pièce en 5 actes. 2 »
LA VIE PARISIENNE, pièce en 5 actes... 2 »

MÉRY

AIMONS NOTRE PROCHAIN, comédie en 1 acte, en prose.................... 1 »
APRÈS DEUX ANS, com. en 1 a., en prose. 1 »
LE CHARIOT D'ENFANT, drame en 5 actes, en vers............................. 2 »
LE CHATEAU EN ESPAGNE, comédie en 1 acte, en vers..................... 1 »
LA COQUETTE, com. en 1 acte, en prose. 1 »
LES DEUX FRONTINS, c. en 1 acte, en vers. 1 »
L'ESSAI DU MARIAGE c. en 1 a., en prose. 1 »
ÊTRE PRÉSENTÉ, com. en 1 a., en prose. 1 »
GUSMAN LE BRAVE, dr. en 5 a., en vers. 2 »
HERCULANUM, opéra en 4 actes........ 1 »
MAITRE VOLFRAM, op.-com. en 1 acte.. 1 »
LE PAQUEBOT, com. en 3 actes, en vers.. 2 »
LE SAGE ET LE FOU, comédie en 3 actes, en vers............................. 1 50
SÉMIRAMIS, opéra en 4 actes.......... 1 »

HENRY MURGER

LE BONHOMME JADIS, comédie en 1 acte. 1 50
LE SERMENT D'HORACE, com. en 1 acte. 1 50
LA VIE DE BOHÈME, comédie en 5 actes. 1 50

ÉDOUARD PAILLERON

L'AUTRE MOTIF, comédie en 1 a., en prose. 1 »
LE DERNIER QUARTIER, com. en 2 actes, en vers............................. 1 50

fr. c.

ÉDOUARD PAILLERON (*Suite*)

LES FAUX MÉNAGES, comédie en 4 actes, en vers........................ 2 »
LE MONDE OÙ L'ON S'AMUSE, comédie en 1 acte, en prose...................... 1 »
LE MUR MITOYEN, comédie en 2 actes, en vers............................. 1 50
LE PARASITE, com. en 1 acte, en vers.. 1 50
LE SECOND MOUVEMENT, comédie en 3 actes, en vers...................... 1 50

ALEXANDRE PARODI

ULM LE PARRICIDE, dr. en 5 actes, en vers. 2 »

F. PONSARD
de l'Académie française

AGNÈS DE MÉRANIE, trag. en 5 actes... 1 50
LA BOURSE, com. en 5 actes, en vers... 2 »
CE QUI PLAÎT AUX FEMMES, comédie en 3 actes, prose et vers............... 2 »
CHARLOTTE CORDAY, trag. en 5 actes... 1 50
GALILÉE, drame en 3 actes, en vers..... 4 »
L'HONNEUR ET L'ARGENT, comédie en 5 actes, en vers..................... 2 »
HORACE ET LYDIE, com. en 1 a., en vers. 1 50
LE LION AMOUREUX, c. en 5 a., en vers. 2 »
LUCRÈCE, tragédie en 5 actes.......... 1 50
ULYSSE, tragédie en 5 actes........... 2 »

M. DE SAINT-RÉMY

LES BONS CONSEILS, comédie en 1 acte. 1 »
LES FINESSES DU MARI, comédie en 1 a. 1 »
LA MANIE DES PROVERBES, proverbe.... 1 »
M. CHOUFLEURI RESTERA CHEZ LUI, LE..., opérette en 1 acte................. 1 50
PAS DE FUMÉE SANS UN PEU DE FEU, comédie en 1 acte.................... 1 »
LA SUCCESSION BONNET, com.-v. en 1 a. 1 »
SUR LA GRANDE ROUTE, prov. en 1 acte. 1 »

GEORGE SAND

L'AUTRE, comédie en 4 actes et prologue. 2 »
LES BEAUX MESSIEURS DE BOIS-DORÉ, drame en 5 actes.................... 2 »
CADIO, drame en 5 actes.............. 2 »
CLAUDIE, drame en 3 actes............ 1 »
COMME IL VOUS PLAIRA, com. en 3 actes. 1 50
COSIMA, drame en 5 actes............. 1 50
LE DÉMON DU FOYER, com. en 2 actes.. 1 50
LES DON JUAN DE VILLAGE, comédie en 3 actes........................... 2 »
LE DRAC, drame en 3 actes............ 1 50
FLAMINIO, comédie en 4 actes......... 1 »
FRANÇOISE, comédie en 4 actes........ 2 »
FRANÇOIS LE CHAMPI, com. en 3 actes... 1 »
LE LIS DU JAPON, comédie en 1 acte.... 1 »
LUCIE, comédie en 1 acte............. 1 »
MAITRE FAVILLA, drame en 3 actes..... 1 50
MARGUERITE DE Ste-GEMME, com. en 3 a. 2 »
LE MARIAGE DE VICTORINE, com. en 3 a. 1 »
LE MARQUIS DE VILLEMER, com. en 4 a. 2 »
MAUPRAT, drame en 5 actes........... 1 »
MOLIÈRE, drame en 5 actes............ 1 50
LE PAVÉ, comédie en 1 acte........... 1 »
LA PETITE FADETTE, op.-c. en 3 actes. 1 »
LE PRESSOIR, drame en 3 actes........ 2 »
LES VACANCES DE PANDOLPHE, comédie en 3 actes......................... 2 »

JULES SANDEAU
de l'Académie française

fr.

LA CHASSE AU ROMAN, com. en 3 actes.. 1
LE GENDRE DE M. POIRIER, comédie en 4 actes........................... 2
MADEMOISELLE DE LA SEIGLIÈRE, comédie en 4 actes.................... 2
LA MAISON DE PENARVAN, c. en 4 actes. 2
MARCEL, drame en 1 acte.............. 1
LA PIERRE DE TOUCHE, com. en 5 actes. 2

VICTORIEN SARDOU

BATAILLE D'AMOUR, op.-com. en 3 actes.. 1
LE CAPITAINE HENRIOT, op.-com. en 3 act. 1
LE DÉGEL, comédie en 3 actes......... 1
LES DIABLES NOIRS, drame en 4 actes.. 2
DON QUICHOTTE, comédie en 3 actes.... 2
L'ÉCUREUIL, comédie en 1 acte........ 5
LA FAMILLE BENOITON, com. en 5 actes. 2
LES FEMMES FORTES, comédie en 3 actes 2
FERNANDE, pièce en 4 actes........... 4
LES GANACHES, comédie en 4 actes..... 2
LES GENS NERVEUX, com. en 3 actes.... 2
MAISON NEUVE ! comédie en 5 actes.... 2
M. GARAT, comédie en 2 actes......... 1
NOS BONS VILLAGEOIS, com. en 5 actes.. 2
NOS INTIMES, comédie en 4 actes....... 2
LA PAPILLONNE, comédie en 3 actes.... 2
PATRIE ! drame en 5 actes............ 2
LES PATTES DE MOUCHE, comédie en 3 a. 2
LA PERLE NOIRE, comédie en 3 actes... 2
PICCOLINO, comédie en 3 actes........ 2
LES POMMES DU VOISIN, com. en 3 actes. 2
LES PRÉS-SAINT-GERVAIS, com. en 2 act. 1 1
RABAGAS, comédie en 5 actes.......... 2
LE ROI CAROTTE, opéra-bouffe-féerie en 4 actes........................... 2
SÉRAPHINE, comédie en 5 actes........ 2
LA TAVERNE, comédie en 3 actes, en vers 2
LES VIEUX GARÇONS, comédie en 5 actes. 2

EUGÈNE SCRIBE
de l'Académie française

BATAILLE DE DAMES, com. en 3 actes... 1
LES CONTES DE LA REINE DE NAVARRE, comédie en 5 actes................. 1
LA CZARINE, drame en 5 actes......... 2
LES DOIGTS DE FÉE, comédie en 5 actes. 2
LA FILLE DE TRENTE ANS, c. en 4 actes. 2
FEU LIONEL, comédie en 3 actes....... 1 5
RÊVES D'AMOUR, comédie en 3 actes.... 1 5

VICTOR SÉJOUR

ANDRÉ GÉRARD, drame en 5 actes....... 2
LES AVENTURIERS, drame en 5 actes.... 2
LA CHUTE DE SÉJAN, dr. en 5 act. en vers 5
LE COMPÈRE GUILLERY, drame en 5 actes. 2
ENFANTS DE LA LOUVE, dr. en 5 actes... 2
FILS DE CHARLES-QUINT, dr. en 5 actes. 2
LES GRANDS VASSAUX, dr. en 5 actes... 2
LA MADONE DES ROSES, dr. en 5 actes.. 2
LE MARQUIS CAPORAL, drame en 5 actes. 2
LE MARTYRE DU CŒUR, dr. en 5 actes.. 2
LES MYSTÈRES DU TEMPLE, dr. en 5 act. 2
LES NOCES VÉNITIENNES, dr. en 5 actes.. 2
LE PALETOT BRUN, comédie en 1 acte .. 1
RICHARD III, drame en 5 actes........ 1
LA TIREUSE DE CARTES, dr. en 5 actes.. 2
LES VOLONTAIRES DE 1814, dr. en 5 act. 2

fr. c.

LAMBERT THIBOUST

LES AMOURS DE PARIS, dr. en 5 actes.. 2 »
LA BERGÈRE D'IVRY, drame en 5 actes. 2 »
LA CONSIGNE EST DE RONFLER, comédie
   en 1 acte............................ 1 50
LA DENT DE SAGESSE, com. en 1 acte... 1 50
LES FEMMES QUI PLEURENT, comédie en
   1 acte.............................. 1 50
LES FILLES DE MARBRE, comédie en 5 a. 1 50
L'HOMME N'EST PAS PARFAIT, tableau po-
   pulaire en 1 acte................... 1 50
JE DINE CHEZ MA MÈRE, comédie en 1 a. 1 50
LES JOCRISSES DE L'AMOUR, comédie en
   3 actes............................. 2 »
UN MARI DANS DU COTON, comédie en
   1 acte.............................. 1 50
LA MARIEUSE, comédie en 2 actes...... 1 50
LE PASSÉ DE NICHETTE, com. en 1 acte. 1 50
LES POSEURS, comédie en 3 actes...... 2 »
LA PUCE A L'OREILLE, com. en 1 acte. 1 50
ROSALINDE, OU NE JOUEZ PAS AVEC L'A-
   MOUR, comédie en 1 acte............ 1 50
LE SUPPLICE D'UN HOMME, c. en 3 actes. 2 »
LA VOLEUSE D'ENFANTS, dr. en 5 actes.. 2 »

ALFRED TOUROUDE

LE BATARD, drame en 4 actes......... 2 »
LA CHARMEUSE, drame en 5 actes...... 2 »

fr. c.

ALFRED TOUROUDE (Suite)

UNE MÈRE, drame en 4 actes.......... 2 »

MARIO UCHARD

LA FIAMMINA, comédie en 4 actes...... 2 »
LA POSTÉRITÉ D'UN BOURGMESTRE, ex-
   travagance en 1 acte................ 1 »
LE RETOUR DU MARI, com. en 4 actes.. 2 »
LA SECONDE JEUNESSE, com. en 4 actes. 2 »
TAMARA, comédie en 4 actes.......... 2 »

AUGUSTE VACQUERIE

LES FUNÉRAILLES DE L'HONNEUR, drame
   en 7 actes.......................... 2 »
SOUVENT HOMME VARIE, comédie en 2 actes, en vers........................ 2 »

ALFRED DE VIGNY
de l'Académie française

CHATTERTON, drame en 3 act., en prose. 2 »
LA MARÉCHALE D'ANCRE, drame en 5 a.,
   en prose............................ 2 »
QUITTE POUR LA PEUR, comédie en 1 a.,
   en prose 1 50
SHYLOCK LE MARCHAND DE VENISE, comédie en 3 actes, en vers........... 1 50
LE MORE DE VENISE — OTHELLO, drame
   en 5 actes, en vers................. 2 »

THÉATRE DE VICTOR HUGO

Format grand in-8° à deux colonnes

Chaque pièce se vend séparément 50 centimes

HERNANI, drame en 5 actes, en vers.
MARION DELORME, drame en 5 actes, en vers.
LE ROI S'AMUSE, drame en 5 actes, en vers.
LUCRÈCE BORGIA, drame en 5 actes, en prose.

MARIE TUDOR, drame en 5 actes, en prose.
ANGÉLO, drame en 4 actes, en prose.
RUY-BLAS, drame en 5 actes, en vers.
LES BURGRAVES, drame en 3 actes, en vers.

BIBLIOTHÈQUE DRAMATIQUE

CHOIX DE PIÈCES NOUVELLES

JOUÉES SUR TOUS LES THÉATRES DE PARIS — FORMAT GRAND IN-18

A	fr.	c.		fr.	c.	**B**	fr.	c.
L'Abîme..,............	2	»	Amours d'un Serpent..	1	»	Baignoire du Gymnase.	1	»
Absences de Monsieur.	1	50	Les Amours forcés	1	»	Un Baiser anonyme....	1	50
Les Absents..........	1	50	Un amour sous envel..	1	»	Les Baisers	1	»
A Clichy.............	2	»	L'Amour, un fort vol .	5	»	Les Baisers d'alentour.	1	»
Adèle ou l'onc. et la tante	1	»	Amphitryon..........	»	60	Bajazet..............	»	60
A deux de jeu.......	1	50	André Chénier........	1	»	La Balançoire	1	»
L'Affaire Chaumontel ..	1	50	André Gérard.........	2	»	Un Bal d'Auvergnats...	1	»
— de la rue de Lourcine.	1	50	André le chansonnier .	1	50	Le Bal des Miracles...	1	»
L'Africain	2	»	Andromaque..........	»	60	Le Bal du prisonnier .	2	»
Agamemnon..........	1	50	L'Ane mort..........	1	»	Le Bal masqué, *opéra*.	1	»
Agnès de Méranie.....	1	50	L'Ange de minuit......	2	»	Un Bal sur la tête....	1	»
Ah! que l'Amour est agr.	1	50	— du rez-de-chaussée.	1	»	Un Banc d'huîtres.....	1	»
Ah ! v. dirai-je, maman.	1	50	Angelo	»	50	Banquier c. il y a peu.	1	»
L'Aïeule.............	2	»	Les Anges du foyer..	1	»	Barbe-Bleue..........	2	»
L'Aile du Corbeau.....	1	»	Un Anglais timide.....	1	50	Le Barde gaulois......	1	»
Aimer et Mourir.......	1	»	Anguille sous roche...	1	»	Le Baron de St-Ignace.	1	50
Aimons notre prochain.	1	»	L'Anneau d'argent.....	1	»	La Baronne de Blignac...	3	»
Ajax et sa Blanchisseuse	1	50	L'Anneau de fer.......	1	50	— de San-Francisco.	1	»
A la campagne.......	1	50	L'Année prochaine.....	1	»	Les Barrières de Paris.	1	»
Albertine de Merris....	1	50	L'Apoth. de Lamartine.	1	»	Bataille d'Amour.......	1	»
Alceste, *tragédie*......	1	»	Après deux ans	1	»	Bataille de Dames......	1	»
Alexandre chez Apelles.	1	»	Après le bal..........	1	50	Le Bâtard	2	»
Alexis ou l'Erreur.....	1	50	— l'orage v. beau temps	1	50	Bâtons dans les roues.	1	»
Allons battre ma femme.	1	»	A qui le Bébé?........	1	»	Les Bâtons flottants ...	2	»
L'Amant aux bouquets.	1	50	A qui mal veut........	1	»	Béatrix, *drame*........	2	»
L'Amant de cœur......	1	50	Architect. de ces dames.	1	»	Le Beau Léandre......	1	5
L'Amant jaloux........	1	»	L'Argent.............	1	»	Un Beau Mariage......	2	»
Un amant qui ne veut			L'Argent du diable	1	»	Le Beau Narcisse......	1	»
pas être heureux....	1	50	L'Argent fait peur.....	1	50	Le Beau-Père.........	1	5
Les Amants magnifiques	»	60	L'Arioste	1	»	La Beauté du Diable...	1	»
Amendes de Timothée.	1	50	Arrêtons les frais......	1	»	Beaux MM. de Bois-Doré	2	»
Un Ami acharné.......	1	«	L'Attaché d'ambassade.	2	»	Bébé actrice..........	1	»
L'Ami des femmes.....	1	50	As-tu tué le Mandarin?	1	50	Bégaiements d'amour..	1	»
— — *comédie*.	2	»	Les Atomes crochus...	1	»	La Bégueule..........	1	»
L'Ami du Mari........	1	»	L'Auberge de la Vie...	1	»	Belle au bois dormant.	2	»
L'Ami du roi de Prusse..	1	»	L'Aub. de Newmarket...	1	50	Belle aux yeux d'émail	1	»
L'Amitié des femmes ..	2	»	L'Aub. des Ardennes...	1	»	La Belle Gabrielle.....	2	»
A Moliere............	»	50	Au Coin du feu........	1	»	La Belle Hélène.......	2	»
L'Amour.............	2	»	Au Pays des âmes	1	»	La Belle-mère a d. écus.	1	2
L'Amour à l'aveuglette.	2	»	Au Pied du mur.......	1	»	Les Belles de nuit.....	1	»
— au daguerréotype	1	»	L'Autre..............	2	»	Belphégor............	1	»
— dans un ophicléide	1	»	L'Autre Motif.........	1	»	Benvenuto Cellini	2	»
L'Amour d'une ingénue.	1	50	Aux Croch. d'un Gendre	2	»	Le Berceau...........	1	»
L Amour en sabots	3	»	Avait pris femme le sire			Le Berger de Souvigny.	1	»
L'Amour en Ville.......	1	»	de Framboisy	2	»	La Bergère d'Ivry.....	2	»
Amour et Bergerie.....	1	»	Avant la noce........	1	50	La Bergère des Alpes..	1	»
Amour et Caprice	1	»	L'Avare.............	»	60	Les Bergers...........	2	»
Amour et Pruneaux ...	1	»	Avare en gants jaunes.	1	50	Berthe la Flamande....	2	»
L'Amour et son train..	2	»	Aventures de Suzanne.	1	»	Bertram le Matelot.....	1	»
Amoureux de ma femme	1	50	Aventures d'un Paletot.	1	»	La Bête du bon Dieu..	1	»
— de la Bourgeoise.	5	»	L'Aventurière.........	2	»	Betly................	1	»
Amour. sans le savoir.	1	»	Les Aventuriers.	2	»	Le Bijou de la reine...	1	1
L'Amour médecin......	»	60	L'Aveugle	1	»	Le Bijou perdu........	1	»
L'Amour mouillé.......	1	»	Avez-v. besoin d'argent	1	»	Les Bijoux indiscrets..	1	»
— pris aux cheveux.	2	»	L'Avocat des Pauvres...	2	»	Le Billet de faveur....	1	»
Amours champêtres....	1	»	L'Avocat d'un Grec....	1	»	Le Billet de Marguerite..	1	»
— de Cléopâtre..	2	»	Les Avocats..........	1	»	Les Bleuets...........	1	»
Les Amours de Paris..	2	»	L'Avoué par amour. ..	1	»			

Titre	fr.	c.
Bloqué!	1	50
Boccace	1	»
Le Bœuf Apis	1	»
La Bohémienne, *opéra*.	1	»
Le Bois de Daphné	1	50
La Boisière	1	»
La Boîte au lait	1	50
La Boîte d'argent	1	»
Bonaparte en Egypte	1	»
Bon gré, mal gré	1	50
Bonheur sous la main.	1	»
Le Bonhomme Jacques.	1	»
Le Bonhomme Jadis	1	50
Le Bonhomme Richard.	1	»
Bonjour, bon an	»	50
La Bonne Aventure	1	»
Bonne qu'on renvoie	1	50
La Bonne sanglante	1	»
Un Bon Ouvrier	1	»
Les Bons Conseils	1	»
Bonsoir, M. Pantalon	1	50
Bonsoir, voisin	1	50
Le Bord du précipice	1	»
La Bossue	1	»
Le Bougeoir	1	50
Boulangère a des écus.	1	50
Boule-de-Neige	2	»
Le Bouquet	1	50
Bouquet de l'Infante	1	»
Bouquet de violettes	1	»
La Bouquetière	1	»
— des Innocents	2	»
Le Bourgeois de Paris.	1	»
Bourgeois gentilhomme.	»	60
Les Bourguignonnes	1	50
Le Bourreau des crânes.	»	60
La Bourse	2	»
La Bourse au village.	1	»
Bout-de-l'An de l'Amour	1	50
Le Bras d'Ernest	1	50
Les Brebis de Panurge.	1	50
Les Brebis galeuses	2	»
Brelan de Maris	1	»
Le Brésilien	1	50
Les Brigands	2	»
— *de Verdi*	1	»
Brin-d'Amour	1	»
Brouillés dep. Wagram.	1	50
Brutus, lâche César	1	50
Bruyère	1	»
Bûcher de Sardanapale.	1	»
Les Burgraves	»	50
La Butte des Moulins	1	»
C		
Le Cabaret des Amours.	1	»
Cadet la Perle	2	»
Cadet-Roussel	2	»
Cadio	2	»
Café rue de la Lune	1	»
Le Café du Roi	1	50
Le Caïd	1	50
Calino	1	»
Le Calvaire de la France	1	»
Les Caméléons	1	»
Camp de Saint-Maur	1	»
— des Bourgeoises	1	50
Le Camp des révoltés.	1	»
Canadar père et fils	1	»
Le Canotier	1	50
Le Capitaine Bitterlin	1	50
Le Capitaine Chérubin.	1	»
Capitaine... de quoi?.	1	»
Le Capitaine Fantôme.	2	»
Capitaine Georgette	1	»
Le Capitaine Henriot	1	»
Les Caprices de ma tante	1	»
Carillonneur de Bruges.	1	»
Carnaval de Troupiers.	1	»
Le Carnaval de Venise.	1	»
Cartouche	2	»
Le Cas de conscience.	1	50
La Case de l'oncle Tom.	1	»
Cassandre	2	»
Catilina	1	»
Ceinture dorée	2	»
Cendrillon, *comédie*	2	»
Ce que devien. les Roses	1	»
Ce que Femme veut	1	50
Ce que Fille veut	1	»
Ce que vivent les Roses.	3	»
Ce qui plaît aux femmes	2	»
Cerisette en prison	1	»
Ces MM. s'amusent	1	»
C'est la faute du mari.	1	50
C'est l'amour, l'amour.	1	»
C'est pour ce soir	1	»
C'était Gertrude	1	»
Chacun pour soi	1	»
Les Chaînes de fleurs.	1	»
Les Chaises à porteurs.	1	»
Le Chalet de la Méduse.	1	»
Chamarin le chasseur.	1	»
Chambre à deux lits	1	50
La Chambre rouge	2	»
Chanson de Fortunio	1	50
La Chanteuse voilée	1	»
Chapeau d'un horloger.	1	50
Chapeau qui s'envole.	1	»
Chapitre de la toilette.	1	»
Charge de cavalerie	1	»
Le Chariot d'enfant	2	»
Charles VI	1	»
Charlotte	1	»
Charlotte Corday, *drame*	1	»
Charlotte Corday, *trag.*	1	50
Les Charmeurs	1	50
La Charmeuse	2	»
La Chasse au lion	1	»
La Chasse au roman	1	50
Chasse aux corbeaux	1	»
Chasse aux écriteaux.	1	»
Chasse aux papillons.	1	»
Chassé-Croisé	1	»
Le Château à Toto	2	»
Un Château de cartes.	1	50
Château de Coëtaven	1	»
Le Château de Grantier.	1	»
— de Barbe-Bleue	1	»
Château de Pontalec	1	»
Château des Ambrières.	2	»
Château des Sept-Tours.	3	»
Le Château en Espagne.	1	»
Château-Trompette	1	»
La Chatte Blanche	1	»
La Chatte merveilleuse.	1	»
Chatterton	2	»
Une chaum. et son cœur.	1	»
Un Chef de Brigands	1	»
Le Chemin de Corinthe.	1	50
Le Chemin de traverse.	1	»
Le Chemin le plus long.	3	»
Le Chêne et le Roseau.	1	»
Le Chercheur d'esprit.	1	»
Le Chevalier coquet	1	»
Chevalier d'Essonne	1	»
Les Chev. de l'honneur.	2	»
Le Chevalier muscadin.	1	»
Cheval. du Brouillard.	2	»
— du Pince-nez	1	»
Le Cheveu blanc	1	50
La Chèvre de Ploërmel.	1	»
Chez une petite Dame.	1	50
Le Chic	2	»
Le Chien du Jardinier.	1	50
Chiffonnier de Paris	1	»
Les Chiffonniers	1	»
Le Chirurgien-major	1	»
Chodruc-Duclos	1	»
Christiane	4	»
Christine, r. de Suède.	1	50
La Chute de Séjan	5	»
Le Cid	»	60
Le Ciel et l'Enfer	1	»
La Ciguë	1	50
Cinna	»	60
Les Cinq cents Diables.	1	»
—Min. du Commandeur	1	»
Les Cinq Sens	1	»
55 francs de voiture	1	50
Circé	1	»
Clairette et Clairon	1	»
Clarinette qui passe	1	»
Clarisse Harlowe	1	50
Claudie	1	»
Claudine	1	»
La Clef dans le dos	1	50
La Clef de Métella	1	50
La Clef des Champs	1	»
Clef sous le paillasson.	1	50
Cléopâtre	2	»
Le Clos-Pommier	2	»
Le Clou aux maris	2	»
Clou dans la serrure.	1	50
Le Cœur et la Dot	2	»
Les Cœurs d'or	1	50
Les Coiffeurs	1	»
Le Coin du feu	1	»
Colette	1	»
Le Colin-Maillard	1	»
Le Collier	1	»
Le Collier de perles	1	50
Le Collier du Roi	1	»
La Colombe	1	»
Colombine	1	50
La Comédie à la fenêtre.	2	»
La Com. au coin du feu	1	»
La Comédie de salon	1	50
Les Comédiennes	1	»
Comédiens de salons.	1	»
Comète de Ch.-Quint	1	»
Comme elles sont toutes	1	50
Comme il vous plaira.	1	50
Comment la trouves-tu?	1	50
—l'esprit v. aux garçons	1	50
—femmes se vengent.	1	»

	fr.	c.		fr.	c.		fr.	c.
Compagnon de voyage.	1	»	La Dame aux Camélias.	1	50	Deux Reines de France.	2	»
— de la Marjolaine..	1	»	— aux jambes d'azur.	»	60	Deux Sans-Culottes....	1	50
— de la Truelle....,	2	»	Dame aux 3 couleurs..	1	»	Les Deux Sœurs......	4	»
Le compère Guillery,.	2	»	La Dame de la Halle..	1	»	Les Deux Sourds......	1	50
Le Comte de Lavernie.	1	»	Dame de Monsoreau...	2	»	Les Deux Timides.....	1	50
Comte de Ste-Hélène..	1	»	Dame pour voyager...	1	»	Deux veuves pour rire..	1	»
Le Comte de Saulles..	2	»	— de Cœur-Volant..	1	»	Le Diable au moulin..	1	50
Le Comte Jacques,....	2	»	Danaé et sa bonne....	1	50	Diable ou Femme......	2	»
Comtesse d'Escarbagnas	»	60	Daniel Lambert........	2	»	Le Diable rose........	1	»
— de la place Cadet.	1	»	La Danse des Ecus....	1	»	Les Diables noirs.....,	2	»
Comtesse de Novailles.	1	»	Danses nat. de France.	1	»	Diane.................	2	»
Comtesse de Sennecey,	2	»	Dans la rue..........	1	50	Diane au Bois........,	1	50
Confitures de ma tante.	1	»	Dans les vignes.,.....	1	»	Diane de Lys.........	2	»
Conjuration d'Amboise.	2	»	Dans un coucou,.....	1	»	Diane de Lys et de Ca-		
La Considération.,....	2	»	Dans une baignoire.,.	1	»	mélias........,.....,	1	»
Consigne est de ronfler.	1	50	Dans l'autre monde.,.	1	»	Diane de Solange,.....	1	»
Conspiration de Mallet.	1	»	Dante et Beatrix (*épuisée*)	3	»	Diane de Valneuil.....	2	»
La Contagion.........	2	»	Le Décaméron.........	1	»	Didier,.,.,..,..,.,	2	»
Les Contes d'Hoffmann,	2	»	Les Déclassés........,	1	50	Didon, *opéra-bouffe*....	1	50
— de Reine de Navarre	1	»	La Déesse et le Berger.	1	»	Un Dieu du jour.,..,..	1	»
Le Coq de Micylle.....	1	50	Défaut de la cuirasse,.	»	60	Dieu merci, couvert mis!	1	»
La Coquette..........	1	»	Le Dégel.,..........	1	50	La Dinde truffée.,.,.	1	50
Coqsigrue poli........,	1	»	Delphine Gerbet.......	2	»	Un Dîner et des égards.	1	»
Cora ou l'Esclavage...	2	»	Déménagé d'hier,....	1	»	Diplomatie du ménage.	1	50
La Corde sensible.....	»	60	Un Déménagement.,.,.	1	»	Une Distraction.,..,.,.	1	»
Cordonnier de Crécy.,.	1	»	Le Demi-Monde.,.,.,.	2	»	La Diva.,.,.,.,.,..	2	»
Corn. qui abat des noix.	2	»	Demoiselle d'honneur..	1	»	Diviser pour régner...	5	»
Cornemuse du diable..	1	50	La Demois. de Nanterre.	1	50	Divorce sous l'Empire,	1	»
Les Cosaques...	2	»	Demoiselles de noce.,.	1	»	Djamileh.,.,.,.,.,..	1	»
Cosina...............	1	50	Le Démon du foyer....	1	50	Le Docteur amoureux..	1	50
Le Cotillon..........	1	50	Le Démon du jeu.....	2	»	Le Docteur Chiendent..	1	»
Coucher d'une étoile...	1	50	Le Démon familier.,.,.	1	»	Un Docteur en herbe..	3	»
Les Coulisses de la vie.	1	»	La Dent de Sagesse...	1	50	Le Docteur Magnus,..	1	»
Un Coup de Bourse....	2	»	Le Départ,..........	»	50	Le Docteur Miracle....	1	»
Un Coup d'État.......	1	»	Le Dépit amoureux.,..	»	60	Le Docteur Mirobolan,	1	50
Un Coup de lansquenet.	1	»	Dernier Abencerrage..	1	»	Le Docteur noir.,....:	1	»
Un Coup de pinceau.,.	1	»	Le Dernier Crispin. .,.	1	»	Le Docteur rose.,.....	2	»
Le Coup de vent......	1	»	La Dernière Conquête.	1	50	Les Doigts de fée.,.,.	2	»
Un Coup de vent.....	1	»	La Dernière Idole.....	1	50	Dolorès...............	2	»
Le Coupé du Docteur..	1	»	Le Dernier Quartier...	1	50	Domest. de ma femme.	1	50
La Cour de Célimène..	1	»	Les Derniers Adieux..	1	»	Les Domestiques	1	50
La Cour du Roi Pétaud.	1	50	Derrière le Rideau.....	1	»	Le Dompteur,.,.,.,.	2	»
Le Courrier de Lyon..	1	»	Les Désespérés........	1	50	Don Carlos...........	2	»
La Course à la veuve.	5	»	Le Dessous des cartes.,	1	»	Don Garcie de Navarre..	»	60
Le Cousin du Roi,....	1	50	Détourn. de majeure...	1	»	Don Gaspard.,.,.,.,,	1	»
Crapauds immortels...	1	»	Une Dette de Jeunesse.	1	»	Don Gusman..........	1	»
La Cravate blanche.,.	1	50	Deucalion et Pyrrha.,.	1	»	Don Juan, *opéra*...,.,.	1	»
Crétin de la Montagne.	1	»	Les Deux Aigles......	1	»	Don Juan, *comédie*,. ..,	»	60
Le Crime de Faverne..	2	»	Les Deux Bébés......	1	»	Les Don Juan de village.	2	»
La Crise.............	1	50	Les Deux Cadis......	1	»	Donnant, donnant.,.,.	1	»
Une Crise de ménage..	1	»	Les Deux Célibats....	1	»	Donnez aux pauvres,..	1	50
Crit. de l'Ecole des Fem.	»	60	2 Coqs vivaient en paix.	1	»	Don Pèdre.,.,.,.:.,.	1	»
Les Croc. du P. Martin.	2	»	2 Chiens de faïence..,	1	50	Don Quichotte, *com*...	2	»
Croix à la cheminée.,.	1	»	Deux Femmes en gage,	1	»	Don Quichotte, *op.-c*..	1	»
La Croix de Marie.,.,.	1	»	Les Deux font la paire.	1	50	Dos à dos............	1	50
Crokbête et ses lions,.	1	»	Les Deux Foscari.....	1	»	La Dot de Marie......	1	»
Croqueuses de pommes.	2	»	Les Deux Frontins....	1	»	La Dot de Mariette.,,.	1	»
Le Cuisinier politique.	1	»	Deux gouttes d'eau....	1	50	Douairière de Brionne..	3	»
Le Curé de Pomponne,	1	»	Deux Hommes ....;	2	»	Un Double ménage....	2	»
Les Curieuses.,.,..,.	1	50	Deux Hommes du Nord.	5	»	Les Douze innocentes.	1	»
Le Curieux.,.,....,..	1	50	Les Deux Inséparables.	1	»	12 Travaux d'Hercule.,.	1	»
Le Czar Cornélius..,.,	1	»	Les Deux Jeunesses...	1	50	Le Drac...............	1	50
La Czarine, de *Scribe*.,	2	»	Les Deux Lièvres....	1	»	Les Dragées de Suzette.	1	»
La Czarine, *drame*....	2	»	Deux Lions râpés. .,.	1	»	Dragées du baptême.,.	1	»
			Les Deux Maniaques..	1	50	Un Drame de famille ..	1	»
D			Deux Merles blancs.,.	1	50	Un Drame en l'air....	1	»
Le Dada de Paimbœuf.	1	»	Deux Nez sur une piste.	1	50	Le Dr. de la r. de la Paix	2	»
Dalila.,.,:,!:!.,.,..	2	»	2 profonds Scélérats.,.	1	50	Les Drames du cabaret,	2	»
			Les Deux Rats,.......	1	50	Drelin! drelin!........	1	»

Titre	fr.	c.
Fourber. de Marinette..	1	»
Fourberies de Nérine..	1	»
Fourberies de Scapin..	»	60
Les Fous..	2	»
Fou-yo-po..	1	»
Les Frais de la guerre.	2	»
Francastor	1	»
France de Simiers..	2	»
Françoise	2	»
François le Champi..	1	»
François les Bas-Bleus.	2	»
François Villon..	1	»
Fredégonde et Brunehilde	1	50
Le Freischutz, *opéra*..	1	»
Le Frère aîné..	1	50
Frère et Sœur..	1	»
Frisette	2	»
La Fronde..	1	»
Frontine..	1	»
Frontin malade..	1	»
Froufrou	2	»
Le Fruit défendu, *vaud.*	1	»
Le Fruit défendu, *com.*	1	50
Fualdès	2	»
Les Fugitifs.	4	»
Funérail. de l'honneur.	2	»
Le Furet des Salons..	1	50
Furnished appartment.	1	50
G		
Gabriel Lambert..	2	»
Gabrielle	2	»
Gaëtana	2	»
Gaietés champêtres..	1	»
Galathée	1	»
Galilée	4	»
La Gammina..	1	»
Les Ganaches..	2	»
Le Gant et l'Eventail..	1	»
Le Garçon d'honneur..	2	»
Gardée à vue..	1	50
Gardes du roi de Siam.	1	»
Garde-toi, je me garde.	1	»
Le Gardien des scellés.	1	»
Gastibelza..	1	»
Le Gâteau des Reines.	2	»
Gavaut, Minard et Cie.	2	»
Gazette des Etrangers.	1	»
Les Geais..	1	»
Gemma..	1	»
Gendre de M. Poirier..	2	»
Gendre de M. Pommier.	1	50
Le Gendre du colonel.	1	»
Geneviève de Brabant.	2	»
Les Gens nerveux..	2	»
Gentil-Bernard..	1	»
Gentilh. de la Montagne	2	»
Gentilhomme pauvre..	1	50
Georges Dandin..	»	60
Georges d'Alton..	1	50
Georges et Marie..	1	»
Georgette..	1	»
Germaine..	2	»
La Germaine..	2	»
Gibby la Cornemuse..	1	»
Gilbert Danglars.	2	»
Gil-Blas..	1	»
Gilles ravisseur..	1	50
La Gironde et la Montagne	1	»
Gr.-Duch. de Gérolstein.	2	»
Grandes Demoiselles..	1	50
Grandeur et Décadence de J. Prudhomme..	1	»
Les Grands Vassaux..	2	»
Graziella	1	»
Gredin de Pigoche..	1	»
Gringoire..	1	50
Le Groom..	1	»
Un Gros mot..	1	»
La Grosse Caisse..	1	»
Le Guérillas..	1	»
La Guerre d'Orient..	1	»
Le Guetteur de nuit..	1	»
Gueux de Béranger..	1	»
Guide de l'Etrang. à Paris	1	»
Guillaume le débardeur.	1	»
Guillery (*épuisé*)..	5	»
Guillery le trompette..	1	»
Gusman le Brave..	2	»
H		
L'Habit de milord..	1	»
L'Habit de noce..	1	»
L'Habit vert..	1	50
Habit, Veste et Culotte.	1	»
Hamlet, *opéra*..	1	»
Harry le Diable..	1	»
Hélène Peyron..	2	»
Henriette Deschamps..	1	»
Henri le Balafré..	1	»
Henri Regnault..	»	50
Héraclite et Démocrite.	1	»
Heraclius..	»	60
Herculanum..	1	»
Hercule et jolie Femme	1	50
Héritage de ma Tante..	1	»
Héritage de M. Plumet.	2	»
Hernani..	»	50
Héro et Léandre..	1	»
Heure de quiproquo..	1	»
L'Hirondelle..	1	»
Histoire d'un Drapeau.	1	»
L'Homme à la clé..	1	»
L'Homme à la tuile..	1	»
— Aux Figures de cire	2	»
L'Homme aux Pigeons..	1	»
L'Homme de bien..	2	»
Un Homme de 50 ans..	1	»
L'Homme de robe..	1	»
Homme entre deux airs.	1	»
L'Homme masqué et le Sanglier de Bougival.	1	»
Homme n'est pas parfait	1	50
— qui a perdu son do.	1	»
L'Homme qui a vécu.	1	»
Homme sans ennemis.	1	»
Un Homme seul	1	»
Les hommes sont ce que les femmes les font.	1	»
L'Honneur et l'Argent.	2	»
Horace et Caroline..	1	50
Horace et Liline..	1	»
Horace et Lydie..	1	50
Les Horaces..	»	60
Horreurs de la guerre.	1	50
Hortense de Blengie..	1	»
Hortense de Cerny..	1	»
Hôtel de la tête Noire.	1	»
L'Hôtel de Nantes..	1	»
Housard de Berchini..	1	»
Le Hussard persécuté.	1	»
I		
L'Idéal..	1	»
L'Idée fixe..	1	»
Idées de Mme Aubray.	2	»
L'Ile de Tohu-bohu..	3	»
Il faut touj. en venir là..	3	»
Il le faut..	1	»
Il ne faut pas courir deux lièvres à la fois.	1	»
L'Impertinent..	1	»
L'Impr. de Versailles..	»	60
Incertitudes de Rosette.	1	»
Indiana et Charlemag..	1	»
Les Indifférents..	2	»
Les Infidèles..	1	»
L'Infortunée Caroline..	2	»
L'Institutrice..	2	»
Intrigue et amour..	1	»
L'Invalide	1	»
Invalides du Mariage..	2	»
L'Iphigénie de Racine revue par le baron de Senez..	4	»
Iphigénie en Tauride, *op*.	1	50
Irène..	»	60
Isabelle de Castille..	1	»
Les Ivresses..	2	»
Ivrogne et son enfant..	1	»
J		
Jacques le fataliste..	1	»
Jaguarita l'Indienne..	1	»
Jalousie du barbouillé.	1	»
Jaloux du passé..	1	»
Le Jardinier galant..	1	50
— et son seigneur..	1	»
Jarret. d'un huissier...	1	»
J'ai compromis ma fem.	1	»
J'ai marié ma fille..	1	»
J'ai perdu Eurydice..	1	»
Jean le postillon..	1	»
Jeanne..	1	»
Jeanne d'Arc..	2	»
Jeanne Mathieu..	1	»
Jean Torgnole..	1	50
Je croque ma tante..	1	»
Je dîne chez ma mère.	1	50
J'invite le Colonel..	1	50
Je ne mange pas de ce pain-là..	1	»
Jenny Bell..	1	»
Je recon. ce militaire.	1	»
Jérôme le maçon..	1	»
Jérusalem..	1	»
Je suis mon Fils..	1	»
Le Jeu de l'Amour et de la Cravache..	1	»
— et du Hasard..	»	60
Le Jeu de Sylvia..	1	»
Jeune de cœur..	1	»
Jeune Homme au riflard	1	»
— en location..	1	»
— qui a tant souffert.	1	»
— qui ne fait rien..	1	50
Le Jeune Père..	1	»
Les Jeunes gens..	2	»
La Jeunesse..	2	»
Jeunesse de Gramont..	1	»
— des Mousquetaires...	2	»

	fr.	c.		fr.	c.		fr.	c.
.a Jeunesse dorée.....	1	»	La Loge de l'Opéra....	1	»	Malheur aux vaincus..	2	»
.a Jeunesse de Van Dick	2	»	La Loi du cœur........	2	»	Le Malheur d'être belle	1	»
Jne Jeune Vieillesse...	1	»	Loin du pays..........	1	»	Les Malheurs heureux	1	»
e vous aime.........	1	»	La Loterie du mariage.	1	50	Maman Sabouleux.....	1	50
oaillier de St-James...	1	»	Louise de Nanteuil....	1	»	Mam'zell' Rose........	1	»
ocelyn le garde-côte.	1	»	Louise de Vaulcroix...	1	»	Le Mangeur de Fer....	2	»
.a Joconde..........	2	»	Louise Miller, *drame*...	2	»	Manie des Proverbes...	1	»
ocrisse, *opéra-comique*.	1	50	Louise Miller, *opéra*....	1	»	Ma nièce et mon ours..	1	50
ocrisse millionnaire...	2	«	Louis XVI et Marie-Ant.	1	»	Manon Lescaut, *opéra*.	1	»
ocrisses de l'Amour...	2	»	Loup dans la bergerie.	1	»	Manon Lescaut, *drame*.	1	»
.a Joie de la maison...	1	50	Lucie.................	1	»	Le Manteau de Joseph.	1	»
.a Joie fait peur......	1	50	Lucie Didier..........	1	»	La Marâtre...........	1	»
Jn Joli Cocher......	1	»	Lucienne.............	1	»	Le Marbrier..........	1	»
.a Jolie Fille de Perth	1	»	Lucrèce, *tragédie*......	1	50	Marcel.............	1	»
.es Jolis Chasseurs.,..	1	»	Lucrèce Borgia........	»	50	Marceline...........	2	»
osé Maria, *opéra-com*..	1	»	Lully.................	1	»	Le Marchand de coco..	2	»
.e Joueur d'Orgue.....	1	»	Les Lundis de Madame	2	»	Le Marchand de jouets	1	50
.e Jour de la blanchis.	1	»	Le Luxe..............	2	»	Le Marchand de lapins	1	»
— de Déménagement .	1	»	Le Lys dans la vallée.	2	»	Marchand malgré lui...	5	»
ournal d'une Grisette.	1	»	Le Lys de la Vallée...	1	50	Le Maréchal Ney......	2	»
Jne Journée à Dresde.	1	»	**M**			La Maréchale d'Ancre.	2	»
Jne Journée de Diderot	1	»	Macbeth, *drame*.......	1	»	Maréchaux de l'Empire	1	»
ournée d'Agrippa.....	1	50	Macbeth, *opéra*........	1	»	Margot *opéra-comique*..	1	»
ours gras de Madame.	1	»	Macbeth, *tragédie*......	2	»	Marg. de Ste-Gemme..	2	»
oy. commè. de Windsor	1	»	Madame Absalon.......	1	»	Mariage à l'Arquebuse.	1	»
uan Strenner.......	1	50	Madame André.........	1	»	Le Mariage au bâton...	1	»
uge et partie.......	1	»	Madame attend Monsieur	1	50	Le Mariage au Miroir..	1	»
udith.............	1	»	Madame Aubert........	2	»	Mariage de don Lope..	1	»
e Juif-Errant.......	1	»	Mme Bertrand, Mlle Raton	1	50	Le Mariage d'honneur..	1	»
ilie.............	2	»	Madame de Chamblay.	2	»	Le Mariage d'Olympe..	2	»
iliette et Roméo......	1	»	Madame de Laverrière.	1	»	Un Mariage de Paris...	2	»
ipiter et Léda.......	1	»	Madame de Montarcy..	2	»	Le Mariage de Victorine	1	»
es Jurons de Cadillac	1	50	— d'Ormessan, S V P..	1	50	Mariage en trois étapes	1	»
isqu'à minuit........	1	«	Madame Desroches....	4	»	Le Mariage extravagant	1	50
K			Madame de Tencin.. ..	3	»	Le Mariage forcé.......	»	60
arel Dujardin........	1	50	Madame Diogène......	1	»	Mariage sous la régence	1	»
osciuszko..........	3	»	Madame est aux eaux.	1	»	Mariages d'aujourd'hui.	2	»
L			Madame est couchée...	1	50	Un Mari à l'Italienne..	1	»
e Lac de Glenaston...	1	»	Madame est de retour.	1	50	Marianne, *drame*.......	1	»
ady Tartuffe.........	2	»	Madame Patapon......	1	»	Marianne *opéra-com*....	1	»
alla-Roukh.........	1	»	Madame reçoit-elle....	1	»	Mari aux Champignons.	1	»
ampions de la veille.	1	»	Madelon..............	1	»	Un Mari brûlé........	3	»
es Lanciers...	2	»	Madelon Lescaut..,...	1	»	Un Mari dans du coton.	1	50
antara.............	1	»	Mademoiselle Aïssé....	2	»	Un Mari d'occasion....	1	»
anterne magique.....	1	»	Mlle de la Seiglière.....	2	»	Le Mari d'une Camargo	1	»
ara.............	1	»	Mademoiselle de Liron.	1	»	Le Mari d'une étoile...	1	»
aure et Delphine.....	1	50	Mademoiselle Navarre..	2	»	Mari d'une jolie femme	1	»
aurence...........	1	»	La Madone des roses..	2	»	Un Mari disponible.....	1	»
avandièr. de Santarem	1	»	Ma femme est troublée	1	»	Mariée du Mardi-gras..	1	50
avater...........	1	»	Maison de Penarvan...	2	»	Un Mari en 150.......	1	50
Sa.............	1	»	Maison du Baigneur...	2	»	Un Mari fidèle........	1	»
eçon de trompette....	1	»	La Maison du garde...	1	»	Un Mari qui pleure....	1	»
égendes de Gavarni..	1	50	Maison du Pont N-Dame	2	»	— qui prend du ventre..	1	50
e Legs............	»	60	Maison neuve!........	2	»	— qui ronfle...........	1	»
éonard le perruquier.	1	»	La Maison Saladier....	1	»	— qui se dérange......	1	50
éonie.............	1	»	La Maison sans enfants	2	»	— qui voisine.........	1	»
éonore de Médicis....	1	»	Maître Claude.........	1	50	Le Mari sans le savoir.	1	»
e Lion amoureux....	2	»	Le Maître d'armes.....	1	»	Mari sur des charbons.	1	»
e Lion de Saint-Marc.	1	»	Le Maître d'école.....	2	»	Un Mari trop aimé.....	1	»
e Lion empaillé......	1	50	Le Maître de la maison	2	»	Les Maris à système...	1	50
on et le Moucheron..	1	»	Maître Favilla........	1	50	— me font touj. rire..	1	»
ons et Renards......	2	»	Maître Guérin........	2	»	— sont esclaves.......	3	»
es Lionnes pauvres...	2	»	Une Maîtr. bien agréab.	2	»	Marie de Mancini......	2	»
sbeth, *opéra-comique*.	1	»	La Maîtresse du mari..	1	50	Marie ou l'Inondation..	1	»
schen et Fritzchen..	1	50	Une Maîtresse-Femme..	1	»	Marie-Rose...........	1	»
e Lis du Japon.......	1	»	Maître Volfram.......	1	»	Marie Simon..........	2	»
e Livre d'Or.........	1	»	Le Malade Imaginaire..	»	60	Mariés sans l'être.....	1	»
e Livre noir.........	1	»	La Mal'aria (*épuisée*)...	5	»	Marie Tudor..........	»	50
ocataires et portiers.	1	50	Le Mal de la peur.....	1	»	La Marieuse..........	1	50

Titre	fr.	c.
La Marinette	1	»
Marion Delorme	»	30
Marionnettes du doct..	1	»
Marionnettes de l'Amour	1	50
Le Marquis caporal	2	»
Le Marquis de Lauzun.	1	50
Marquis de Villemer	2	»
Marquise de Tulipano..	1	»
Marqes. de la fourchette	1	50
Le Marquis Harpagon..	2	»
Marraines de l'an III...	1	»
Les Marrons d'Inde....	3	»
Les Marrons glacés....	1	50
Martha, *opéra*	1	»
Marthe et Marie	1	»
Martial Casse-cœur....	1	»
Martin et Bamboche...	1	»
Martin Luther	2	»
Martyre de la victoire.	1	»
Le Martyre du cœur...	2	»
Ma sœur Mirette	1	»
Le Masque de poix....	1	»
Le Masque de velours.	1	»
Le Mas. d'un Innocent..	1	50
Ma tante dort	1	50
Mathurin Régnier	1	»
La Matrone d'Ephèse..	1	50
Mauprat	1	»
Maurice	1	»
Un Mauvais caractère..	2	»
Mauvais cœur	1	»
Un Mauvais Coucheur..	1	»
Le Mauvais Riche	2	»
Maxwel	2	»
Une Mèche éventée....	1	»
Le Médecin de l'Ame...	1	»
Le Médecin malgré lui.	»	60
— *opéra-comique*	1	»
Le Médecin volant	1	»
Médée	1	50
Médée *de Legouvé*	1	»
La Médée de Nanterre.	1	»
Mélicerte	»	60
Méli-Mélo rue Meslay..	1	50
Mémoires de Grammont	1	»
— Mimi Bamboche.	2	»
Mémoires de Richelieu.	1	»
Mémoires du Gymnase.	1	»
Mémor. de Ste-Hélène..	1	»
Un Ménage à trois....	1	»
Un Ménage en ville....	2	»
La Mendiante	1	»
Ménétrier de St-Waast.	1	»
Le Menteur	»	60
Méprises de Lambinet.	1	50
Méprises de l'Amour...	1	50
Une mère	2	»
Une Mère aux abois...	1	»
Mère et fille	1	»
Les Mères repenties...	2	»
Merlan en bonne fortune	1	»
Mesd. de Montenfriche.	5	»
Métamor. de Jeannette.	1	»
— de l'Amour	1	50
Meunier, fils et Jeanne.	1	»
La Meunière	2	»
Meurtrier de Théodore	2	»
Michel Cervantes	1	50
Midi à quatorze heures	2	»

Titre	fr.	c.
Mignon, *opéra-comique.*	1	»
Militaire et Pensionnaire	1	»
Minette	1	»
Mireille	1	»
Le Misanthrope	»	60
Miss Fauvette	1	»
Miss Multon	2	»
Miss Suzanne	2	»
Mitaines de l'ami Poulet.	1	»
Le Modèle	1	»
Les Mohicans de Paris.	2	«
Le Moineau de Lesbie.	1	50
La Moissonneuse	1	»
Molière	1	50
Molière enfant	1	»
Mon Ami du café Riche.	1	»
Le Monde où l'on s'a- muse	1	»
Mon Empereur,	1	»
Mon Nez, mes Yeux, ma Bouche	1	»
Le Monomane	2	»
Mon premier !	1	»
M. Candaule	1	»
M. Choufleuri restera chez lui	1	50
Monsieur de la Palisse.	1	»
— de la rue Vendôme.	1	»
M. de Pourceaugnac...	»	60
M. de Saint-Bertrand..	2	»
M. de Saint-Cadenas...	3	»
M. Deschalumeaux	1	»
Monsieur en question..	1	»
M. et Madame Crusoé..	1	»
M. et Madame Denis...	1	50
M. et Madame Rigolo..	1	»
M. Garat	1	50
M. Jules	1	50
M'sieu Landry	3	»
M. le Sac et Madame la Braise	1	»
Monsieur le Vicomte...	1	»
Monsieur mon Fils....	1	»
M. Pinchard	2	»
M. Prosper	1	»
Un Mr qu'on n'attend pas	2	»
Un Monsieur qui ne veut pas s'en aller	1	»
— qui prend la mouche.	1	50
Monsieur va au cercle.	1	50
Monsieur, votre fille...	1	»
Montagne et Gironde...	2	»
Les Monténégrins	1	»
Montjoie	2	»
Montre perdue	1	»
Le More de Venise....	2	»
Le Morne au Diable...	1	»
La Mort de Strafford...	1	»
La Mort du Pêcheur...	1	»
Le Mort marié	1	»
Mosquita la Sorcière...	1	»
Le Mot de la fin	1	50
Le Moulin ténébreux..	1	»
Les Moulins à vent....	1	50
Mousquetaire du Roi.,.	2	»
Un Mousquetaire gris..	1	50
Moutons de Panurge...	1	»
Le Muet	1	»
La Mule de Pedro	1	»

Titre	fr.	c.
Le Muletier de Tolède.	1	
Murdoch le bandit	1	
Le Mur mitoyen	1	50
Un Mystère	1	
Le Mystère de la rue Rousselet	1	50
Les Mystères de l'été..	2	
— de l'Hôtel des ventes	1	50
Mystères de Londres...	1	
Mystères du Carnaval.	2	
Les Mystères du Temple.	2	
N		
Le Nabab	1	
Nahel	1	
Naufr. de La Pérouse..	1	
Les Nèfles	1	
Néméa	1	
Le Neveu de Gulliver..	1	
Le Nez d'argent	1	
La Niaise	2	
La Niaise de St-Flour.	1	50
Une Nichée de ganaches	1	
Nicomède	»	60
Nisus et Euryale	2	
Noblesse oblige	2	
Noces de Bouchencœur.	1	50
Les Noces de Figaro...	1	
Les Noces de Gamache, *ballet*	1	50
Les Noces de Jeannette.	1	50
Les Noces vénitiennes.	2	
Le Nœud gordien	1	
Nos Ancêtres	2	
Nos Bon. Villageoises..	1	
Nos Bons Petits Cama- rades	1	
Nos Bons Villageois ...	2	
Nos Enfants	2	
Nos Intimes	2	
Nos Maîtres	1	
Notables de l'endroit...	1	
Un Notaire à marier...	1	
Notre-Dame de Paris..	1	
N.-D.-des-Anges	1	
Notre fille est princesse.	1	
La Nouvelle Hermione.	1	
La Nuit aux Gondoles.	1	
Nuit du 20 septembre.	1	
Une Nuit orageuse	1	
Les Nuits blanches....	1	
Les Nuits d'Espagne...	1	
Les Nuits de la Seine.	1	
O		
Obliger est si doux....	1	
L'Occasion	1	
L'Odalisque	1	
Œdipe roi	2	
L'Œillet blanc	1	50
Ohé les petits Agneaux.	2	
Oh ! la ! la ! qu'c'est bête tout ça	1	
Un Oiseau de passage..	1	
L'Oiseau fait son nid..	1	50
Les Oiseaux de la rue.	1	
Les Oiseaux de proie..	1	
Les Oiseaux en cage.	1	50
O le meilleur des pères !	1	
L'Ombre de Molière...	1	

	fr.	c.
La Princesse Georges..	2	»
La Princesse jaune....	1	»
La Princesse rouge....	2	»
Princesses de la rampe.	1	»
La Prise de Caprée....	1	»
Prisonnier sur parole..	1	»
Profits de la guerre...	1	»
Prométhée....	1	50
La Promise....	1	»
Le Prophète....	1	»
Propre à rien....	1	»
Pst! Pst!....	1	»
Psyché, *comédie*....	»	60
Psyché, *opéra-comique*.	1	»
P'tit Fi, P'tit Mignon...	1	»
La Puce à l'oreille....	1	50
Pulchrisca et Léontino.	2	»
Le Punch Grassot....	1	50
Puritains d'Écosse....	1	»
Pythias et Damon....	1	50
Q		
Quand on attend sa belle	1	50
Quand on n'a pas le sou.	1	50
400,000 f. pour 20 sous.	1	»
Les Quatre coins....	1	»
Les Quatre fils Aymon.	1	»
4 parties du monde....	1	»
Qu'as-tu fait de Lambert	1	»
Que dira le Monde?...	2	»
Quentin Durward....	1	»
La Question d'Amour..	1	»
La Question d'Argent..	2	»
La Queue de la Poêle.	1	»
—du chien d'Alcibiade.	1	50
Qui femme a, guerre a.	1	50
Qui n'ent. qu'une cloche	1	»
Qui perd gagne....	1	»
Qui se dispute s'adore.	1	50
Quitte pour la peur...	1	50
R		
Rabagas....	2	»
Rachel....	1	»
Rage d'Amour....	1	»
Une Rage de Souvenirs.	1	»
La Raisin....	1	50
Le Raisin malade....	1	»
Les Rameneurs....	1	»
Raymond, *op.-comique*.	1	»
Raymond Lindey....	2	»
La Réclame....	1	»
Les Recruteurs....	1	»
Reculer p. mieux sauter	1	50
Rédemption....	2	»
Réduction de Rédempt.	1	»
Regardez, touchez pas.	1	»
Le Régiment qui passe.	1	»
Le Règne des escargots.	1	»
La Reine Argot....	1	»
La Reine Cotillon....	2	»
La Reine de Saba....	1	»
La Reine Topaze....	2	»
Ressources de Quinola.	1	50
Restaurat. des Stuarts..	1	»
Le Retour du mari....	2	»
Revanche de Lauzun..	2	»
La Revanche d'Iris....	1	50
— de Séraphine....	2	»
Le Rêve de Mathéus...	1	»
Le Réveil du Lion....	1	50

	fr.	c.
Le Réveil du Mari....	1	»
Un Rêve d'amour....	1	»
Rêves d'amour....	1	50
Les Révoltées....	1	50
La Revue en vide....	1	50
Richard III....	1	»
Rigoletto....	1	»
Risette....	1	50
Rita....	1	»
Robert Bruce, *opéra*...	1	»
Robert Bruce, *drame*...	1	»
Les Robes blanches...	1	»
Robins. Crusoé, *op.-com*.	1	»
Rocambole...	2	»
Le Rocher de Sisyphe.	2	»
Rodogune....	»	60
Le Roi Carotte....	2	»
Le Roi de Bohême....	2	»
Le Roi de cœur....	1	50
Le Roi de la mode....	1	»
Le Roi de Rome....	1	»
Le Roi des Halles....	1	»
Le Roi Lear....	2	»
Un Roi malgré lui....	1	»
Roland à Roncevaux...	1	»
Le Roman Comique....	1	»
Le Roman d'Elvire....	1	»
Le Roman de la Rose..	1	»
—d'une honnête femme	2	»
Rom.d'un jeun. hom.pau.	2	»
La Romance de la Rose.	1	»
Rome....	1	»
Roméo et Juliette, *op*..	1	»
— de *Gounod*....	1	»
Roméo et Marielle....	1	»
Roquelaure....	1	»
Rosalinde....	1	30
La Rose de Bohême....	1	»
Rose et Marguerite....	1	»
Rosemonde....	1	50
Les Roses jaunes....	1	»
Rosette et nœud coulant	1	»
Le Rosier....	1	»
Les Roués innocents...	1	»
La Route de Brest....	1	»
Les Routiers....	1	»
Royal-Cravate....	1	»
Ruy-Blas....	»	50
S		
Sabot de Marguerite...	1	50
Sacrifice d'Iphigénie...	1	»
Le Sacrilége....	2	»
Le Sage et le Fou....	1	50
Sainte-Claire....	1	»
La Sainte-Lucie....	1	»
Les Saisons....	1	»
Les Saisons vivantes..	1	»
Salvator Rosa....	1	»
Salvator Rosa, *op.-com*.	1	»
Le Sang mêlé....	1	50
Sans queue ni tête.. .	2	»
Santeuil....	2	»
Le Sapeur et la Maréchale	2	»
Le Saphir....	1	»
Sapho, *drame*....	1	50
Sardanapale....	1	»
Satire et Pari....	1	»

	fr.	c.
Le Savetier de la rue Quincampoix....	2	
Scapin....	1	
Scapin marié....	1	
Scaramouche et Pascariel....	1	
Schahabaham II....	1	
Schamyl....	1	
La Seconde Jeunesse..	2	
Le Second mouvement.	1	50
— Mari de ma femme.	1	»
Secrétaire de Madame.	1	50
Secret de l'onc. Vincent.	1	»
Secret de ma Femme..	1	»
Le Secret des Cavaliers.	2	»
Le Secret du Docteur.	1	50
Secret du Rétameur...	1	»
Selma....	1	»
Sémiramis, *opéra*....	1	»
La Sensitive....	1	50
Les 7 Merveil. du monde.	3	»
Sept péchés capitaux..	1	»
Séraphina....	1	»
Séraphine....	2	»
Le Sergent Frédéric...	1	»
Le Serment d'Horace..	1	50
Le Serpent à plumes..	1	50
Sertorius....	»	60
La Servante du Roi....	2	»
— justifiée, *ballet*.	1	50
La Servante maîtresse.	1	»
Sganarelle....	»	60
Shylock....	1	50
Le Sicilien....	»	60
Si Dieu le veut....	1	50
Si jamais je te pince!.	1	50
Si ma Femme le savait.	1	»
Simon le voleur....	1	»
Le Singe de Nicolet...	1	»
Sing. effets de Foudre.	1	»
Si Pontoise le savait...	2	»
La Sirène de Paris....	1	»
Une Soirée périlleuse..	1	50
Songe d'une nuit d'avr.	1	»
Songe d'une nuit d'été.	1	»
— d'une nuit d'hiver.	1	50
La Sonnette du diable.	1	»
Le Sopha....	1	»
Le Sorcier, *op.-com*...	1	»
Sorcière ou Ét. de Blois.	2	»
Sortir seule....	1	50
Soubrette de qualité...	1	»
Un Soufflet anonyme..	1	»
Les Souliers de bal....	1	50
La Soupe aux choux..	1	50
Souper de la Marquise.	1	»
Le Sourd....	2	»
Sourd comme un pot..	1	50
Sous le même toit....	1	»
Sous les pampres....	1	»
Le Sous-Préfet s'amuse.	1	»
Un Souvenir de Manin..	1	»
Souvenirs de jeunesse.	1	»
Souvenirs de voyage..	1	»
Souvent femme varie..	1	»
Souvent homme varie..	2	»
Le Spectre de Patrick.	2	»
Splend. de Fil-d'Acier..	1	»
Sport et Turf....	2	»

Titre	fr.	c.
La Statue	1	»
La Statuette d'un gr. ho.	1	»
Steeple-chase	1	»
Stella	1	»
Struensée	1	»
La Succession Bonnet	1	50
Suffrage Ier	1	»
Suites d'un premier lit.	2	»
— d'un Bal manqué	1	»
Supplice de Paniquet	1	50
Le Supplice des fiacres	1	»
Supplice d'une femme	2	»
Supplice d'un homme	2	»
Sur la grande route	1	»
Surprise de l'Amour	»	60
Sur terre et sur l'onde	1	»
Suzanne de Foix	2	»
— et les 2 vieillards	1	50
Le Sylphe	1	»
Sylvie	1	»
Un Système conjugal	1	»

T

Titre	fr.	c.
Tablettes de Bernis	1	»
Un Talisman	1	»
Tamara	2	»
Tambour battant	1	50
La Tante Loriot	1	»
La Tante Vertuchoux	1	»
Tant va l'Autruche	1	»
Tartuffe	»	60
Le Tasse à Sorrente	1	50
La Tasse cassée	1	50
Une Tasse de thé	1	50
Le Tattersall brûle	1	50
La Taverne	2	»
La Taverne du diable	1	»
Le Télégramme	1	»
Télégraphe électrique	1	»
Tempête dans baignoire	1	»
Le Temple du Célibat	1	»
Le Temps perdu	1	50
La Tentation	2	»
La Terre promise	1	»
Le Terrible Savoyard	1	»
Le Testament de César	4	»
Testament d'un garçon	1	»
La Tête de Martin	1	50
Théâtre des Zouaves	2	»
Thérèse	1	50
Les Thugs à Paris	1	50
La Timbale d'argent	2	»
La Tireuse de Cartes	2	»
Titus et Bérénice	1	»
To be or not to be	1	»
Toilettes tapageuses	1	»
Toinette et Carabinier	1	50
Toinon la Serrurière	1	»
La Tonelli	1	»
Toquades de Borromée	1	»
Le Toréador	1	50
Toréadors de Grenade	1	»
La Tour de Nesle à Pont-à-Mousson	1	»
Tout pour les Dames	1	»
— chemin mène à Rome	1	»
Toute seule	2	»
Tout vient à point	1	»
Le Train de minuit	1	50
Traversin et couverture	1	»
Les Treize	1	50
Les Trembleurs	1	50
Le Trente et un décemb.	1	»
33,333 fr. 33 cent. par jour	5	»
Le Trésor de Blaise	1	»
Le Trésor de Pierrot	1	»
Le Trésor du pauvre	1	»
Tribulat. d'un g. homme	1	»
La Tribune mécanique	1	»
Tricoche et Cacolet	2	»
Trilogie de Pantalons	1	50
Triolet	1	50
3 amours de pompiers	1	50
3 amours de Tibulle	1	»
3 Bourg. de Compiègne	1	»
Les Trois chapeaux	2	»
Trois coups de pied	1	»
Les Trois Curiaces	1	»
Les Trois étages	1	»
3 fenêtres sur le boulev.	1	»
La troisième tasse	1	»
3 Fils de Cadet Roussel	1	»
Les Trois Ivresses	1	»
3 Rois, 3 Dames	1	»
Les Trois Sultanes	1	»
Trop beau p. r. faire	1	50
Trop curieux	1	50
Le Trou des lapins	1	»
Un Troupier qui suit les Bonnes	1	50
Le Trouvère	1	»
Les Trovatelles	1	50
Les Troyens	1	»
Un Truc de Mari	1	»
Les Turcs	1	50
Tutelle en carnaval	1	»
Un Tyran domestique	3	»
Un Tyran en sabots	1	50
Tyrannies du colonel	2	»

U

Titre	fr.	c.
Ulm le parricide	2	»
Ulysse	2	»
Une heure av. l'ouvert.	1	»
Un et un font un	1	»
Un Usurier de village	2	»
Un Ut de poitrine	1	»
L'Ut dièze	1	»

V

Titre	fr.	c.
Vacances du Docteur	2	»
— de Pandolphe	2	»
Les Vaches landaises	1	»
Vainqueurs de Lodi	1	»
Valentine Darmentière	1	»
Valentine d'Aubigny	1	»
Valets de Gascogne	1	»
Les Variétés de 1852	1	»
Vautrin et Frise-Poulet	1	»
La Veilleuse	1	»
La Vendetta, *vaudeville*	1	50
Vendetta parisienne	1	»
Vengeance de Pierrot	1	»
La Vengeance du mari	2	»
Les Vengeurs	1	»
Vente profit des pauvr.	1	50
— d'un riche mobilier	1	50
La Vénus de Milo	3	»
Les Vêpres siciliennes	1	»
Verre de Champagne	1	»
La Vertu de ma femme	1	50
Vertueux de Province	1	50
Vert-Vert, *op. comique*	1	»
La Vestale, *opéra*	1	»
Vestris	1	»
Les Veuves turques	1	»
Vicaire de Wackefield	1	»
La Vicomtesse Lolotte	1	»
Victimes de l'argent	2	»
La Vie de Bohême	1	50
La Vie de café	1	»
La Vie de garnison	1	50
Vie d'une comédienne	1	»
La Vie indépendante	1	50
La Vie parisienne	2	»
La Vie privée	1	»
Un Vieil innocent	1	»
Une Vieille lune	1	»
La Vieilles. de Richelieu	1	»
Le Vieux Caporal	1	»
Vieux de la vieille roche	1	»
Les Vieux garçons	2	»
Les Vieux Glaçons	1	»
Le Village	1	50
William Shakspeare	2	»
20 francs, s'il vous plaît	1	»
Le Vingt-quatre février	1	»
Le 24 février, *drame*	1	»
Violetta (la Traviata)	1	»
La Vipérine	1	»
Virgile Marron	1	»
Une Visite de noces	1	50
Vivacités du capit. Tic.	2	»
Les Viveurs de Paris	2	»
Le Voile de dentelle	1	»
Voisins de Molinchart	1	»
La Voix du Maître	1	»
Le Vol à la duchesse	1	»
Vol à la fleur d'orange	1	»
La Voleuse d'enfants	2	»
La Volière	1	»
Volontaires de 1814	2	»
Vous n'auriez pas vu ma femme ?	1	»
Voy. autour de m. femme	1	»
— d'une jolie femme	1	»
— d'une marmite	1	»
— du demi-monde	1	50
Le Voyage de MM. Dunanan père et fils	1	50
Voyages de la Vérité	1	»
Voy. de M. Perrichon	2	»
Voyage du haut en bas	1	»
Vrai club des femmes	1	»

Y

Titre	fr.	c.
Ya Meinherr	1	»
Les Yeux du cœur	2	»
York, nom d'un chien	1	»
Yvonne et Loïc	1	»

Z

Titre	fr.	c.
Zamore et Giroflée	1	»
Zarine	1	»
Le Zouave est en bas	1	»

PIÈCES DE THÉATRE

Format in-4º à 50 centimes

AVEC UN DESSIN REPRÉSENTANT UNE DES PRINCIPALES SCÈNES

A Clichy.
L'Africain.
L'Aïeule.
Aimer et mourir.
Aimons notre proch.
Aladin.
Alceste, *opéra*.
Alexandre chez App.
Ambig. en hab. neufs.
Un Ami acharné.
L'Ami François.
Amiral de l'esc. bleue.
Amour au daguerréo.
Amours de Paris.
Amour du trapèze.
Amour et son train.
L'Amour mouillé.
— pris aux cheveux.
— qui tue.
André Gérard.
L'Ange de minuit.
Anguille sous roche.
L'Anneau de fer.
L'Ane mort.
Après deux ans.
L'Argent du diable.
L'Armée d'Orient.
Arrêtons les frais.
As-tu tué Mandarin?
As-tu vu la comète?
Atala.
Les Aventuriers.
Avent. de Mandrin.
L'Aveugle.
Avez-v. bes. d'argent?
Les Avocats.
Avocat des pauvres.
L'Avocat du diable.

B

Bague de Thérèse.
Les Baisers.
La Balançoire.
Un Bal d'Auvergnats.
Le Bal du prisonnier.
Banqu. com. y a peu.
Bataille de Dames.
Bataille de Toulouse.
Batail. de la Moselle.
Bâtons dans l. roues.
La Beauté du diable.
La Belle Gabrielle.
Les Belles de nuit.
Benvenuto Cellini.
Bergère des Alpes.
Berthe la Flamande.

Bertram le matelot.
La Bête du bon Dieu.
Bibelots du diable.
Bibi.
Le Bijou perdu.
Blanchisseuses de fin.
Boccace.
La Bohémé d'argent.
La Boisière.
Bonap. en Egypte.
Bonhomme Jacques.
Bonhomme lundi.
Bonhomme Richard.
La Bonne aventure.
La Bonne d'enfants.
Bonne pour tout faire
Le Bossu.
La Boîte secrète.
Boulang. a des écus.
Bouquet de violettes.
Bouq. des innocents.
Bourgeois de Paris.
— gentilshommes.
La Bourse ou la vie.
Bredouille.
Brin-d'Amour.
Bruyère.

C

Cabaret grap. dorée.
Les Cabotins
Cadet-Roussel.
Capitaine Chérubin.
Capitaine Fantôme.
Carnaval de Naples.
— des canotiers.
— des revues..
— de troupiers.
— de Venise...
Cartouche.
Case de l'Oncle Tom.
Casseur de pierres.
Catilina.
Le Célèbre Vergeot.
Cendrillon.
100,000 f. et ma fille.
Ce que v. les roses.
Cerisette.
Ce Scélérat Poireau.
C'est ma femme.
C'était moi.
Chalet de la Méduse.
La Chambre rouge..
Chapeau de p. d'Italie
Chapeau qui s'envole
Chapitre V.

Charge de cavalerie.
Charles VI.
Charlotte et Werther
Chasse au lion.
Chasse aux papillons.
Chasse au roman.
Chassé-Croisé.
Château de Grantier.
Château de Pontalec.
— des Ambrières.
— des 7 tours.
La Chatte blanche.
Chemin de traverse.
— le plus long.
Chêne et le roseau.
Le Chevalier coquet.
— d'Essonne.
— Maison-Rouge.
— des dames.
— du brouillard.
— du Pince-nez.
Cheveux de ma fem.
Chèvre de Ploërmel.
Chez Bouvalet.
Chiffonnier de Paris.
Les Chiffonniers.
Christophe Colomb.
Chodruc-Duclos.
Le Ciel et l'enfer.
Les 500 diables.
5 gaillards dont 2 gaill.
Les Cinq-sens.
Clairette et clairon.
Clarisse Harlowe.
Cléopâtre.
Closerie des genêts.
Le Clos-Pommier.
Le Clou aux maris.
Cocatrix.
Les Cocodès.
Le Cœur et la dot.
Un Cœur qui parle.
Le Collier de perles.
Comédiens de salons.
Comète de Ch.-Quint.
Comme on gâte sa vie
Compagnon de voy.
— de la truelle.
Le Compère Guillery.
Comte de Lavernie.
Comte de Ste Hélène.
Comt. de Novailles.
Comt. de Sennecey.
La Conscience.
Contes r. de Navarre.
Cora ou l'esclavage.

Cor et amour.
Les Cosaques.
Coulisses de la vie.
Un Coup de vent
Le Courrier de Lyon
Le Cousin du roi.
Crétin de montagne.
Cri-cri.
Une Crise de ménage
Crochets du p. Martin.
Croix à la cheminée.
La Croix de feu.
La Croix de Marié.
Croquefer.
Croque-poule.
La Czarine.

D

Dada de Paimbœuf.
Dalila et Samson.
Dame aux y. d'azur.
Dame de Monsoreau.
La Dame de trèfle.
Dame pour voyager.
Dans les vignes.
Danses nationales.
Défiance et malice.
Déjeuner de Fifine.
Le Déluge universel.
Demoiselle d'honn.
Le Démon du foyer.
Dent sous Louis XV.
Les Derniers adieux.
Les Désespérés.
Dessous des cartes.
Détourn. de majeure.
Dette de jeunesse.
Les deux Aveugles.
Les deux Cadis.
Deux faubouriens.
2 femmes en gagés.
Deux merles blancs.
Deux mots.
Les deux Pêcheurs.
Deux sans-culotte.
Les deux Veuves.
Le Devin du Village
Les Diables roses.
Diane de lys et cam.
D. merci le c. est mis
Dimanche a Robinson
Docteur Chiendent.
Le Docteur noir.
Donjon de Vincennes.
Donnez aux pauvres.
Douglas le vampire.

ragons de Villars.
rame de famille.
- rue de la paix.
rames du cabaret.
relin! Drelin!
a Drôle de pistolet.
ues de Normandie.
uel de mon oncle.

E

'Eau de Jouvence.
chec et mat.
chelle des femmes.
'Ecole des Arthurs
— des ménages.
'Ecumoire.
'Ecureuil.
dgard et sa bonne.
ducation d'un serin.
lodie, *opérette*.
n bonne fortune.
'Enfant de l'amour.
n Enfant de Paris.
n Enfant du siècle.
es Enfants terribles.
es Enfers de Paris.
nlèvement d'Hélène
n manche de chem.
ntre hommes.
nvers d'une consp.
pernay,20 m.d'arrêt
ric ou le fantôme.
'Escamoteur.
'Esclave du mari.
'Esprit familier.
'Etincelle.
'Etoile du nord.
touff. de Londres.
trangleurs de l'Inde
tre présenté.
va.

F

ais la cour à ma f.
n Fait-Paris.
n Fameux numéro.
a Famille Lambert.
— Poisson.
anchette.
anfan la Tulipe.
anfarons de vice.
a Fausse adultère.
ausses bonnes fem.
aust, *drame*.
emme qui se grise.
erme de Primerose.
a Fête des loups.
eu à une v. maison.
n Feu de cheminée.
eu le capit. Octave.
es Fiancés d'Albano
ne Fièvre brûlante.
a Fille de 30 ans.
ille des chiffonniers
a Fille du maudit..
a Fille du paysan.
a Fille du Tintoret.
es Filles de marbre.

Filleule du chansonn
Les Fils de Ch.-Quint.
Le Fils d el'aveugle.
— la b. au bois dorm.
Le Fils de la nuit.
Le Fils du diable.
Flamberge au vent.
Le Fléau des mers.
Flibustiers de Sonore
La Florentine.
Foi, Espérance, Char.
Folies dramatiques.
La Forêt de Sénart.
Le Fou par amour.
Les Fous.
France de Simiers.
François-le-Champi.
— les Bas-bleus.
Frère et sœur.
Frisette.
Fualdès.
Les Fugitifs.
Fureurs de l'amour.

G

Gaietés champêtres.
La Gammina.
Le Gant et l'éventail.
Garçon de chez Véry.
Les Gardes forestiers.
— du roi de Siam.
Gardien des scellés.
Gastibelza.
Le Gâteau des reines.
Gemma.
Gendre en surveill.
Les Gens de théâtre.
Gentil-Bernard.
Gentilh.de montagne
Georges et Marie.
Germaine.
Gil Blas, *op.-comique*.
La Gitane.
G. et d. de Prud'hom.
Le Grand journal.
Les Grands siècles.
Les Grands vassaux.
Grassot emb.p. Ravel
Graziella.
Les Griffes du diable.
La Grotte d'azur.
Les Guérillas.
Gueux de Béranger.
Guide étrang.d. Paris
Guill. le débardeur.
Gusman le brave.

H

L'Habit de Milord.
L'Habit vert.
Habit, veste, culotte.
Hamlet.
Harry le diable.
Henriette Deschamps
Héritage de ma tante.
1 Heure avant l'ouv.
L'Histoire de Paris.
— d'un drapeau.
L'Homme à la blouse
— aux figures de cire

L'Homme entre 2 airs
— qui a perde son *do*
— qui a vécu.
— sans ennemis
L'Honneur de la mais.
Horace et Liline.
Hortense de Blergie
Hortense de Cury.
L'Hôtel de la poste.
— de la Tête Noire.

I

Il faut q. jeun. se paie
Intrigue et amour.
L'Inventeur de poud.
Irène ou magnétisme

J

Jacques Burke.
Jaguarita l'Indienne.
J'ai mangé mon ami.
Jane Gray.
Jarret. d'un huissier.
Jean Bart.
Jean le postillon.
Jeanne d'Arc, *opéra*.
Jeanne Mathieu.
J. qui pl. et J. qui rit.
Je croque ma tante.
Je marie Victoire.
Jérusalem.
Je suis mon fils.
Jeune hom. au rifl.
— en location.
Jeune homme pressé.
Jeun.mousquetaires.
Les Jeux innocents.
Job et son chien.
Jobin et Nanette.
Jocelin le garde-côte.
Les Jolis chasseurs.
Jour de la blanchis.
Le Jour du frotteur.
Jours g. de madame.
Le Jugement de Dieu.

L

Le Lac de Glenaston.
Le Lait d'ânesse.
Laitière de Trianon.
Les Lanciers
Lanterne magique.
Le Laquais d'Arthur.
Léonard le perruq.
Léone Leoni.
Le Livre noir.
La Loge de l'Opéra.
Lorgnon de l'amour.
Louise de Nanteuil.
Louve de Florence.
Lucie Didier.
Lully.
Lundis de madame.
Lys dans la vallée.

M

Madame est aux eaux
Madame est de retour
Madelon Lescaut.

La Madone des roses.
Maison du baigneur.
Maison du P.N.-Damé
Maître Bâton.
Le Maître d'école.
Maîtresse bien agréa.
Mam'zelle Jeanne.
Mam'zelle Rose.
Le Mangeur de fer.
Manon Lescaut.
Manteau de Joseph.
La Marâtre.
Le Marbrier.
Marceau.
Marchand de coco.
—de jouets d'enfants
Le Maréchal Ney.
Maréchaux de l'emp.
Marengo.
Margot.
Marg. de Ste-Gemme.
Mariage de Victorine.
Mari à l'italienne.
Marianne.
Mari aux champign.
Le Mari de ma sœur.
— d'occasion.
— en 150.
Marie de Mancini.
Marie ou l'inondation
Marie-Rose.
Marie Simon.
Marie Stuart.
Marin de la garde.
Mari qui n'a r.à faire.
Un Mari qui ronfle.
Maris font touj. rire.
Marquise de Tulipano
Les Marrons glacés.
Martha.
Marthe et Marie.
Martin et Bamboche.
Martyre du cœur.
Le Masque de poix.
Matapan.
Matelot et fantassin.
Mauprat.
Maurice de Saxe.
Mauvais cœur.
Un Mauvais riche.
Maxwel.
Une Mèche éventée.
Médecin des enfants.
Médecin des pauvres.
Médée.
Médée de Nanterre.
Mém. de Mimi Bamb.
Mém. de Richelieu.
La Mendiante.
Méphistophélès.
Mère du condamné.
Les Mères repenties.
Merlan en bonne fort.
Les Mers polaires.
Mesdames de Montenfriche.
La Meunière.
Michel Cervantes.
Midi à 14 heures.

Une Minute trop tard.
Mobil. de Bamboche.
Les Mohicans de Paris
Mon Isménie.
M. de bonne étoile.
M. et Mme Rigolo.
Monsieur mon fils.
Monsieur Prosper.
M. qui a brûlé 1 dame.
— qui suit les fem.
— qu'on n'att. pas.
Monsieur, votre fille.
Le Morne au diable.
Mort de Bucéphale.
La Mort de Socrate.
La Mort du pécheur.
Moulin de l'ermitage.
Mousquetaire du roi.
   — de la reine.
Le Muet.
Les Mystères de l'été.
   — de Londres.
   — du carnaval.
   — du Temple.
   — du vieux Paris.

N

Naufrage La Pérouse
Le Neveu de Gulliver.
Noces Bouchencœur.
Noces vénitiennes.
Un Notaire à marier.
N.-Dame de Paris.
Nouvelle Hermione.
N. du Vendredi-Saint.
Nuit du 20 septembre
Les Nuits de la Seine.
Une Nuit orageuse.

O

Obéron.
Ohé! les p'tits agneau
Oh! là! là! qu c'est
   bête tout ça!
L'Oiseau de paradis.
Oiseaux de la rue.
   — de proie.
Ombrelle comprom.
Omelette du Niagara.
Oncle aux carottes.
L'Oncle Tom.
On demande un gouv.
Opéra aux fenêtres.
Orfa.
Orphée.
Orph. de la charité
   — de Valneige.
   — de St-Sever.
   — du P.-N.-Dame
L'Otage.
Otez votre fille, S.V.P.
Où passerai-je mes s.
L'Outrage.

P

Le Paletot brun.
Paniers de la comt.
Pan pan l'c'est fortune.
Panthère de Java.

Pantins de Violette.
Paradis des femmes.
Le Paradis perdu.
Le Parapluie d'Oscar.
Le Paratonnerre.
Pardon de Bretagne.
Paris.
Paris-crinoline.
Les Parisiens.
Paris qui dort.
Paris qui p. et P. quir.
Paris qui s'éveille.
Paris s'amuse.
Pariure de J. Denis.
Par les fenêtres.
Pas de fum. sans feu.
Passeur du Louvre.
Les Pauvres de Paris.
Paysanne pervertie.
Le Pays des amours.
Le Pays latin.
La Peau de chagrin.
Une Pécheresse.
Le Pendu.
Pénicault somnamb.
La Perdrix rouge.
Le Père Lefeutre.
La Perle du Brésil.
Le Petit cousin.
La Petite Fadette.
La Petite Pologne.
La Petite voisine.
Le Petit journal.
Les Petits prodiges.
Philidor.
Pianella.
Le Piége au mari.
Les Piéges dorés.
Pirates de la Savane.
Une Pleine eau.
Plus on est de fous.
Polkette et Bamboche
Portefeuille rouge.
Les Précieux.
Préciosa.
Premier coup de canif
Le Pressoir.
Prêteur sur gages.
Prière des naufragés
Princes. de la rampe
Princesse et favorite
La Prise de Caprée.
La Prise de Pékin.
Prisonn. de Bastille.
Prix d'un bouquet.
Le Prophète.
P'tit fils P'tit Mignon.
Le Puits qui chante.
Le Punch Grassot.
Pygmalion.

Q

Quand on att. sa bou.
Quand on veut tuer
   son chien.
Quatre fils Aymon.
Les Quatre Henri.

Quentin Durward.
Queue de la poële.
La Queue du chat.
Qui dispute s'adore.

R

La Raisin.
Les Recruteurs.
Rendez-vous bourg.
La Reine Crinoline.
La Reine Topaze.
La Reine Margot.
Robert Surcouf.
Rocambole.
Rocher de Sysiphe.
Rôdeurs du P. Neuf.
Le Roi boit.
Le Roi de bohême.
Le Roi de Rome.
Le Roi de la lune.
Le Roi des îles.
Le Roi malgré lui.
Le Roman comique.
Roman d'une heure.
Roméo et Marielle.
Roquelaure.
La Rose de St-Flour.
Rose et Colas.
Rose et Marguerite.
Rose et Rosette.
Rosemonde.
Le Rosier.
Rothomago.
La Route de Brest.
Royaume de la bêtise
Ruines du chât. noir.

S

Le Sage et le fou.
Salvator Rosa.
Le Sang mêlé.
Sans queue ni tête.
Sav. rue Quincampoix
Scapin.
Schahabaham II.
Schamyl.
Sec. de l'oncle Vincent
Sec. de Miss Aurore.
Secret des cavaliers.
7 femmes de B. Bleue
7 merv. du monde.
7 merv. du n° 7.
7 péchés capitaux.
Le Sergent Frédéric.
Serment de Bichette.
Servante maîtresse.
Si j'étais riche.
Si j'étais roi.
Si ma femme le savait
Simon le voleur.
Si Pontoise le savait.
Sire de Framboisy.
La Sirène de Paris
6 demoiselles à mar.
Le 66.
Songe d'une n. d'été.
Songe d'une n. d'hiver
Sonnette du diable.
Sorcière, ou les États
   de Blois.

Soubrette de qua...
Le Sou de Lise
Souffl.-moi dans l'œ...
Le Sourd.
Sourd comme un p...
Sous les pampres
Sous un bec de g...
Souven. de jeunes...
Souvent fem. va...
Suites d'un 1er lit...

T

Les Talismans.
Tant va l'Autruch...
   à l'eau.
Taverne du Diabl...
Télégraphe électri...
Tempête dans u...
   baignoire.
Tempête dans
   verre d'eau.
La Terre promise
Test. d'un garçon.
La Tête de Martin
Théâtre des zouav...
Théodore.
Théodoros.
Thérèse Ange Diab...
La Tireuse de carte...
Toby le boiteux.
Toilettes tapageus...
La Tonelli.
Toquades d. Borom...
Tour de Nesle à Pon...
   à-Mousson.
Toute seule.
33,333 fr. 33 c. p. jou...
Tromb-al-Cazar.
3 amours de Tibull...
3 fils de Cadet-Rou...
3 rois, 3 dames.
3 sultanes.
Trottmann le touris...
Le Tueur de lions.
Turlututu, ch. point...
Turlututu et Casca...

U

Usurier de village.
Un Ut de poitrine.
Ut dièze.

V

Vaches landaises.
Valentine d'Arment...
Vendanges du C.-T...
Vente d'un r. mob...
Vent du soir.
Vercingétorix.
Veuve au camélia...
Vic. de Wackefield
La Vie de Bohême.
Vie d'une comédienn...
Le Vieux caporal.
Vieux de la v. roche...
Vilain monsieur.
Viveurs de Paris.
La Voie sacrée.
Voilà la chose.

Voile de dentelle | Voy. aut. d'une j. fem. | **Y** | **Z**
es Voleurs d'or. | Voyage sentimental. | Ya Meinherr. | Zémire et Azor.
oleuse d'enfants. | **W** | York. | Zerbine.
olontaires de 1814. | | | Les Zouaves.
oy. aut. de ma marm | William Shakspeare. | |

PIÈCES DE THÉATRE

Format in-4° à 30 centimes

AVEC UN DESSIN REPRÉSENTANT UNE DES PRINCIPALES SCÈNES

olphe et Sophie
nants de Murcie.
Bague de fer.
rbier de Séville.
Cabane de Montai-
nard.
las.
ristine à Fontai-
nebleau.
lonel et le soldat.
scèn. de la fronde.
s Deux Philibert.
Diamant.
ane de Chivry.
Dîner de Madelon.
odie, *drame.*
s Etudiants.
génie.

Eulalie Pontois.
Farruck le Maure.
Fénelon.
La Fiancée de Lam-
mermoor.
Le Fils de la folle.
La Forêt périlleuse
Les Francs-juges.
Françoise de Rimini.
Frères à l'épreuve.
Gaëtan il Mammone.
Hamlet.
L'honnête criminel.
L'honneur d. le crime
Il y a 16 ans.
Jean de Paris.
Lisbeth, ou la Fille
du laboureur.

Macbeth.
Mac Dowel.
Mariage de Figaro.
Le Massacre des inno-
cents.
La Mère coupable.
Misanthropie et re-
pentir.
Le Moine.
Othello.
L'Ouvrier.
Palmérin le solitaire
Le Père de famille.
La Petite ville.
Le Philosophe sans le
savoir.
Le Pied de mou-
ton.

Prisonnier vénitien.
Raymond, ou l'héri-
tage du Naufragé.
Richard Cœur-de-
Lion.
Robert chef de bri-
gands.
Roméo et Juliette.
La Sorcière ou l'Or-
phelin écossais.
La Suédoise.
Le Testament de la
pauvre femme.
Thérèse ou l'Orphe-
line de Genève.
La Vendetta, *drame.*
Victimes cloîtrées.
Les Visitandines.

PIÈCES DE THÉÂTRE

Format grand in-8° à deux colonnes

Titre	fr.	c.
Académicien de Pontoise	»	60
L'Ame en peine	1	»
Amour et Biberon	»	60
L'Amour qué qu'c'est ça.	»	60
L'Ane à Baptiste	»	60
L'Ange de ma tante	»	60
Les Antipodes	»	60
Après la bataille	1	»
L'Argent par les fenêtres.	1	»
Le Bouillon d'onze heures.	1	»
Breda street	»	60
Le Cabaret du pot cassé.	»	60
Le Carillon de St-Mandé	»	60
La Carotte d'or	1	»
Le Carton vivant	1	»
Casse-cou	1	»
Ce qui manq. aux grisettes	1	»
Le Château de la Roche-Noire	»	60
Chevalier de Beauvoisin.	»	60
Chien et Chat	1	50
Cinq Gaillards	»	60
Une Confidence	»	60
La Cour de Biberach	»	60
Croquignole	»	60
La Dame aux Œillets blancs	1	»
Le Défaut de la cuirasse	»	60
Le Dernier des Mohicans	1	»
Les Deux Camusot	1	»
Un Doigt de vin	1	»
Le Droit de visite	1	»
Le Duel aux mauviettes..	»	60
E. H.	1	»
En carnaval	»	60
L'Enfant de la maison..	»	60
L'Enfant du carnaval....	5	»
L'Etoile du berger	1	»
L'Eunuque	»	60
Les Faubourgs de Paris.	»	60
La Femme de mon mari.	2	»
Une Femme qui s'ennuie	1	»
Les Femmes saucialistes.	»	60
Les Fiançailles des Roses	1	»
La Fille du hussard	1	»
Les Frères Dondaine...	1	»
Un Gendre aux épinards.	»	60
Un Gendre en mi bémol.	1	»
Le Gibier du roi	»	60
Gilette de Narbonne....	1	50
Gloire et Perruque	1	»
Le Grand Palatin	»	60
Grands et petits	1	50
Grassot embêté par Ravel.	»	60
La Grisette de qualité..	»	60
L'Habeas Corpus	»	60
Henriette et Charlot....	»	60
Les Hirondelles	1	»
Une Histoire de voleurs.	»	60
L'Ile du prince Toutou...	»	60
L'Impresario, *opérette*..	»	60
L'Inconsolable	»	60
Le Jardin d'Hiver	1	»
Juanita	1	»
Le Juif-Errant, *drame*..	1	»
Les Libertins de Genève	1	»
Lorettes et Aristos	»	60
Mme de Cérigny	»	60
Mme Flambart	1	»
Mlle de Mérange	»	60
Mlle de Navailles	»	60
La Maîtresse anonyme..	1	»
Malheureux com. un nègre	»	60
Marguerite et Bouton d'or	1	»
Un Mari du bon temps..	»	60
La Mariée de Poissy....	»	60
Un Mari perdu	»	60
Un Mari tombé des nues	1	»
Le Marquis de Carabas.	»	60
La Mauricette	»	60
Les Mémoires de ma tante.	1	»
La Mère de Famille....	1	»
Le Mobilier de Bamboche	»	60
Un M. comme il faut....	1	»
M. de Montgaillard	»	60
Montagne qui accouche..	»	60
Nouv. Clarisse Harlowe.	1	»
Une Nuit sur la scène..	1	50
On dira des bêtises	»	60
L'Orfévre du pont au Change	»	60
Les Orphelins du faubourg	1	»
Une Paire de Peres	1	»
Un Papa charmant	1	»
Paquette et Grivet	1	50
La Peau du Lion	2	»
Le Pêcheur béarnais....	1	»
Pendant l'orage	1	50
La Perle du Brésil	1	
La Perle du régiment...	1	
La Petite Provence. ...	1	
Les Peureux	1	
Philippe II, roi d'Espagne	»	
Pierrot posthume	1	
Le Poisson d'Avril	3	
Le Porte-drapeau d'Austerlitz	1	
Le Potager de Colifichet.	1	
La Poule aux œufs d'or.	»	
Le Premier chapitre....	1	
Les Prodigalités de Bernerette	»	
Le Proscrit, *opéra*	1	
Pulcinella	»	
Le Raphaël de la Courtille	1	
Recherche de l'Inconnu.	1	
La Reine de Chypre....	1	
Un Relais dans la manche	1	
La République des lettres	»	
Une Rivière dans le dos	»	
Rocambole le Bateleur..	1	
Le Roman comique	1	
La Saint-Sylvestre	1	
Les 7 fem. de Bar-Bleue	»	
Le Serpent sous l'herbe	»	
Un Service à Blanchard.	1	
Si jeunesse savait	2	
La Société du doigt dans l'œil	»	
Sur la gouttière	1	
Suzanne de Croissy	»	6
Les Tirailleurs français.	1	
Les Trois Dondons	»	6
Le Trompette de M. le Prince	2	
Le Val d'Andorre	1	
La Vieillesse d'une grisette	1	
Viens, gentille dame....	1	
Les Vins de France....	»	6
Les Violettes de Lucette.	1	
V'la ce qui vient de paraître	»	6
Un Voisin de campagne	1	
Une Voix	»	6

RÉPERTOIRE DU THÉATRE ITALIEN

OPÉRAS

TEXTE EN REGARD DE LA TRADUCTION — CHAQUE PIÈCE 2 FRANCS

le Aventure de Scaramouche	RICCI.	I Lombardi	VERDI
nna Bolena	DONIZETTI.	Linda di Chamouni	DONIZETTI.
l Ballo in Maschera	VERDI.	Luisa Miller	VERDI.
Barbiere di Siviglia	ROSSINI.	Lucrezia Borgia	DONIZETTI.
atrice di Tenda	DONIZETTI.	Lucia di Lammermoor	DONIZETTI.
lizario	DONIZETTI.	Margherita	G. BRAGA.
Bravo	MERCADANTE.	Matilda di Shabran	ROSSINI.
Cantatrici Villane	FIORAVANTI.	Marino Faliero,	DONIZETTI.
Capuletti e i Montecchi	BELLINI.	Maria di Rohan	DONIZETTI,
nerentola	ROSSINI.	Marta	FLOTOW.
Contessina	PONIATOWSKI.	Il Matrimonio segreto	CIMAROSA.
rrado di Altamura	RICCI.	Mose	ROSSINI.
si fan tutte	MOZART.	Nabucodonosor	VERDI.
ispino e la Comare	RICCI.	Norma	BELLINI.
Crociato	MEYERBEER.	Le Nozze di Figaro	MOZART.
n Desiderio	PONIATOWSKI.	Otello	ROSSINI.
Duchessa di San Giuliano	GRAFFIGNA.	Parisina	DONIZETTI.
le Foscari	VERDI.	Il Pirata	BELLINI.
nna del Lago	ROSSINI.	Piccolino	Mme GRANDVAL
n Pasquale	DONIZETTI.	Poliuto	DONIZETTI.
n Giovanni	MOZART.	Il Proscrito	VERDI.
Elisire d'Amore	DONIZETTI.	I Puritani	BELLINI.
isa e Claudio	MERCADANTE.	Rigoletto	VERDI.
nani	VERDI.	Il Ritorno di Columella da Padova	FIORAVANTI.
Fantasma	PERSIANI.	Roberto Devereux	DONIZETTI.
delio	BEETHOVEN.	Semiramide	ROSSINI.
glia del Reggimento	DONIZETTI.	Stradella	FLOTOW.
orina	C. PEDROTTI.	Sonnambula	BELLINI.
Furioso	DONIZETTI.	Tancredi	ROSSINI.
Gazza Ladra	ROSSINI.	Il Templario	O. NICOLAÏ,
mma di Vergy	DONIZETTI.	La Traviata	VERDI.
ovanna d'Arco	VERDI.	Il Trovatore	VERDI.
uramento	MERCADANTE.	Turco in Italia	ROSSINI.
ès de Castro	PERSIANI.	Vestale	MERCADANTE.
Italiana in Algeri	ROSSINI.	Saffo	PACINI.
onora	MERCADANTE.		

TRAGÉDIES, COMÉDIES, DRAMES

TEXTE EN REGARD DE LA TRADUCTION

	fr.	c.		fr.	c.
amma, tragédie en 3 actes	2	50	Macbeth, tragédie en 4 actes	1	50
assandre, tragédie en 5 actes	1	50	Marie Stuart, tragédie en 5 actes	1	50
e Cid, tragédie en 5 actes	1	50	Médée, tragédie en 3 actes	1	50
gmont, de Gœthe, ouverture et frag.	1	»	Mirra, tragédie en 5 actes	1	50
lisabeth, drame en 5 actes	1	50	Octavie, tragédie en 5 actes	1	50
tourderie et bon cœur, com. en 5 act.	1	»	On ne badine pas avec les hommes, comédie en 3 actes (analyse)	»	50
ausses confidences, com. en 3 actes	1	50	Oreste, tragédie en 5 actes	1	50
amlet, tragédie en 5 actes	1	50	Otello, tragédie en 5 actes	2	»
'héritage d'un premier comique, coméd. en 1 acte	1	»	Phèdre, tragédie en 5 actes	1	50
es Jaloux heureux, com. en 1 acte	1	»	Pia de Tolomei, drame en 5 actes	1	50
eanne d'Arc, prologue en 1 acte	1	»	Point de mal, com. en 3 act. (analyse)	»	30
a Joueuse de harpe, drame en 3 actes (analyse)	»	50	Polyeucte, tragédie en 5 actes	1	50
udith, tragédie en 5 actes	2	»	Rosemonde, tragédie en 5 actes	1	50
a Locandiera, comédie en 3 actes	1	50	Saül, tragédie en 5 actes	1	50
Macbeth, de Shakspeare (scène de somnambulisme)	»	50	Une singulière aventure, comédie en 3 actes (analyse)	»	50
			Zaïre, tragédie en 5 actes	1	50

THÉATRE CONTEMPORAIN ILLUSTRÉ

Format in-4º

CHOIX DE PIÈCES JOUÉES SUR TOUS LES THÉATRES DE PARI

Chaque série contient cinq pièces. Prix : 1 fr.

Chaque Pièce est ornée d'un dessin représentant une des principales scènes de l'ouvrage

1re SÉRIE.
Chiffonnier de Paris.
Closerie des Genêts.
Temp. dans 1 v. d'eau
Le Morne au diable.
Pas de fum. sans feu.

2e SÉRIE.
Trois Rois, trois Dam.
La Marâtre.
Ferme de Primerose.
Chev. de Mais.-Rouge
L'Habit vert.

3e SÉRIE.
Benvenuto Cellini.
Frisette.
Clarisse Harlowe.
La Reine Margot.
Jean le Postillon.

4e SÉRIE.
Foi, Espér. et Charité
Le Bal du Prisonnier
Hamlet.
Le Lait d'ânesse.
Hortense de Blengie.

5e SÉRIE.
Le Fils du Diable.
Dent sous Louis XV.
Le Livre noir.
Midi à 14 heures.
La Petite Fadette.

6e SÉRIE.
La Vie de Bohême.
Graziella.
La Chambre Rouge.
Jeune hom pressé.
Le Docteur noir.

7e SÉRIE.
Martin et Bamboche.
Deux Sans-Culottes.
Mystères du Carnaval
Croque-Poule.
Une Fièvre brûlante.

8e SÉRIE.
Bataille de Dames.
Pardon de Bretagne.
Parure de J. Denis.
Paris qui dort.
Paris qui s'éveille.

9e SÉRIE.
Intrigue et Amour.
Marc. de Jouets d'Enf.
Gentil-Bernard.
Jobin et Nanette.
Le Collier de Perles.

10e SÉRIE.
Bourgeois de Paris.
Contes Reine de Nav.
Qui dispute s'adore.
Marie Simon.
La Famille Poisson.

11e SÉRIE.
Les Nuits de la Seine.
Garçon de chez Véry
Chap. de paille d'Italie
L'Oncle Tom.
La Chasse au Lion.

12e SÉRIE.
Berthe la Flamande.
Mari q. n'a r. à faire.
Test. d'un garçon.
La Chatte blanche.
L'amour p. aux chev.

13e SÉRIE.
Le Courrier de Lyon.
Par les Fenêtres.
Le Roi de Rome.
M. qui suit les fem.
La Terre promise.

14e SÉRIE.
7 péchés capitaux.
La Tête de Martin.
Le Sage et le Fou.
Le Muet.
Merlan en b. fortune.

15e SÉRIE.
Quatre Fils Aymon.
Scapin.
Un 1er coup de canif.
Roquelaure.
Une Nuit orageuse.

16e SÉRIE.
La Mendiante.
La Tonelli.
Les Avocats.
Marianne.
Charge de Cavalerie.

17e SÉRIE.
Coulisses de la vie.
Un ami acharné.
Bergère des Alpes.
Paniers de la Comt.
Marie ou l'Inondation.

18e SÉRIE.
7 Merv. du Monde.
Un Coup de vent.
Notre-D. de Paris.
Lundis de Madame.
Château des 7 Tours.

19e SÉRIE.
Mystères de l'Été.
Voy. aut. d'une jolie f.
Le Cœur et la Dot.
L'Ut de Poitrine.
Léonard le Perruq.

20e SÉRIE.
7 Merveilles du nº7.
L'Ami François.
Les Enfers de Paris.
Atala.
Nuit du Vend. Saint.

21e SÉRIE.
Les Cosaques.
M. qu'on attend pas.
Bertram le Matelot.
L'Amour au daguerr.
Irène ou Magnétisme

22e SÉRIE.
Mystères de Londres.
Un Vilain Monsieur.
Lys dans la Vallée.
Homme entre 2 airs.
La Forêt de Sénart.

23e SÉRIE.
Catilina.
Théodore.
Le Voile de Dentelle.
Fureurs de l'Amour.
Folies-Dramatiques.

24e SÉRIE.
Comt. de Sennecey.
Edgar et sa Bonne.
Manon Lescaut.
Mém. de Richelieu.
L'Ane mort.

25e SÉRIE.
Le Vieux Caporal.
Diane Lys Camélias
Gr. Déc. Prud'homme
Roman d'une heure
Thérèse Ange Diable

26e SÉRIE.
Paris pl. et Paris ri
Chêne et le Roseau
Orphel. de Valneige
Marie-Rose.
Ambiguen hab. neufs

27e SÉRIE.
Un Notaire à marier
Rendez-vous bourg
Honneur de la Maiso
Le Laquais d'Arthur
L'Argent du Diable

28e SÉRIE.
La Boisière.
Quand on att. bourse
Le Ciel et l'Enfer.
Souv. femme varie.
Gastibelza.

29e SÉRIE.
Schamyl.
2 Femmes en gage.
L'Armée d'Orient.
Où passer. mes soir.
Gaietés champêtres.

30e SÉRIE.
La Bonne Aventure.
En Bonne Fortune.
Gusman le Brave.
Ce que vivent les roses
Oiseaux de la Rue.

31e SÉRIE.
Le Prophète.
Vieux de la V. Roche.
Echec et Mat.
Mam'zelle Rose.
Louise de Nanteuil.

32e SÉRIE.
Prière des Naufragés.
Un Mari en 150.
Cinq cents Diables.
A Clichy.
Harry le Diable.

73ᵉ SÉRIE.
Les Mers polaires.
Mam'zelle Jeanne.
Les Fugitifs.
Feu à vieille maison.
Il y a seize ans.

74ᵉ SÉRIE.
La Nuit du 20 sept.
Les Petits Prodiges.
Crochets du P. Martin
Croix à la cheminée.
Bataille de Toulouse.

75ᵉ SÉRIE.
Jaguarita.
Déjeuner de Fifine.
Jean Bart.
Banq. c. il y en a peu
La Famille Lambert.

76ᵉ SÉRIE.
Mousquet. de la Reine
Les Précieux.
Faut q. jeun. se paye.
J'ai mangé mon ami.
Rose et Rosette.

77ᵉ SÉRIE.
Bibelots du Diable.
Les Deux Pêcheurs.
Les Mères repenties.
Vente de riche mobil.
Amants de Murcie.

78ᵉ SÉRIE.
Pantins de Violette.
Eva.
Turlututu.
Je Croque ma tante.
Calas.

79ᵉ SÉRIE.
Tromb-al-Cazar.
Si ma femme le say.
Château de Grantier.
Préciosa.
Rôdeurs du P.-Neuf.

80ᵉ SÉRIE.
Enfants terribles.
Maîtr. bien agréable.
Case de l'Oncle Tom.
Les Cinq sens.
Lisbeth, Fille labour.

81ᵉ SÉRIE.
Le Punch Grassot.
Monsieur mon Fils.
Frère et Sœur.
Drelin ! Drelin !
L'Ouvrier.

82ᵉ SÉRIE.
Le Clou aux maris.
Marquise de Tulipano.
Dragons de Villars.
Une Crise de ménage.
Test. de pauvre femm.

83ᵉ SÉRIE.
Comte de Lavernie.
Cinq Gaillards.
Martha.
Plus on est de fous.
Le Père de famille.

84ᵉ SÉRIE.
Faust.
La Perdrix rouge.
Maurice de Saxe.
Anguille sous roche.
La Vendetta, *drame.*

85ᵉ SÉRIE.
Ducs de Normandie.
Temp. dans baignoire
Cartouche.
Un Mari d'occasion.
Fiancée Lamermoor.

86ᵉ SÉRIE.
Demoiselle d'honneur
Entre hommes.
Ecole des ménages.
Le Tueur de lions.
Othello.

87ᵉ SÉRIE.
Paris s'amuse.
Soufflez-m. dans l'œil.
Le Maître d'Ecole.
Invent. de la poudre.
Gaëtan il Mammone.

88ᵉ SÉRIE.
Les Grands Vassaux.
Dîner de Madelon.
Fanfan la Tulipe.
Pan! Pan! c'est fortune
Le Diamant.

89ᵉ SÉRIE.
Cri Cri.
Orfa.
Quentin Durward.
Chèvre de Ploërmel.
Robert. chef brigands

90ᵉ SÉRIE.
Compagn. de Truelle.
Capitaine Chérubin.
Songe d'une nuit d'été.
Un Fait-Paris.
Frères à l'épreuve.

91ᵉ SÉRIE.
Chevaliers Pince-Nez
Dada de Paimbœuf.
Savet. r. Quincamp.
Tant va l'Autr. à l'eau
Philosophe sans sav.

92ᵉ SÉRIE.
Roi de Bohême.
Aimons notre proch.
Prêteur sur gages.
Chevalier des Dames.
Adolphe et Sophie.

93ᵉ SÉRIE.
Marchand de Coco.
Dame pour voyager.
Sans Queue ni tête.
Bonne p. tout faire.
Mac-Dowell.

94ᵉ SÉRIE.
Les Deux aveugles.
Les Trois Sultanes.
Histoire d'un drapeau
L'Ut Dièze.
Farruck le Maure.

95ᵉ SÉRIE.
Christine à Fontaineb.
Orphée.
Le Roi des Iles.
Le Paletot brun.
Elodie, *drame.*

96ᵉ SÉRIE.
Lanterne magique.
L'Avocat du Diable.
La Fille du Tintoret.
Madame est aux eaux
Colonel et soldat.

97ᵉ SÉRIE.
Fanchette.
Otez vot. Fille S, V. P.
Compère Guillery.
M. de Bonne-Etoile.
Françoise de Rimini.

98ᵉ SÉRIE.
Le Jugement de Dieu.
Omelette du Niagara.
Le Sang-mêlé.
Le Petit Cousin.
Le Pied de Mouton.

99ᵉ SÉRIE.
Mère du condamné.
C'était moi.
Charles VI.
Je marie Victoire.
La Suédoise.

100ᵉ SÉRIE.
La Sirène de Paris.
Le Sou de Lise.
Fils de B. Bois Dorm.
Veuve au Camélia.
La Bague de Fer.

101ᵉ SÉRIE.
Pianella.
L'Ecole des Arthurs.
La Pécheresse.
Feu le capit. Octave.
La Forêt périlleuse.

102ᵉ SÉRIE.
La Fête des Loups.
L'Esprit familier.
Le Drame de famille
L'Hôtel de la Poste.
Comme on gâte sa vie

103ᵉ SÉRIE.
La Petite Pologne
Comédiens de sal
Gentilh. de montag
Les Baisers.
Victimes cloîtrées

104ᵉ SÉRIE.
Mém. Mimi Bamboc
Gemma.
Bourgeois gentilsl
Matelot et Fantassi
Richard Cœur de Li

105 ÉRIE.
Maison du P. N. Dam
3 amours de Tibull
Le Bijou perdu.
Voy. aut. de ma mari
Les Francs-juges.

106ᵉ SÉRIE.
Jeanne qui pl. et J, r.
Le Rosier.
L'Escamoteur.
C'est ma femme.
Prisonnier vénitier

107ᵉ SÉRIE.
Trottmann le Tourist
Mari à l'Italienne.
Fille des Chiffonnier
Sourd comme un pot
Raymond ou l'Hérita

108ᵉ SÉRIE.
Gil-Blas, *opéra-comiq*
Je suis mon fils.
Chemin le plus long
Mari aux champign
La Sorcière.

109ᵉ SÉRIE.
Bague de Thérèse.
Amour du Trapèze.
Marguerite de S. Gem.
L'Habit de Mylord.
Cabane de Montainard

110ᵉ SÉRIE.
Bataillon la Moselle.
J. Homme au riflard.
Oh! là là, q' c'est bête
Après deux ans.
Etouffeurs de Londres

111ᵉ SÉRIE.
Maris font touj. rire.
Ombrelle compromi.
Gueux de Béranger.
La Grotte d'azur.
Fénelon.

112ᵉ SÉRIE.
Alceste, *opéra.*
La Balançoire.
L'Ange de Minuit.
Les Deux Cadis.
Palmérin le solitaire.

113e SÉRIE.
anche à Robinson
sieur votre fille.
Beauté du Diable.
emonde.
onnête criminel.

114e SÉRIE.
Deux Veuves.
kandre ch. Appel.
Danses nationales
ardien des scellés
anth. et Repentir.

115e SÉRIE.
a ou l'Esclavage.
ontoise le savait.
Visitandines.
irette et Clairon.
on le Voleur.

116e SÉRIE.
Aventuriers.
mberge au vent.
q. des Innocents.
êtons les frais.
Petite Ville.

117e SÉRIE.
tefeuille rouge.
Nouv. Hermione.
Fille du Paysan.
qui a brûlé 1 Dame.
Deux Philibert.

118e SÉRIE.
tin de montagne.
Mari qui ronfle.
Lac de Glenaston.
Chapitre V.
Peau de chagrin.

119e SÉRIE.
de de l'Étr. à Paris
ez Bonvalet.
vers de Conspirat.
e présenté
hier de Séville.

120e SÉRIE.
ent. Darmentière
Dame de trèfle.
nce de Simiers.
lérat de Poireau !
Mère Coupable.

121e SÉRIE.
lontaires de 1814.
asse aux Papillons
nire et Azor.
delon Lescaut.
illaumeDébardeur

122e SÉRIE.
Rose et Colas,
Homme a perdu s. *do*
Un Enfant de Paris.
Carn. de Troupiers.
Le Maréchal Ney.

123e SÉRIE.
Servante Maîtresse.
Homme qui a vécu.
Mystères du Temple.
Vercingétorix.
Bouquet de Violettes.

124e SÉRIE.
Fauss. bon. Femmes
Matapan.
Etrangleurs de l'Inde
P'tit Fils, P'titMignon
Henriette Deschamps

125e SÉRIE.
Dame de Monsoreau.
L'Écumoire.
Bonaparte en Égypte
Cocatrix.
La Prise de Caprée.

126e SÉRIE.
Philidor.
L'Heure avant l'ouv.
Les Fous.
Ya Meinherr.
Eugénie.

127e SÉRIE.
Les Belles de nuit.
Un Jeun. Hom. en loc.
Mariage de Figaro.
Jours Gras de Mme.
Marceau.

128e SÉRIE.
Tour de Nesle à P-à-M.
Drôle de Pistolet.
Ruines du Chât. noir.
L'Esclave du Mari.
Hôtel la Tête-Noire.

129e SÉRIE.
Mauvais Cœur,
Horace et Liline.
Défiance et Malice.
Les Recruteurs.
Chemin de traverse.

130e SÉRIE.
François Bas-Bleus.
Deux mots.
Château de Pontalec.
Lorgnon de l'Amour.
Bruyère.

131e SÉRIE.
Le Père Lefeutre.
Détourn. de Majeure.
Paysanne pervertie.
L'Étincelle.
Éric ou le Fantôme.

132e SÉRIE.
Fille de trente ans.
Le Piége au Mari.
Chodruc-Duclos.
Mort de Bucéphale.
Comte de Ste-Hélène.

133e SÉRIE.
La Loge de l'Opéra.
Neveu de Gulliver.
Pirates de la Savane.
Enlèvement d'Hélène
Charlotte et Werther

134e SÉRIE.
Deux Merles blancs
Toute seule.
Bonhomme Jacques.
Jarret. d'un Huissier.
Les Chiffonniers.

135e SÉRIE.
La Conscience.
Chassé-Croisé.
Le Pays Latin.
Cor et Amour.
Habit, veste et Culotte

136e SÉRIE.
L'Otage.
Dette de jeunesse.
Queue de la Poêle.
Bredouille.
Bonhomme Richard.

137e SÉRIE.
Le Roman comique.
Q. on v. tuer s. chien
Usurier de Village.
Turlututu et Cascar.
Taverne du Diable.

138e SÉRIE.
Les Diables roses.
L'Écureuil.
3 Fils Cadet-Roussel
La Mort de Socrate.
Macbeth.

139e SÉRIE.
Boulang. a des écus
Job et son chien.
L'Africain.
Bibi.
Sonnette du Diable.

140e SÉRIE.
Cendrillon.
Chalet de la Méduse.
La Voie sacrée.
M. Prosper,
Le Guérillas,

141e SÉRIE.
La Sorcière.
Épernay, 20 m. d'arrêt
Les Voleurs d'or.
Les Marrons glacés.
Léone-Léoni.

142e SÉRIE.
Capitaine Fantôme.
Le Célèbre Vergeot.
Cadet-Roussel.
La Bourse ou la vie.
Honneur d. le crime.

143e SÉRIE.
Fils de Charles-Quint
L'Eau de Jouvence.
Prisonn. de Bastille.
La Petite voisine.
Le Moine.

144e SÉRIE.
Hom. aux fig. de cire
Serment de Bichette
L'Amour qui tue.
Le Mari de ma sœur.
Mass. des Innocents

145e SÉRIE.
Le Paratonnerre.
Laitière de Trianon.
Homme à la blouse.

PIÈCES DE THÉÂTRE

A TRÈS-PEU DE PERSONNAGES, FACILES A JOUER EN SOCI

Drames — Comédies en vers et en prose — Comédies-Vaudevilles — Vaudevilles — Opérettes

Pièces à un seul personnage

	Hom.	Fem.
A Molière, *à-propos en vers*	1	»
L'Amour pris aux cheveux, *vaud.*	1	»
Les Baisers d'alentour, *pièce*	»	1
Bonjour bon an, *compliment en vers*	1	»
Une Dent sous Louis XV, *vaudev.*	1	»
Le Départ, *scène en vers*	1	»
Une Femme qui ne vient pas, *scène*	1	»
Henri Regnault, *scène en vers*	1	
Le Mobilier de Bamboche, *vaud.*	1	
Les Pigeons de la République, *scène en vers*	1	
Théodore, désespoirs nocturnes d'un célibataire, *vaudeville*	1	

Pièces à deux personnages

	Hom.	Fem.
Après deux ans, *comédie*	1	1
Après le Bal, *comédie*	1	1
Au pied du mur, *comédie*	1	1
Avant la noce, *opérette*	1	1
Le Bijou de la Reine, *c. en vers*	1	1
Une Bonne pour tout faire, *vaudev.*	1	1
Bonsoir, voisin, *opérette*	1	1
La Botte secrète, *folie-vaudeville*	2	»
La Bourse ou la vie, *opéra-com.*	1	1
Le Bout-de-l'an de l'amour, *com.*	2	»
Les Caprices de ma tante, *comédie*	1	1
C'était Gertrude, *comédie*	1	1
Une Chambre à deux lits, *pochade*	2	»
Circé, *proverbe*	1	1
La Comédie de Salon	1	1
Un Coup de vent, *vaudeville*	1	1
Croque-Poule, *vaudeville*	1	1
Dans les vignes, *opérette*	2	»
Défiance et Malice, *comédie*	1	1
Les Deux Aveugles, *opérette*	2	»
Les Deux Bébés, *comédie*	2	»
Les Deux Pêcheurs, *opérette*	2	»
L'Eau de Jouvence, *com. en vers*	1	1
En bonne fortune, *comédie*	1	1
En manches de chemise, *vaudev.*	1	1
En manches de chemise, *opérette*	1	1
Entre hommes, *pochade*	»	2
En wagon, *saynète*	1	1
Les Fourb. de Nérine, *c. en vers*	1	1
Gloire et Perruque, *vaudeville*	1	1
L'Héritage de ma tante, *com.-vaud.*	1	1
Un Homme seul, *vaudeville*	1	1
Indiana et Charlemagne, *vaudeville*	1	1
Jobin et Nanette, *com.-vaudeville*	1	1
Jour de la Blanchisseuse, *vaudev.*	1	1
Les Jurons de Cadillac, *comédie*	1	1
Lischen et Fritzchen, *opérette*	1	1
Le Lorgnon de l'Amour, *comédie*	1	
Madame Patapon	2	
Madame reçoit-elle, *comédie*	1	
Marguerite et Bouton-d'or, *vaudev.*	1	
Un Mari dans du coton, *comédie*	1	1
Le Mari de ma Sœur, *comédie*	»	2
Un Mari disponible, *comédie*	1	1
Une minute trop tard, *opérette*	2	»
Monsieur va au cercle, *vaudeville*	1	1
Un M. qu'on n'attendait pas, *scène*	1	1
La Mort du pécheur, *com.-vaud.*	1	1
Une Nuit sur la scène, *folie*	2	»
Où passerai-je mes soirées ? *c.-v.*	1	1
Paquette et Grivet, *vaudeville*	1	1
Pendant l'orage, *comédie-vaudeville*	»	2
Polkette et Bamboche, *vaudeville*	1	1
La Pomme, *comédie en vers*	1	1
Le Post-scriptum, *comédie*	1	1
Pour les blessés, *scène en vers*	1	1
La Revanche d'Iris, *com. en vers*	1	1
Roméo et Marielle, *vaudeville*	1	1
Soufflez-moi dans l'œil, *pochade*	2	»
Les Souliers de bal, *comédie*	»	2
Sous un bec de gaz, *sc. de la vie noct.*	1	1
Tempête dans un verre d'eau, *com.*	1	1
Les Travestissements, *opérette*	1	1
Un vilain Monsieur, *vaudeville*	2	»
La Voix du Maître, *scène en vers*	2	»
Les Yeux du Cœur, *comédie*	1	1

Pièces à trois personnages

	Hom.	Fem.
Clichy, *opérelte*	3	»
...mant de Cœur, *vaudeville*	2	1
...mi François, *coméd.-vaudeville*	2	1
...rès l'orage le beau temps, *vaud.*	2	1
...utre Motif, *comédie*	1	2
...vocat du Diable, *comédie*	2	1
...s Baisers, *comédie*	1	2
...Baronne de Blignac, *com.-vaud.*	2	1
...Beau Léandre, *com. en vers*	2	1
...gaiements d'amour, *opéra-com.*	2	1
...Berceau, *comédie en vers*	2	1
...qué, *vaudeville*	2	1
...Bonhomme Jadis, *comédie*	2	1
...in d'Amour, *opérette*	2	1
...utus, lâche César! *com.-vaud*	2	1
...Café du Roi, *opéra-comique*	1	2
...Cas de conscience, *comédie*	2	1
...que vivent les roses, *c.-vaud.*	1	2
...risette en prison, *com.-vaudev.*	1	2
...scélérat de Poireau, *vaudeville*	2	1
...Chasse au Lion, *comédie*	2	1
...Cheveu blanc, *comédie*	1	2
...ez une petite dame, *comédie*	1	2
...ien et chat, *comédie-vaudeville*	2	1
...Clou dans la serrure	2	1
...cœur qui parle, *com.-vaudev.*	1	2
...Collier, *comédie*	2	1
...lombine, *comédie-vaudeville*	2	1
...mme elles sont toutes, *comédie*	2	1
...Cravate blanche, *com. en vers*	1	2
...ans la rue, *pochade*	2	1
...Déjeuner de Fifine, *vaudeville*	2	1
...Dernière Idole, *drame*	2	1
...eux profonds scélérats, *pochade*	3	»
...Dinde truffée, *vaudeville*	2	1
...iviser pour régner, *com.-vaud*	2	1
...os à dos, *comédie*	1	2
...Dot de Mariette, *vaudeville*	2	1
...Duel aux mauviettes, *vaudev.*	2	1
...Ecureuil, *comédie*	2	1
...n Fameux numéro, *com.-vaudev.*	2	1
...anchette, *opérette*	2	1
...ne femme est comme votre ombre, *comédie en vers*	2	1
...emme qui perd ses jarretières. *v.*	2	1
...Fiole de Cagliostro, *vaudeville*	2	1
...rancastor, *opérette*	2	1
...Furet des Salons, *com.-vaud*	1	2
...Grassot embêté par Ravel, *vaudev.*	3	»
...Henri le Balafré, *comédie*	2	1
Héro et Léandre, *drame en vers*	1	2
Horace et Liline, *vaudeville*	2	1
Horace et Lydie, *comédie en vers*	1	2
Henriette et Charlot, *vaudeville*	2	1
Un Jeune homme pressé, *vaudeville*	3	»
Les Jolis Chasseurs, *opérette*	3	»
Karel Dujardin, *comédie en vers*	2	1
Mme Bertrand et Mlle Raton, *c.-v.*	1	2
Madame est couchée, *comédie*	2	1
Maître Bâton, *opérette*	2	1
La Maîtresse du Mari, *comédie*	2	1
Mamz'ell' Rose, *vaudeville*	1	2
Un Mari brûlé, *vaudeville*	1	2
Un Mari en 150, *comédie-vaudeville*	1	2
Une Méprise, *comédie*	1	2
Nisus et Euryale, *com.-vaudeville*	2	1
On demande une Lectrice, *vaudev.*	2	1
Un Orage à Tonnerre, *comédie*	2	1
Le Paletot brun, *comédie*	1	2
Pan! pan! c'est la fortune, *c.-vaud.*	2	1
Pas de fumée sans feu, *c. proverbe*	1	2
Pas de fumée sans un peu de feu, *c.*	2	1
Pianella, *opérette*	2	1
Le Piano de Berthe, *comédie*	1	2
Pierrot héritier, *com. en vers*	2	1
Une Pleine eau, *opérette*	2	1
Le Pour et le Contre, *comédie*	1	2
Qui femme a, guerre a, *comédie*	2	1
Qui se dispute s'adore, *proverbe*	1	2
Reculer pour mieux sauter, *prov.*	2	1
Risette, *comédie*	1	2
Le Roman d'une heure, *comédie*	1	2
La Rose de Saint-Flour, *opérette*	2	1
Scapin marié, *comédie en vers*	2	1
Les Sept Femmes de Barbe-Bleue.	2	1
La Servante Maîtresse. *opér.-com.*	2	1
Le 66, *opérette*	2	1
Sur la gouttière, *comédie-vaudeville*	2	1
Sur la grande route, *proverbe*	2	1
Sylvie, *opéra-comique*	2	1
Tambour battant, *com.-vaudeville*	1	2
Toinette et son Carabinier, *opérette*	2	1
Toute seule, *comédie*	2	1
Les Trois Ivresses, *vaudeville*	2	1
Un Tyran domestique, *vaudeville*	2	1
La Veilleuse, *opérelte*	2	1
La Veuve aux Camélias, *vaudeville*	1	2
Zamore et Giroflée, *vaudeville*	2	1
Zerbine, *opérelte*	2	1

Pièces à quatre personnages

Titre	Hom.	Fem.
A Deux de jeu, *comédie*	1	3
Ah! vous dirai-je maman! *coméd.*	1	3
Aimons notre prochain, *comédie*	2	2
— la campagne, *comédie*	2	2
L'Amant aux Bouquets, *comédie*	2	2
L'Ami du Mari, *comédie*	2	2
L'Amour d'une ingénue	2	2
Amour et Caprice, *comédie*	2	2
L'Amour mouillé, *comédie*	2	2
Après la bataille, *drame-vaudeville*	3	1
L'Auberge de la vie, *proverbe*	3	1
L'Avoué par amour, *com. en vers*	3	1
Un Baiser anonyme, *comédie*	2	2
La Belle aux yeux d'émail, *vaud.*	2	2
Bibi, *comédie-vaudeville*	2	2
Les Bons Conseils, *comédie*	2	2
Le Bord du Précipice, *comédie*	3	1
Le Bougeoir, *comédie*	2	2
Le Bouquet, *comédie*	2	2
Les Brebis de Panurge, *comédie*	2	2
Brouillés depuis Wagram, *c.-vaudev.*	3	1
Bûcher de Sardanapale, *c.-vaudev.*	2	2
Le Camp des Bourgeoises, *com.*	2	2
Le Capitaine Georgette, *vaudeville*	2	2
Ce que fille veut, *com., en vers*	2	2
Les Chaînes de fleurs, *comédie*	2	2
Le Chalet de la Méduse, *vaudeville*	2	2
Une Charge de cavalerie, *c.-vaud.*	2	2
Une Chaumière et son cœur, *comédie*	2	2
La Clé de Métella, *comédie*	2	2
La Clé sous le paillasson, *c.-vaud.*	2	2
La Comédie à la fenêtre, *comédie*	2	2
La Consigne est de ronfler, *vaudev.*	2	2
Coqsigrue poli par amour, *vaudev*	3	1
La Corde sensible, *vaudeville*	2	2
Cor et Amour, *vaudeville*	2	2
Un Coup de Pinceau, *com.-vaud.*	3	1
Une Croix à la Cheminée, *c.-vaud.*	2	2
Dame aux 3 couleurs, *c.-v. 3 act.*	3	1
Danaé et sa Bonne, *opérette*	2	2
Dans un coucou, *com.-vaudeville*	2	2
Le Décaméron, *comédie en vers*	2	2
Le Défaut de la Cuirasse, *com.*	2	2
Déménagé d'hier, *vaudeville*	2	2
Le Dernier Quartier, *com. 2 a. vers*	2	2
Deux Femmes en gage, *folie*	2	2
Les deux font la paire, *c.-vaud.*	3	1
Les Deux veuves, *comédie*	2	2
Le Diable rose, *opérette*	1	3
Le Dîner de Madelon, *com.-vaud.*	3	1
La Diplomatie du Ménage, *com.*	2	2
Une Distraction, *comédie*	2	2
Le Docteur Miracle, *opérette*	2	2
Un Doigt de vin, *comédie-vaudeville*	2	2
La Dot de Marie, *com.-vaudeville*	2	2
Drelin! drelin! *com.-vaudeville*	3	1
Le Droit de Visite, *com.-vaudeville*	2	2
Un Duel chez Ninon, *c.-vaudeville*	2	2
L'Education d'un Serin, *vaudeville*	2	2
L'Elixir du Dr. Cornélius, *opérette*	2	2
Elodie, *opérette*	3	1
Embrassons-nous, Folleville, *c.-v.*	3	2
L'Epreuve villageoise, *op.-com. 2 act*	2	2
L'Esclave du mari, *comédie*	2	2
L'Essai du mariage, *comédie*	2	2
L'Esprit familier, *vaudeville*	2	2
Etre présenté, *comédie*	2	2
L'Épouvantail, *com.-vaudeville*	2	2
Les Extrêmes se touchent, *c.-v.*	2	2
Un Fait-Paris, *com.-vaudeville*	3	1
La Famille Lambert, *dr. en 2 act.*	2	2
Le Fauteuil de mon oncle, *opéret.*	3	1
Le Favori de la Favorite, *c. 2 act.*	3	1
La Femme aux œufs d'or, *c.-vaud.*	3	1
Une Femme qui se grise, *vaudev.*	3	1
La Ferme de Primerose, *c.-vaudev.*	3	1
Feu le capitaine Octave, *comédie*	2	2
Feue Brigitte, *vaudeville*	2	2
Le Financier et le Savetier, *opér.*	3	1
Les Finesses du Mari, *comédie*	2	2
Flamberge au vent, *opérette*	2	2
Le Frère aîné, *drame*	3	1
Frisette, *comédie-vaudeville*	2	2
Fureurs de l'Amour, *trag. burlesq.*	3	1
Un Garçon de chez Véry, *c.-vaud.*	3	1
Un Gendre en mi-bémol, *folie-vaud.*	2	2
Gredin de Pigoche! *opérette*	2	2
Le Guetteur de Nuit, *opérette*	3	1
L'Habit vert, *comédie*	3	1
L'Hôtel de la Poste, *opérette*	2	2
Il ne faut pas courir deux lièvres à la fois, *proverbe en vers*	2	2
L'Impresario, *opérette*	2	2
L'Inconsolable, *com.-vaud., 3 act.*	2	2
J'ai perdu mon Eurydice, *com-v.*	2	2
Jaloux du passé, *comédie*	2	2
Jeanne Mathieu, *comédie-vaudeville*	3	1
Job et son Chien, *opérette*	3	1
Un joli Cocher, *vaudeville*	2	2
Un Jour de déménagem., *c.-vaudev.*	3	1
Juge et partie, *comédie*	3	1
Jusqu'à minuit, *comédie-vaudeville*	2	2
Le Laquais d'Arthur, *comédie*	2	2
Le Lis du Japon, *comédie*	3	1
Le Livre d'or, *comédie*	2	2
Lucie, *comédie*	3	1
Madame attend Monsieur, *comédie*	2	2
Madame Diogène, *com.-vaudeville*	2	2
Mme d'Ormessan, s. v. plaît, *com.*	1	3
Mademoiselle Navarre, *comédie*	3	1
Mam'zelle Jeanne, *opérette*	3	1
Le Manteau de Joseph, *vaudeville*	3	1
Le Mariage d'honneur, *proverbe*	3	1
Un Mari du Bon Temps, *comédie*	3	1
Un Mari fidèle, *comédie-vaudeville*	2	2
Un Mari qui pleure, *comédie*	2	2
Un Mari qui ronfle, *vaudeville*	3	1
Un Mari qui voisine, *com. en vers*	2	2
Le Mari sans le savoir, *opérette*	3	1
Marquises de la Fourchette, *c.-v.*	4	»
Les Mémoires de ma tante, *comédie vaudeville*	1	3
Les Mémoires de Richelieu, *c.-v.*	2	2
Méphistophélès, *saynète musicale*	4	»
Le Meurtrier de Théodore, *c., 3 act.*	2	2
Militaire et Pensionnaire, *vaudev.*	2	2

Pièces à quatre Personnages (*Suite*)

	Hom.	Fem.
Ion Ami du Café Riche, *c.-vaud*...	2	2
Ionsieur de Bonne-Etoile, *opéra*..	3	1
I. et Mme Crusoé, *vaudeville*.....	2	2
I'sieu Landry, *opérette*...........	2	2
.e Moulin ténébreux, *opéra-com*..	2	2
.'Occasion, *comédie*................	2	2
.'Œillet blanc, *comédie*...........	2	2
.'Oiseau fait son nid, *com.-vaud*..	2	2
In Oncle aux Carottes, *com.-vaud*.	3	1
.'Opéra aux fenêtres, *opérette*....	3	1
.es Ouvriers, *drame en vers*......	2	2
Ine Paire de Pères, *vaudeville*....	3	1
.es Pantins de Violette, *opérette*.	2	2
.e Passé de Nichette, *comédie*....	3	1
Ine Passion du Midi, *vaudeville*...	3	1
.e Pavé, *comédie*...............	2	2
.a Perdrix rouge, *com.-vaudeville*	2	2
.e Père de ma Fille, *comédie*.....	2	2
.etite pluie abat grand vent, *com*...	1	3
.es Philosophes de 20 ans, *coméd*.	2	2
In Piège, *comédie*...............	3	1
.e Piége au mari, *comédie*........	2	2
.ierrot héritier, *comédie en vers*..	3	1
.ierrot Posthume, *arleq. en vers*..	3	1
.a Pluie et le Beau Temps, *com*..	2	2
.a plus belle Nuit de la vie, *c.-v*.	2	2
.a Poularde de Caux, *opérette*.....	3	1
.es Prétendus de Gimblette, *c.-v*..	3	1
.es Profits de la guerre, *c.-vaud*...	2	2
.ulchriska et Léontino, *pochade*..	2	2
.uand on attend sa bourse, *com*..	3	1
.uand on veut tuer son chien, *c.-v*.	2	2
.a Question d'Amour, *comédie*....	2	2
.ui perd gagne, *comédie*.........	3	1
.uitte pour la Peur, *comédie*......	1	3
.es Révoltées, *com. en vers*......	2	2
.e Roi boit, *opérette*.............	2	2
Rosalinde, *comédie* ....,	2	2
Le Sabot de Marguerite, *com.-v*...	2	2
Le Secret de ma Femme, *vaudeville*	2	2
Le Serment d'Horace, *comédie*,...	2	2
Singuliers effets de la Foudre, *c*.	3	1
Six demoiselles à marier, *opérette*.	2	2
Société du Doigt dans l'Œil, *c.-v*..	3	1
Le Sou de Lise, *opérette*.........	2	2
Une Soubrette de qualité, *c.-v*....	3	1
La Soupe aux choux, *comédie*.....	1	3
Sourd comme un pot, *com.-vaud*..	2	2
Suzanne et les 2 vieillards, *com*..	3	1
La Tante Vertuchoux, *vaudeville*..	2	2
Une Tasse de Thé, *comédie*.......	3	1
Le Tattersal brûle ! *comédie*.....	3	1
Le Télégramme, *comédie*........	2	2
Testament d'un garçon, *dr. 3 act*.	2	2
Titus et Bérénice, *opérette*.......	3	1
Tout v. à p. à qui s. attend., *prov*.	3	1
Trilogie de Pantalons, *c.-vaud*....	3	1
Trois amours de Tibulle, *c. en vers*.	1	3
La Troisième Tasse, *comédie*......	2	2
Les Trois Curiaces, *comédie*......	3	1
Tromb-al-Cazar, *opérette*........	3	1
Trop Beau pour rien faire, *com*...	2	2
Un Truc de Mari, *vaudeville*......	3	1
Une Vendetta parisienne, *coméd*..	2	2
Une Vengeance de Pierrot, *coméd*..	2	2
Vent du soir, *opérette*...........	3	1
La Vertu de ma Femme, *comédie*.	2	2
Un Vieil Innocent, *com.-vaudeville*	2	2
Une Vieille Lune, *vaudeville*.......	2	2
La Vieillesse d'une grisette, *vaudev*.	2	2
Le Village *comédie*..............	2	2
La Vipérine, *opérette*.	2	2
Une Visite de noces, *comédie*.....	2	2

Pièces à cinq personnages

	Hom.	Fem.
Les Absences de Monsieur, *c.-vaud.*	3	2
Les Absents, *opéra-comique*	3	2
L'Académicien de Pontoise, *c.-v. 2 a.*	3	2
Adèle, *comédie en 2 actes, en vers.*	2	3
Affaire de la rue de Lourcine, *c.-v.*	4	1
Allons battre ma femme, *com.-v.*	3	2
Les Amendes de Timothée, *com.*	3	2
Un Ami acharné, *comédie-vaudev.*	4	1
L'Ami des Femmes, *comédie*	3	2
Amour et Biberon, *com.-vaudeville.*	3	2
L'Amour à l'aveuglette, *com.-v.*	3	2
L'Amour dans un Ophicléide, *vaud.*	2	3
L'Amour en Sabots, *com.-vaudev.*	3	2
Amoureux de la Bourgeoise, *vaud.*	3	2
Les Amoureux sans le savoir, *com.*	3	2
Un Amour sous enveloppe, *comédie.*	3	2
L'Ange de ma Tante, *com.-vaudev.*	3	2
Les Anges du Foyer, *com.-vaudev.*	3	2
Un Anglais timide, *comédie.*	3	2
L'Architecte de ces dames, *c.-v.*	3	2
Arrêtons les Frais, *com.-vaudev.*	4	1
Au Coin du Feu, *comédie.*	3	2
Aux Eaux de Spa, *comédie.*	3	2
Les Aventures d'un Paletot, *c.-v.*	3	2
Le Bal des Miracles, *vaudeville.*	3	2
Le Bal du Prisonnier, *com.-vaud.*	4	1
Banquier comme il y en a peu, *c.-v.*	3	2
Bataille de Dames, *com., 3 actes.*	3	2
Le Beau Narcisse, *coméd.-vaudev.*	2	3
Le Beau-Père, *comédie*	4	1
Bébé actrice, *parodie*	3	2
Le Bonheur sous la main, *vaudev.*	2	3
Un Bon Ouvrier, *comédie-vaudev.*	3	2
Un Bouillon d'onze heures, *vaud.*	3	2
Le Brésilien, *comédie*	2	3
Canadar Père et Fils, *vaudeville.*	3	2
La Carotte d'or, *comédie-vaudeville.*	2	3
Casse cou, *vaudeville*	3	2
C'est ma Femme, *vaudeville*	3	2
C'était moi, *opérette*	2	3
Un Chapeau qui s'envole, *com.-v.*	3	2
La Chasse aux Papillons, *com.-v.*	3	2
Chassé-Croisé, *comédie*	2	3
Château en Espagne, *c. en vers.*	3	2
Le Chêne et le Roseau, *com.-v.*	3	2
Le Chevalier Coquet, *com.-vaud.*	3	2
Le Chevalier des Dames, *coméd.*	3	2
Les Cheveux de ma Femme, *c.-v.*	3	2
La Ciguë, *com., 2 actes, en vers.*	4	1
Une Clarinette qui passe, *com.-v.*	3	2
Le Clou aux Maris, *com.-vaudev.*	3	2
Le Coin du Feu, *comédie-vaudev.*	4	1
Le Collier de Perles, *com., 3 actes*	4	1
Comment l'Esprit vient aux Garçons, *comédie-vaudeville.*	2	3
Le Compagnon de Voyage, *c.-v.*	3	2
La Coquette, *comédie*	4	1
Le Coupé du Docteur, *comédie.*	3	2
La Crise, *comédie en 4 actes.*	3	2
Une Crise de Ménage, *com.-vaud.*	3	2
Croquefer, *opérette*	4	1
La Dame de Trèfle, *com.-vaudeville*	3	2
Une Dame pour voyager, *com.-v.*	3	2
La Dernière Conquête, *c., 2 actes.*	2	3
Les Derniers Adieux, *comédie.*	2	3

	Hom.	Fem.
Le Dernier Crispin, *com., en vers.*	3	2
Deux Gouttes d'Eau, *comédie*	3	2
Deux Nez sur une piste, *c.-vaud.*	4	1
Les Deux Sourds, *com.-vaudeville.*	4	1
Les Deux Timides, *com.-vaudeville.*	3	2
Deux veuves pour rire, *vaudeville.*	2	3
Diable ou Femme, *com. en vers.*	3	2
Les Dragées de Suzette, *opér.-com.*	4	1
Un Drame en l'air, *opérette*	4	1
E. H. ! *comédie-vaudeville*	3	2
L'Eau qui dort, *vaud.-proverbe.*	3	2
Une Eclipse de lune, *vaudeville.*	3	2
Elle était à l'Ambigu, *vaudeville.*	3	2
Epernay ! 20 minutes d'arrêt ! *v.*	4	1
Une Epreuve avant la lettre, *c.-v.*	2	3
Les Erreurs de Jean, *comédie.*	3	2
Les Erreurs du bel âge, *com.-v.*	3	2
Fais la cour à ma femme, *coméd.*	2	3
La Famille Poisson, *com., en vers.*	4	1
La Fausse Magie, *op.-com. en 2 act.*	3	2
La Fée, *comédie*	4	1
La Femme qui trompe son mari, *comédie-vaudeville.*	3	2
Les Femmes peintes par elles-mêmes, *comédie.*	3	2
Les Femmes qui pleurent, *coméd.*	3	2
Le Feu au Couvent, *comédie.*	4	1
Le Feu à une vieille maison, *c.-v.*	3	2
Un Feu de Cheminée, *vaudeville.*	3	2
Un Fiancé à l'huile, *vaudeville.*	3	2
Une Fin de Bail, *opérette*	3	2
Les Finesses de Carmen, *coméd.*	3	2
Frontine, *comédie*	3	2
Frontin malade, *com. en vers.*	4	1
Une Heure de Quiproquo, *vaud.*	2	3
L'Homme à la clé, *comédie.*	3	2
L'Homme de bien, *c., 3 act., vers.*	3	2
L'Homme n'est pas parfait, *c.-v.*	3	2
— qui a perdu son *do, vaudev.*	3	2
L'Invalide, *comédie*	3	2
J'ai mangé mon Ami, *com.-vaudev.*	3	2
J'ai marié ma Fille, *com.-vaudev.*	3	2
Le Jardinier et son Seigneur, *o.-c.*	2	3
Les Jarretières d'un Huissier, *vaud*	3	2
Je Dîne chez ma Mère, *comédie.*	3	2
Je ne mange pas de ce pain-là, *c.-v.*	3	2
Jeu de l'Amour et de la Cravache, *v.*	3	2
Le Jeu de Sylvia, *comédie*	3	2
Un Jeune Homme en location, *v.*	3	2
Un Jeune Homme qui ne fait rien, *comédie en vers.*	3	2
Je vous aime, *comédie*	3	2
J'invite le Colonel, *comédie.*	4	1
Jocrisse millionnaire, *com.-vaud.*	2	3
Une Journée à Dresde, *c. en vers.*	3	2
Juan Strenner, *drame en vers.*	4	1
Julie, *drame en 3 actes*	2	3
Le Lait d'Anesse, *coméd.-vaudev.*	3	2
Une Leçon de Trompette, *com.-v.*	2	3
Madame Absalon, *vaudeville*	3	2
La Mal'aria, *drame en vers.*	3	2
Les Malheurs heureux, *com.-vaud.*	4	1
La Maison du Garde, *com.-vaudev.*	3	2
Le Maître d'armes, *coméd.-vaud.*	4	1
La Manie des Proverbes, *proverbe.*	4	1

Pièces à cinq personnages (*Suite*)

	Hom.	Fem.
Marchand de Jouets d'enfants, *c.-v.*	3	2
Un Mari d'occasion, *comédie*	3	2
Un Mari qui n'a rien à faire, *c.-v.*	2	3
Un Mari sur des charbons, *vaud.*	3	2
Le Mariage au bâton, *com.-vaud.*	4	1
Le Mariage au Miroir, *com.-vaud.*	3	2
Mariés sans l'être, *com.-vaudev.*	3	2
La Marinette, *comédie en vers*	4	1
Les Maris sont esclaves, *c. en 3 act.*	3	2
La Marquise de Prétintaille, *c.-v.*	3	2
— de Tulipano, *com.-vaud.*, 2 *a.*	3	2
Le Massacre d'un innocent, *c.-v.*	4	1
Matelot et Fantassin, *com.-vaudev.*	4	1
Un Mauvais Coucheur, *com.-vaud.*	3	2
Un Merlan en bonne fortune, *c.-v.*	3	2
Métamorphoses de l'Amour, *com.*	3	2
Métamorphoses de Jeannette, *vaud.*	2	3
Mon Isménie, *com.-vaudeville*	2	3
Mon premier ! *comédie.*	2	3
Le M. de la rue Vendôme, *c.-v.*	3	2
Le Monsieur en question, *comédie.*	3	2
Monsieur et Mme Rigolo *com.-v.*	3	2
Montre perdue, récompense honnête, *comédie-vaudeville*	4	1
Le Mystère de la rue Rousselet, *c.*	4	1
Le meilleur des Pères, *vaudev.*	3	2
L'Oncle Sommerville, *comédie*	3	2
Une Panthère de Java, *pochade*	3	2
Par les Fenêtres, *comédie-vaudev.*	3	2
Le Parasite, *comédie en vers*	2	3
Un Paysan d'aujourd'hui, *comédie.*	4	1
Pénicaut le Somnambule, *com.-v.*	3	2
Un Petit bout d'oreille, *comédie*	1	4
Le Petit Cousin, *opérette*	4	1
Le Petit-Fils, *comédie-vaudeville*	3	2
Le Petit frère, *comédie*	2	3
Philanthropie et Repentir, *vaud.*	2	3
Piccolet, *comédie-vaudeville*	3	2
Les Piéges dorés, *com. en 3 act.*	3	2
Les Pinceaux d'Héloïse, *vaudeville.*	3	2
Plus on est de Fous !... *com.-vaud.*	3	2
Le Porte-drapeau d'Austerlitz, *drame*	4	1
Portes et Placards, *com.-vaudev.*	3	2
Un Portrait de maître, *comédie.*	2	3
Pourquoi l'on aime, *comédie*	2	3
Le Premier Chapitre, *comédie*	3	2
Le Premier Tableau du Poussin, *drame en 2 actes, en vers*	3	2
Prodigalités de Bernerette, *com.-v.*	4	1
Propre à Rien, *vaudeville*	3	2
Pst ! Pst ! *comédie-vaudeville*	3	2
P'tit Fils, P'tit Mignon, *vaudeville*	2	3
La Puce à l'oreille. *com.-vaud.*	3	2
Les Quatre Coins, *comédie*	3	2
Qu'as-tu fait de Lambert? folie	3	2
Une Rage de Souvenirs, *vaudeville*	3	2
Raymond, *drame en 3 actes*	4	1
Le Roi de Cœur, *com.-vaudeville*	3	2
La Romance de la Rose, *opérette.*	3	2
Rosette et Nœud coulant, *vaudev.*	3	2
Les Roses jaunes, *com. en vers*	3	2
Les Roués innocents, *coméd.-vaud.*	2	3
La Sainte-Lucie, *comédie*	2	3
Satire et Pari, *comédie*	2	3
Le Secrétaire de Madame, *com.-v.*	4	1
Le Serment de Bichette, *vaudev.*	3	2
Un Service à Blanchard, *vaudev.*	3	2
Si Jeunesse savait, *com.-vaudev.*	3	2
Songe d'une Nuit d'hiver, *c.*, 2 *a.*	3	2
Un Soufflet anonyme, *comédie*	3	2
Le Souper de la Marquise, *com.*	3	2
Sous les Pampres, *com., en vers*	4	1
Souvenirs de Voyage, *comédie*	4	1
Souvent Femme varie, *comédie*	2	3
Steeple-Chase, *comédie*	3	2
La Tasse cassée, *comédie-vaudev.*	3	2
Le Temple du célibat *vaudeville*	4	1
Le Temps perdu, *com. 3 a. en vers.*	3	2
Les Toquades de Borromée, *vaud.*	3	2
Le Trésor de Blaise, *comédie*	3	2
Trois Amours de Pompiers, *vaud.*	4	1
Les Trois Dondon, *vaudeville*	3	2
Trop curieux, *comédie*	3	2
Un Tyran en Sabots, *comédie*	3	2
Vente au profit des Pauvres, *com.*	3	2
Un verre de Champagne, *c.-vaud.*	3	2
Virgile Marron, *vaudeville*	4	1

Pièces à six personnages

	Hom.	Fem.
L'affaire Chaumontel, *com.-vaud*...	3	3
L'Aile du Corbeau, *vaudev*........	3	3
Alexandre chez Apelles, *com.-v*..	4	2
Un Amant qui ne veut pas être heureux, *vaudeville*	3	3
L'Amour en Ville, *vaudeville*.......	4	2
Amour et Bergerie, *com., en vers*.	3	3
L'Amour au daguerréotype, *vaud*..	4	2
L'Amour en Ville, *vaudeville*......	4	2
L'Amour et Son train. *c., en vers*.	2	4
André Chénier, *dr. 3 act., vers*....	5	1
Un Ange au rez-de-chaussée, *v*...	3	3
L'Argent du Diable, *com., 3 actes*.	4	2
L'Argent fait peur, *com.-vaud*... .	4	2
La Balançoire, *comédie-vaudeville*.	4	2
Un Bal sur la tête, *vaudeville*.....	4	2
La Boîte d'argent, *comédie*........	4	2
Bon gré mal gré, *comédie*........	2	4
Brelan de Maris, *comédie-vaudev*..	4	2
Le Canotier, *comédie-vaudeville*...	3	3
Le Capitaine Bitterlin, *comédie*...	4	2
Capitaine... de quoi? *vaudeville*...	4	2
Le Carillon de Saint-Mandé, *c.-v*..	4	2
Le Célèbre Vergeot, *vaudeville*....	5	1
C'est la faute du mari, *com., vers*.	4	2
Chamarin le chasseur, *com.-vaud*.	3	3
Le Chapitre de la Toilette, *c.-vaud*.	4	2
Le Chevalier de Beauvoisin, *comédie-vaudeville, 2 actes*	3	3
Claudine, *vaudeville*.............	4	2
Le Collier du Roi, *com. en vers* ...	4	2
Comment la trouves-tu? *comédie*.	5	1
Comment les femmes se vengent, *comédie, 2 actes, en vers*........	3	3
Une Confidence, *comédie*..........	3	3
Les Confitures de ma tante, *comédie*.	2	4
La Cornemuse du Diable, *v., 2 act*.	2	4
Le Coucher d'une Étoile, *comédie*.	4	2
Le Cousin du Roi, *com., en vers*...	4	2
Les Curieuses, *comédie*..........	3	3
La Dame aux Œillets blancs, *c.-v*..	3	3
Dans une Baignoire. *com.-vaud*...	4	2
La Dent de Sagesse, *comédie*.....	3	3
Le Dépit amoureux, *c., 2 a. en v*.	4	2
Le Dernier des Mohicans, *vaudev*.	3	3
Détournement de majeure, *vaud*..	4	2
Les Deux Camusot, *com.-vaudev*...	4	2
Deux Chiens de faïence, *com.-v*..	3	3
Les Deux Frontins, *com. en vers*..	5	1
Deux Hommes du Nord, *com.-v*...	3	3
Les Deux Jeunesses, *c., 2 actes*..	4	2
Les Deux Maniaques, *com.-vaud*...	3	3
Deux Rats, *com.-vaud., 2 actes*....	3	3
Les Deux Sans-Culottes, *pochade*.	3	3
Les Deux Sœurs, *drame, 3 actes*..	3	3
Didier, *drame, 3 actes*	5	1
Dieu merci! le Couvert est mis! *c*.	3	3
Un Dieu du jour, *com.-vaud.. 2 a*.	4	2
Un Dîner et des égards, *com.-v*...	3	3
Le Domestique de ma Femme, *v*..	4	2
Donnant, donnant, *com., 2 actes*..	4	2
Le Drac, *com. fantastique 3 actes*.	3	3
Les Droits de l'Homme, *com., 2 a*.	3	3
Les Droits du cœur, *dr. 3 a., vers*.	4	2
Edgard et sa Bonne, *com.-vaudev*.	3	3
En Carnaval, *pochade*............	3	3

	Hom.	Fem.
Les Espérances, *comédie*..........	4	2
L'Épreuve, *comédie*..............	3	3
La Famille de l'Horloger, *c.-vaud*.	8	3
Les Fantaisies de Mylord, *com.-v*.	4	2
Le Fantôme, *comédie-vaudeville*...	3	3
Une Femme dans ma fontaine, *c.-v*.	5	1
Femme doit suivre son Mari, *com*.	3	3
Le Feu de Paille, *com.-vaudeville*.	2	4
La Fille du Hussard, *comédie-vaud*.	5	1
La Fille du Roi René, *drame-vaud*.	4	2
La Fin du Roman, *comédie*.......	5	1
Les Filles des Champs, *vaudeville*.	4	2
Fleur du Tyrol, *vaudeville*.......	3	3
Les Frères Dondaine, *vaudeville*..	4	2
Le Fruit défendu, *vaudeville*......	2	4
Le Gant et l'Éventail, *com., 3 actes*.	3	3
Garde-toi, je me garde, *comédie*..	3	3
Le Gardien des scellés, *com.-vaud*.	4	2
Les Geais, *com., 2 actes en vers*...	4	2
Un Gendre aux Épinards, *vaudev*..	3	3
Gringoire, *comédie*..............	4	2
L'Habeas Corpus, ou Liberté Libertas, *comédie-vaudeville*.......	4	2
Héraclite et Démocrite, *comédie en 2 actes, en vers*.............	4	2
Un Hercule et une jolie Femme, *v*.	4	2
Une Histoire de Voleurs, *com.-v*..	8	3
Un Homme entre deux airs, *c.-v*.	4	2
L'Homme à la Tuile, *comédie*.....	4	2
L'Homme sans ennemis, *com.-v*...	4	2
Les hommes sont ce que les femmes les font, *proverbe*.........	4	2
Les Horreurs de la guerre, *opérette-bouffe, 2 actes*............	4	2
Il faut toujours en venir là, *com*.	4	2
Les Incertitudes de Rosette, *c.-v*..	5	1
Les Infidèles, *comédie*...........	4	2
Jean le Postillon, *vaudeville*......	2	4
Je marie Victoire, *vaudeville*......	4	2
Je reconnais ce militaire, *vaudev*..	3	3
Je suis mon Fils, *coméd.-vaudev*...	4	2
Le Jeu de l'Amour et du Hasard, *comédie en 3 actes*.............	4	2
Le Jeune Homme au riflard, *c.-v*..	4	2
Le Jeune Père, *c.-v., 2 actes*.....	4	2
La Jeunesse de Gramont, *comédie*	4	2
La Joie fait peur, *comédie*........	3	3
Une Journée de Diderot, *comédie*..	3	3
Juanita, *com.-vaud., 2 actes*.......	4	2
Juliette et Roméo, *vaudeville*......	5	1
Le Legs, *comédie*................	3	3
Le Loup dans la Bergerie, *com*...	4	2
Lucie Didier, *drame en 3 actes*....	4	2
Madame est de retour, *com.-vaud*..	3	3
Mademoiselle de Liron, *com.-vaud*..	4	2
Ma Femme est troublée, *comédie*..	3	3
La Maison sans enfants, *com. 3 act*.	2	4
Une Maîtresse anonyme, *c., 2 act*.	3	3
Maîtresse bien agréable, *com.-v*...	4	2
Une Maîtresse-Femme, *comédie*.....	4	2
Le Mal de la Peur, *coméd.-vaud*...	4	2
Le Malheur d'être belle, *comédie*..	3	3
Maman Sabouleux, *com.-vaudev*...	4	2
Marcel, *drame*..................	3	3
Le Mari aux Champignons, *c.-vaud*.	3	3

Pièces à six personnages (*Suite*)

	Hom.	Fem.
n Mari qui prend du ventre, *comédie-vaudeville*	4	2
n Mari trop aimé, *com.-vaudev*...	3	3
e Mariage de don Lope, *op.-com.*	3	3
n Mariage de Paris, *comédie en 3 actes*	3	3
e Mariage en Trois Étapes, *comédie en 3 actes*	4	2
n Mari à l'Italienne, *comédie*	3	3
n Mari tombé des nues, *vaudeville*.	4	2
es Marrons glacés, *comédie*	4	2
e Mèche éventée, *com.-vaudev*..	3	3
édée, *tragédie, 3 actes*	2	4
es Méli-Mélo de la rue Meslay, *comédie-vaudeville*	3	3
e mère aux abois, *vaudeville*	4	2
a Mère de Famille, *com.-vaudev*..	3	3
e Meunier, son Fils et Jeanne, *v.*	4	2
di à quatorze heures, *com.-v*....	4	2
nette, *comédie-vaudeville*	4	2
onsieur Chouffleuri, *opérette*	5	1
onsieur de Maugaillard, *comédie.*	4	2
onsieur de Saint-Cadenas, *coméd.*.	4	2
onsieur Deschalumeaux, *opéret.*.	4	2
onsieur, votre fille., *com.-vaud.*.	3	3
n Monsieur qui a brûlé une Dame, *comédie-vaudeville*	6	»
n Monsieur qui prend la Mouche, *comédie-vaudeville*	5	1
n Mort marié, *comédie*	3	3
e Mur mitoyen, *c., 2 a., en vers*..	4	2
a Niaise de Saint-Flour, *comédie-vaudeville*	4	2
es maîtres, *comédie*	3	3
a Nouvelle Hermione, *comédie*	4	2
bliger est si doux! *comédie*	3	3
Oncle de Sicyone, *com. en vers*..	4	1
Ordonnance du Médecin, *c.-vaud.*	3	3
es Orphelines du Faubourg, *vaudeville en 3 actes*	3	3
n Papa charmant, *comédie-vaudeville en 2 actes*	3	3
es Parents de province, *c., 1 a.* .	3	3
es Jaloux, *comédie-vaudeville*	3	3
Papillonne, *comédie en 3 actes.*	4	2
Paratonnerre, *com.-v., 2 actes*..	3	3
riure de Jules Denis, *c., 2 actes*	3	3
ul Forestier, *com. en 4 actes, en vers*	4	2
Pêcheur béarnais, *com.-vaud*..	4	2
ril en la Demeure, *com., 2 act*...	3	3
Perruque de mon Oncle, *vaudev.*	4	2
Petite Cousine, *com. vaudev* ...	3	3
énomène ou l'Enfant du Mystère, *vaudeville*	4	2
Photographe, *comédie*	3	3
mpée, *vaudeville*	4	2
mponnette et Pompadour, *c.-v*..	4	2

	Hom.	Fem.
Les Portraits, *comédie*	3	3
Le Potager de Colifichet, *vaudeville.*	4	2
Premières Armes de Blaveau, *c.-v.*	3	3
Le Président de la Basoche, *c.-v.*.	3	3
Princesse et Charbonnière, *c.-v.*.	4	2
Prisonnier sur Parole, *com.-vaudev.*	4	2
La Protégée sans le savoir, *c.-v*...	5	1
Pythias et Damon, *com. en vers*...	5	1
Quand on n'a pas le Sou, *vaud*...	4	2
Qui n'entend qu'une Cloche, *vaud*..	4	2
Rage d'Amour, *comédie-vaudeville.*	3	3
Le Régiment qui passe, *comédie*...	3	3
Un Relais dans la manche, *vaudev.*	3	3
Le Réveil du Mari, *com., 2 actes*..	4	2
Une Rivière dans le dos, *com.-v.*.	3	3
Rose et Marguerite, *c.-v., 3 act.*...	4	2
Rosemonde, *drame en vers*	4	2
Le Sacrifice d'Iphigénie, *comédie*...	4	2
Le Sapeur et la Maréchale, *comédie*	3	3
Sapho, *drame en vers*	2	4
Scaramouche et Pascariel, *com. en v.*	3	3
Le Serpent à plumes, *opérette*	3	3
Si j'étais Riche, *comédie-vaudev*...	4	2
La Soirée périlleuse, *comédie*	5	1
Sortir seule! *comédie en 3 actes*..	3	3
Un Soufflet n'est jamais perdu, *comédie-vaudeville*	5	1
La Statuette d'un grand homme, *comédie*	4	2
La Succession Bonnet, *vaudeville.*	5	1
Les Suites d'un premier lit, *c.-v.*.	3	3
Le Supplice de Paniquet, *c.-vaud.*	4	2
Le Supplice d'une femme, *dr., 3 a.*.	3	3
La Surprise de l'Amour, *c., 3 a*...	4	2
Un Système conjugal, *com.-vaud.*.	5	1
Thérèse ou Ange et Diable, *com.-vaudeville, 2 actes*	4	2
Tempête dans une Baignoire, *vaud.*	5	1
La Tête de Martin, *com.-vaudev*...	4	2
Toinon la Serrurière, *c.-v., 2 act*...	4	2
Les Trembleurs, *comédie*	3	3
Les Tribulations d'un grand homme, *comédie, 3 actes*	4	2
Triolet, *comédie-vaudeville*	4	2
Trois Bourgeois de Compiègne, *comédie-vaudeville*	4	2
Le Tueur de Lions, *vaudeville*	4	2
Un et Un font Un, *vaudeville*	4	2
Un Ut de poitrine, *vaudeville*	4	2
L'Ut Dièze, *bouffonnerie*	5	1
Les Vacances du Docteur, *drame en 4 actes, en vers*	3	1
La Vendetta, *vaudeville*	5	2
Viens, gentille dame! *vaudeville*...	4	2
La Vie privée, *comédie*	4	2
Yorck, *comédie-vaudeville*	4	2
Yvonne et Loïc, *com.-vaudeville*...	4	2
Le Zouave est en bas, *vaudeville.*	4	2

L'UNIVERS ILLUSTRÉ

JOURNAL HEBDOMADAIRE

QUATORZIÈME ANNÉE

PARAIT LE SAMEDI DE CHAQUE SEMAINE

PRIX DU NUMÉRO 35 CENTIMES (40 cent. par la poste)

PRIX DE L'ABONNEMENT

Paris et Départements : Un an **24 fr.** - Six mois. **11 fr.** - Trois mois **6 fr.**

Prix des **11** premiers volumes parus depuis le 22 mai 1858
jusqu'au **1er** décembre 1863

CHAQUE VOLUME BROCHÉ : 5 FRANCS

Le même volume relié, 7 francs

Prix des volumes parus depuis le **1er** décembre 1863 (52 numéros au lieu de 26)

CHAQUE VOLUME BROCHÉ, 10 FR. — RELIÉ, 12 FR. 50 C.

BUREAUX D'ABONNEMENT :

CHEZ MICHEL LÉVY FRÈRES, ÉDITEURS

RUE AUBER, 3, PLACE DE L'OPÉRA

ET A LA LIBRAIRIE NOUVELLE, BOULEVARD DES ITALIENS, 15

AU COIN DE LA RUE DE GRAMMONT

La collection se compose aujourd'hui de VINGT-SIX BEAUX VOLUMES
contenant plus de 8,500 gravures

Prix : Brochée, 205 fr. — Reliée, 268 fr. 50 c.

CLICHY. — Impr. P. Dupont et Ce, rue du Bac-d'Asnières, 12. (1815, 3-2.)